陕西省高校青年创新团队"陕甘宁边区法制史与中
(西北政法大学)资助成果
陕西省"三秦学者"哲学社会科学领域创新团队"西北政法大学
治理研究创新团队"资助成果
西北政法大学马锡五审判方式研究院资助成果

共和国
监狱制度的雏形

陕甘宁边区高等法院监狱教育改造制度研究

赵俊鹏 / 著

陕西新华出版传媒集团
陕西人民出版社

图书在版编目（CIP）数据

共和国监狱制度的雏形：陕甘宁边区高等法院监狱教育改造制度研究 / 赵俊鹏著. —西安：陕西人民出版社，2022.11

ISBN 978-7-224-14724-7

Ⅰ.①共… Ⅱ.①赵… Ⅲ.①陕甘宁抗日根据地–监狱制度–研究 Ⅳ.①D926.7

中国版本图书馆CIP数据核字(2022)第192117号

责任编辑：王方坊
　　　　　　焦佩华
整体设计：姚肖鹏

共和国监狱制度的雏形：陕甘宁边区高等法院监狱教育改造制度研究

著　　者	赵俊鹏
出版发行	陕西新华出版传媒集团　陕西人民出版社
	（西安北大街147号　邮编：710003）
印　　刷	广东虎彩云印刷有限公司
开　　本	787毫米×1092毫米　1/16
印　　张	15.5
字　　数	200千字
版　　次	2022年11月第1版
印　　次	2023年3月第2次印刷
书　　号	ISBN 978-7-224-14724-7
定　　价	50.00元

序

"东西各国以囹圄之良窳觇政治之隆污"。监狱是国家机器之一环，是阶级社会惩罚和管理犯人的机构，监狱管理的文明程度直接反映着国家治理水平。中国监狱文明源远流长，在为我们留下灿烂监狱智慧的同时，其残酷野蛮的管理手段也为汹涌的时代浪潮所不容。清末民初，中国传统监狱管理制度被西式监狱文明冲击，被迫开启监狱改良，然酷刑、劳役仍不失其之大端。新民主主义革命时期，中国共产党领导的陕甘宁边区监狱创造性地发展出了教育改造制度，荡涤了监狱黑暗处的呻吟。

陕甘宁边区是中共中央所在地，在这里中国共产党领导人民进行了艰苦的新民主主义革命斗争，创建了新民主主义的模范实验区。陕甘宁边区创建的不仅是民主政治的模范区，也是监狱管理的模范区，一声"犯人是可以改造的"振聋发聩，掀起了监狱制度革命。陕甘宁边区监狱以"犯人是可以改造的"为逻辑起点，在中国监狱史上第一次将犯人作为人看待，并通过建立完善的教育改造制度引导犯人革新认识、弃恶从善，教导犯人掌握生产技能和文化知识，关心犯人生活及其身心健康，鼓励犯人自治，给犯人分红，实现了监狱与犯人的情感交融和良性互动，有效消弭了双方对立的紧张情绪。中华民族五千年的文明史并不缺乏监狱制度，而对从人性和人权立场出发的

共和国监狱制度的雏形：
陕甘宁边区高等法院监狱教育改造制度研究

监狱制度的构建却付之阙如。"监狱，苦人者也"，可谓中国传统监狱的真实写照，陕甘宁边区监狱教育改造制度破除四千余年不把犯人当人看的监狱传统，尊重犯人人格，教育改造犯人，为犯人打开了以良好之姿重新回归社会的大门，改变了以往对犯人专任刑罚的黑暗历史，历史性地扭转了监狱的功能定位，从而，为新民主主义革命找到了一条崭新的、高效的改造犯人之路，教育改造制度也为新中国监狱教育改造犯人提供了制度雏形，在中国共产党百年奋斗的制度发展史中留下了辉煌一页。

"以史为鉴，开创未来"。党的十八大以来，习近平总书记反复强调党的历史是最生动、最有说服力的教科书，要把握历史逻辑，增强历史主动精神。赵俊鹏博士生的专著《共和国监狱制度的雏形：陕甘宁边区高等法院监狱教育改造制度研究》，正是这一要求的产物。该书以陕甘宁边区监狱的教育改造制度为研究对象，从教育改造制度发展演变的历史逻辑，指导思想的理论逻辑和制度规范的实践逻辑等多个维度，详细梳理了陕甘宁边区监狱的教育改造制度，深入剖析了该制度的创造性、系统性和优越性。基于陕甘宁边区监狱教育改造制度及其发展演变的动态过程，作者深入总结制度经验，展示了新时代创新性发展教育改造制度的有益思考。该书内容丰富、资料详实、评述客观、论证严谨，具有较强的理论性，使陕甘宁边区监狱教育改造制度及其相关问题得以全面展示，无疑对深化陕甘宁边区监狱制度的研究大有裨益。

战火纷飞的岁月早已远去，而新民主主义革命时期中国共产党为实现中华民族伟大复兴的声声呐喊依然响彻长空。抚今追昔，中国共产党在陕甘宁边区留下的宝贵财富，对于全国依法治国大背景下监狱法治建设依然具有非凡的借鉴价值，尚待一代代研究者不懈前行，细细挖掘。让人欣喜的是，赵俊鹏博士生昂扬的学术研究热情和求实的治学态度，为该领域学术研究注入了新鲜活力，其虽前路漫漫，但终会展翅高飞。

（注：翟中东）

目录

- 绪 论
  - 一、写作缘起及写作思路　　/002
  - 二、研究意义　　/006
  - 三、研究综述　　/007
    - （一）学术专著　　/008
    - （二）期刊论文　　/011
    - （三）学位论文　　/012
  - 四、主要研究内容　　/014
  - 五、创新及不足　　/015

- 第一章　从教育感化到教育改造
  - 第一节　传统社会教育感化因素　　/018
    - 一、教育感化及其相关概念界说　　/018
    - 二、古代监狱的教育感化色彩　　/023

第二节　清末民国时期教育感化及其转型 /028
一、内外交困：监狱改良 /028
二、改良结晶：教育感化 /032
三、紧随其后：教育改造 /034
第三节　清末民国时期教育感化制度述要 /036
一、清末教育感化 /036
二、中华民国教育感化 /038

·第二章　教育改造制度产生的社会根源
第一节　社会结构转型与社会思潮涌动 /043
一、社会经济结构变革 /044
二、社会思潮转型 /046
三、经济结构与社会思潮催生新的力量 /048
第二节　无产阶级"改造"世界 /051
一、马克思主义"改造"观 /051
二、中国共产党的"改造"逻辑 /053

·第三章　教育改造制度的样态分析
第一节　边区监狱教育改造制度溯源 /060
一、苏联监狱制度的影响 /060
二、苏区刑罚与监狱制度基础上的自我创造 /063
三、清末以降教育感化制度影响 /068
第二节　边区监狱及教育改造制度的嬗变 /072
一、边区监狱及教育改造制度的发展阶段 /072
二、边区高等法院看守所的属性探讨 /078
第三节　教育改造制度的学理分析 /082
一、教育改造：何以为？ /082
二、教育改造：以何为？ /087

三、教育改造的制度形态　　/090

- **第四章　教育改造制度的指导思想**
  - 第一节　犯人也是人　　/096
    - 一、犯人也是人改造思想的由来　　/097
    - 二、犯人是人的发展过程　　/101
    - 三、犯人是人的思想内容　　/107
  - 第二节　在生产、生活中注重教育改造犯人　　/113
    - 一、寓教于生产　　/113
    - 二、寓教于生活　　/116

- **第五章　教育改造制度的适用对象及程序**
  - 第一节　有利于犯人接受教育改造的刑罚制度　　/123
    - 一、宽大与镇压相结合的刑罚政策　　/123
    - 二、情理法相结合的刑罚制度　　/125
    - 三、区别对待、灵活多样的刑罚种类　　/127
    - 四、能否被教育改造是镇压与宽大的主要考量　　/129
    - 五、教育改造为本的刑罚目的　　/131
  - 第二节　从刑罚种类看犯人类型　　/133
    - 一、死刑　　/133
    - 二、有期徒刑　　/134
    - 三、苦役　　/136
    - 四、罚金　　/136
    - 五、没收财产　　/137
    - 六、褫夺公权　　/137
  - 第三节　监狱教育改造制度的适用　　/139
    - 一、从犯人类型看教育改造制度的适用　　/139
    - 二、从刑罚执行看教育改造制度的适用　　/148

三、从假释与外役看教育改造制度的适用　　/150

第六章　教育改造制度内容

第一节　两种制度形态的关系　　/157

第二节　直接的教育改造制度　　/161

　　一、直接教育改造的制度原则　　/161

　　二、政治教育　　/165

　　三、文化教育　　/177

　　四、以劳动为核心的生活教育　　/182

　　五、三大教育的关系　　/188

第三节　间接的教育改造制度　　/191

　　一、间接教育改造制度类别　　/192

　　二、犯人自治感化犯人　　/195

　　三、良好生活待遇感化犯人　　/198

　　四、假释、外役感化犯人　　/203

　　五、奖金、分红感化犯人　　/205

　　六、以人为根本的医疗制度感化犯人　　/208

第七章　教育改造制度的时代发展

第一节　边区监狱的发展演变及其教育改造实践　　/213

第二节　新中国成立以来教育改造制度的守正创新　　/217

第三节　陕西省富平监狱教育改造制度的创新实践　　/224

- 结　语　　/230
- 参考文献　　/233
- 后　记　　/237

绪 论

共和国监狱制度的雏形：
陕甘宁边区高等法院监狱教育改造制度研究

一、写作缘起及写作思路

"通过实践而发现真理，又通过实践而证实真理和发展真理。从感性认识而能动地发展到理性认识，又从理性认识而能动地指导革命实践，改造主观世界和客观世界。"① 陕甘宁边区的革命正是在这种理论框架之下改造主客观世界的伟大实践，而陕甘宁边区高等法院教育改造制度正是中国共产党改造世界之一面。

陕甘宁边区成立1937年9月6日，在中华苏维埃共和国西北办事处的基础上改制而成，1937年12月时边区下辖26个县，总面积达12.9万平方公里，人口约200万。② 边区是中国共产党在1937年开始全面抗战之后，为了实行全民抗战、建立全民族统一战线，而主动与国民党政府合作所形成的在国民党领导下的、享有高度自治权的、共产党局部执政的边区。这里是马克思主义指导中国革命实际的新场域，是中国共产党与中国革命相结合，推动马克思主义中国化治国理政的试验场；这里代表着当时中国的新型革命理论、新生革命阶级、新的革命理念、新式革命政权与组织方式，它是深度融入中国革命历史进程和深度改造中国社会的崭新实践。这种革命力量以其崭新的、真正的革命属性及其政治组织形式，成为马克思主义唯物史观下的历史必然。

---

① 毛泽东：《毛泽东选集》（第一卷），北京：人民出版社，1991年，第296页。
② 汪世荣：《新中国司法制度的基石：陕甘宁边区高等法院（1937—1949）》，北京：商务印书馆，2011年，第1页。

无产阶级登上历史舞台,以摧枯拉朽之势搅动着传统社会向现代社会转型,并朝着社会主义的最终发展方向突进。为此,边区的革命不仅仅是一种阶级在生产方式变革背景下,以革命暴力手段简单取代另一种落后阶级的过程,而是中国社会深层结构在自鸦片战争以来遭受深度挤压,被迫在唯物史观视界下做出历史回应的开始。在这种深层次力量的激发下,它誓言铮铮要"冲决网罗",以一种无法抗拒的奔进势头,向一切传统社会结构与组织形式发出雷霆怒吼。

这种革命的伟力带动的不仅仅是政权的历史条件下的复制性更迭,更是社会观点、社会结构、社会运作方式、政权组织、利益关系等的连带转型,恰恰是这种转向过程,使基于自身价值理念和阶级属性而生发的新型社会秩序得以孕育。毫无疑问的是这种催生新型秩序的过程和实践,具有直抵社会、观念深处的冲击力、破坏力和聚合力。因此,边区的革命以"破坏—合"的二维结构,对社会进行打破与重建,这一性质,决定了重建的是任何历史进程中都从未有过的文明范式,创造的是人类文明新的形态。

马克思主义认为:人民是历史的创造者,这一历史唯物主义观点肯定了人民的主体地位。而世界观的转变并非总是能够在实践中获得,列宁的灌输理论已经为我们指明:无产阶级不能自发产生阶级意识,而是需要外面的灌输,通过扩大宣传、开展教育,引导无产阶级形成革命思想;一言以蔽之即无产阶级革命的核心问题是人的世界观的问题。毛泽东亦同样认为世界观的转变是一个根本的转变,在一定物质基础上,思想决定一切,强调"掌握思想教育,是团结全党进行伟大政治斗争的中心环节"[1]。如果这个任务不能解决,党的一切任务、目标将是不能完成的。为此,通过教育使他们在战争中去生产,在生产中去磨炼。在革命实践过程中,毛泽东结合中国革命实际,将这种认识逐步发展为成熟的改造观。他指出在建设新社会的过程中,人人需要改造,剥削者要改造,劳动者也要改造,谁说工人阶级不要改造?当然,剥削者的改造和劳动者的改造是两种不同性质的改造。

---

[1] 毛泽东:《毛泽东选集》(第三卷),北京:人民出版社,1991年,第1094页。

共和国监狱制度的雏形：
陕甘宁边区高等法院监狱教育改造制度研究

由此可知，改造在陕甘宁边区这一特殊场域，是所有人的思想必须接受的洗礼。将视界放置于边区的革命实践，陕甘宁边区在党的领导下以马克思主义理论为指导，对社会的全面改造随处可见。法制是调整秩序并固化制度的有力武器，记录着边区对人进行改造的点滴，就边区的法制建设而言，由于党在边区存续的13年之中始终处在紧张的政治、军事斗争之中，法制文本建设和立法水平整体较为薄弱，但也不乏基于现实主义的法制创设，基于法制为这种改造变革境况中的秩序维护作用，因此打下了深刻的人的改造烙印，这种烙印标示了边区革命法制的辉煌与卓越成就。

就本研究的叙述对象陕甘宁边区高等法院监狱（下称"边区监狱"）教育改造制度来说，正是这种卓越成就的冰山一角。陕甘宁边区高等法院于1937年7月12日成立，这一名称一直延续至1949年3月8日，边区政府第9号通令中改称为"边区人民法院"，而边区高等法院的使命，随着1950年1月19日边区建制的撤销而最终成为历史长河中的一抹涟漪。而边区监狱是在陕甘宁边区高等法院看守所的基础上发展而来。从源头上来看，陕甘宁边区高等法院于1937年7月12日成立时设有看守所，1941年，为了开展劳动生产陕甘宁边区高等法院看守所在延安成立劳动生产总队，1942年9月，陕甘宁边区政府为了使刑罚工作进一步完善化，决定将劳动生产总队改建为"陕甘宁边区高等法院监狱"，监狱工作由陕甘宁边区高等法院负责管理。陕甘宁边区高等法院监狱在如何改造犯人上充分体现了对苏联和本土教育改造制度的继承，并在继承基础上进行符合边区实际的独创，无论在教育改造的内容上还是方式上，都起到了丰富和发展的作用。比如，边区监狱的教育改造制度可以细分为教育改造和教育感化两个部分，教育改造以"三大教育"为核心，帮助犯人认清边区、发展形势以及人民政权的性质，寓教于生产，不但挽救了犯人，还帮助了边区的生产和发展；教育感化以奖金、分红、医疗、自治等为主要手段，辅助犯人服从边区的管教，帮助犯人进行积极的思想转变，感化犯人心灵。

这些制度成为新中国监狱制度的直接渊源，影响深远，即便是当下的监狱工作依然以教育改造为宗旨，致力于犯人的思想蜕变。边区监狱承载着新中国法制建设的价值血脉，边区监狱的教育改造制度为新中国监狱制度的建立和发展提供了蓝本，奠定了我国现行监狱体制的基石，尤其值得学界与实务部门庆幸的是陕甘宁边区高等法院教育改造制度，在新中国成立后一直得以延续，与共和国同在。据笔者及学界同好的多次考证，得知边区监狱自成立以来历经岁月蹉跎却不曾掉色，几经易名移址却初心不变，而是一边守正红色基因一边汲取时代精华，演变为今天的"陕西省富平监狱"。陕西省富平监狱不但是边区监狱的直接延续，更为重要的是其始终赓续着教育改造制度，在新的时代条件下进行了创造性转化、创新性发展，形成了更具特色的、具有时代特性的、能够推动时代发展的教育改造制度。因此，边区监狱的改造实践，不能不勾起人们的无限好奇和探索兴趣，对其进行深入研究、系统挖掘、科学整理无疑具有突出的史学价值、理论价值和鲜活的时代价值。

如果不是必须至少也很有必要对陕甘宁边区的刑罚制度的相关问题加以展示。这一构思源于刑罚制度与监狱制度的紧密相关性，刑罚是监狱羁押犯人的基础，监狱是对犯人进行看管羁押之后果，二者具有上下游的制度衔接关系，互为重要。监狱作为刑罚的"实现态"，是刑罚由符号向现实的转变，在刑罚执行过程中，受功利主义刑罚观影响而产生的以刑罚矫正犯人的预防目的，促使监狱成为独立矫正犯人的刑事司法机关。这种基于以矫正犯人为目的而衔接起来的刑罚与监狱结合，是法律程序上的向前发展，倘若仅就监狱教育改造制度进行研究，固然能一窥教育改造制度的本身，然定会陷入视角狭隘的陷阱，难以在整体上解释和把握监狱教育改造制度的整体样态，无法扣紧这一优秀制度的核心旨归，自然也就难以在新时代、新征程、新阶段进行有效继承和发展。况且，对刑罚制度进行扼要梳理，能够探明教育改造制度的何以为然。大多数时候我们仅在追问历史结果，以一种后人的眼光加以评判，殊不知，无论历史也好，当代也罢皆有复杂的叙事过程，在"辗转腾挪"间与相关因素产生着紧密的联系，联系的普遍性是放之四海而皆准的至道真理，如果对前因后果观照不周，便不能向更深处叩问，无疑具有难以避免的局限性。基于此，笔者认为在边区监狱教育改造制度基础上，更进一步探究刑罚与教育改造制度的连接问题，不得不说这一架构具有颇为重要的研究意义,尚乞方家见教。

二、 研究意义

就学术价值来说,在人类思想史上,没有哪一种思想理论对人类产生了如此广泛而深刻的影响,没有哪一种变革能带动中国社会发生如此深远的变化,陕甘宁边区以其科学的理论、有力的实践,开辟了人类思想发展的新高度,打开了人类社会发展的新大门,照亮了人类前进的新道路,从而闪耀着思想的光芒。习近平总书记指出:"马克思主义是我们立党立国的根本指导思想,是我们党的灵魂和旗帜。"马克思主义在中国的广泛传播催生了中国共产党,马克思主义使我们党拥有科学的世界观和方法论,拥有认识世界、改造世界的强大思想武器。正如前文所述,陕甘宁边区正处于历史变奏的最前沿,在马克思主义所揭示的世界发展的普遍规律、人类社会发展的基本规律面前,中国共产党带领人民重新认识世界与改造世界。边区监狱作为党和政府教育改造犯人的重要场所,以犯人也是人的全新理念践行人民是历史的创造者的科学认识,创造性地提出政治教育、文化教育、劳动教育三结合的改造思路,形成了系统科学高效的教育改造制度,确保了边区司法工作的顺利开展。近年来,随着边区史研究的升温,人们越来越重视边区法制所蕴藏的丰富智慧,边区监狱也随之纳入学者的研究视域,产生了一系列的研究成果。

总体来看,这些成果多数侧重于监狱相关制度的具体研究,而对边区监狱教育改造犯人的教育改造制度的研究,尚缺乏系统的源头梳理和相关制度的科学归类。本书拟对边区监狱改造犯人的相关问题进行系统探讨,特别是对边区监狱教育改造犯人的源头、内容和延续展开系统阐述,形成逻辑完整、梳理系统的研究形态。由此可见,本研究必将有助于深化和拓展边区监狱的相关研究,能够打开边区教育改造制度的产生、发展和流变,增加对边区监狱教育改造制度的系统认识,甚至有助于边区史的研究。

从现实意义而言,历史是最好的教科书,红色基因是最好的营养剂。习近平总书记在庆祝中国共产党成立 100 周年大会上的重要讲话中指出:"一百年来,中国共产党弘扬伟大建党精神,在长期奋斗中构建起中国共产党人的精神谱系，锤炼出鲜明的政治品格。历史川流不息，精神代代相传。我们要继续弘扬光荣传统、赓续红色血脉，永远把伟大建党精神继承下去、发扬光大！"① 陕甘宁边区高等法院本着教育改造犯人的原则，在对犯人进行长期的教育改造实践中，开展了政治教育、文化教育和劳动教育等工作，为新中国成立后监狱犯人教育改造积累了丰富的经验。由于近年来刑事犯罪案件犯罪率逐年攀升，犯罪也呈现出年龄跨度大、方式多样化、罪因复杂化的特点，特别是随着扫黑除恶专项斗争的开展，势必导致监狱犯人增多。而监狱作为看管、看押犯人，引导犯人积极改造的场所，其教育改造方法的好坏决定了犯人改造的质量，反映着治理体系和治理能力现代化的程度。当今社会正值百年未有之大变局，风险挑战日益加大，习近平总书记站在时代潮头带领中国人民进行国家治理体系与治理能力现代化建设，在推进全面依法治国的大背景下，本研究对陕甘宁边区监所教育改造犯人的历史实践进行系统深入审视，可以为当前我国建设现代化文明监狱提供宝贵的经验借鉴，对促进中国法治文明建设有着重要的现实意义。

三、 研究综述

纵观整个中国历史发现，即使遭遇像清朝末年那样的沧桑巨变，无数先贤大哲对中国传统法律文化的研究也从未中断；即使陕甘宁边区热火朝天的改造实践距今已逾百年，一代代研究学者对红色监狱的探索也不曾停止。以往的监狱研究为我们留下了浩如烟海的学术成果，时至今日依然"灼灼其华"，从而为笔者的研究积累了素材，开启了才智。然而，边区监狱教育改造制度是陕甘宁边区司法工作中的重要内容，边区对犯人实施教育和改造，不仅为巩固边区政权做出了贡献，而且为新中国监狱建设的成熟、制度的完善积累了宝贵的历史经验。正因为如此，对陕甘宁边区监狱教育改造的研究尤为重要，而既有研究成果对这一制度的挖掘尚显不足：首先，表现在"少"：

---

① 习近平：《庆祝中国共产党成立100周年大会在天安门广场隆重举行》，《人民日报》，2021年7月2日，第1版。

共和国监狱制度的雏形：
陕甘宁边区高等法院监狱教育改造制度研究

边区监狱研究成果不多，除了零星著作之外，再难觅专门的著述；在论文上同样数量不足，除了少数硕士论文涉及边区监狱之外，基本难以看到重要的期刊文章。其次，体现在"单"：以往对边区监狱的研究过于单一，除了对边区监狱的三大教育之外，就是对监狱管理制度的描述，而鲜有涉及边区监狱教育改造制度的理论逻辑、样态分析，以及教育改造制度的关系论证。为什么边区监狱会产生教育改造制度，这种教育改造制度根植何处？为什么教育改造制度呈现出三大教育的制度设计？教育改造制度的制度形态及它与管理制度的关系如何等重要理论问题，却甚少有人叩问。综上，现有研究空缺为本书的研究留下了广阔的研究空间。目前学界关于陕甘宁边区监所相关研究主要取得以下几个方面的研究成果：

（一）学术专著

目前，学术界关于边区监狱的研究专著鲜有力作，而将教育改造制度作为专门对象进行研究的则更为不多，大多是将这一时期的狱政制度作为边区司法建设或审判史，甚至作为边区史中的一部分一带而过，可谓浅尝辄止。

对边区监狱教育改造制度进行研究的重要著作有：杨永华、方克勤的《陕甘宁边区法制史稿·诉讼狱政篇》①，对边区教育的管理制度、指导思想、监狱性质、实践情况进行了介绍，该书是专门研究边区监狱制度的唯一一本重要著作，它将边区监狱的三大教育和管理制度进行了扎实的梳理，其材料丰富、内容翔实、论证充分，对本书的写作起到了很大的借鉴作用。但该书并不着重对教育改造制度进行研究，而是以介绍描述监狱制度为主，对最为重要的监狱教育改造制度挖掘不足，对教育改造制度的理论意蕴阐释缺乏。汪世荣的《新中国司法制度的基石：陕甘宁边区高等法院》②，在边区高等法院的职能体现与院长更迭一章中对狱政管理职能进行了论述，值得称道的是作者在有限的篇幅内，不仅对边区狱政制度的发展进行了划分，同时对边区

---

① 杨永华、方克勤：《陕甘宁边区法制史稿·诉讼狱政篇》，北京：法律出版社，1987年。
② 汪世荣：《新中国司法制度的基石：陕甘宁边区高等法院（1937—1949）》，北京：商务印书馆，2011年。

高等法院狱政管理的特点进行了论述,对作者选题、构思文章框架具有重要的启迪。但同样的问题是该书主要研究对象是陕甘宁边区高等法院,虽然边区监狱作为陕甘宁边区高等法院的组成部分,但研究对象的侧重造成该书对边区监狱未作为重要内容进行观照,对教育改造制度也仅是从宏观上介绍。薛梅卿、黄新明的《中国革命根据地狱制史》① 一书,是一部以中国革命根据地这一广大视野,对监狱制度进行整体考察的著作。该书从监狱设立、监狱指导思想、管理制度和改造制度方面进行研究,为我们提供了一个整体考察的路径,其中也关注了边区监狱教育改造制度内容,材料相对扎实,为我们进行史实考证提供了重要参考。但该书是以中国革命为时间轴,跨越众多时间段,在地域上则涵盖多个革命根据地,对边区监狱制度缺少更为细致的研究,同样无法完整揭示边区监狱教育改造制度的生成逻辑、理论价值及其特殊地位。艾绍润主编的《陕甘宁边区审判史》② 一书中,在监所史一章中,详细介绍了陕甘宁边区监所机构的设置,管教犯人的方针政策、任务、高等法院对监所的领导制度及教育改造等方面的内容。张希坡、韩延龙的《中国革命法制史》③,在"改造罪犯的方针和监所制度"一章中,对抗日民主政权的监所设置进行了系统的论述。此外,边区刑罚制度的研究多散见于法律史通史类作品中,如《中国法制史》④《中国法制史纲》⑤ 等,多本著作都叙述了苏维埃时期、南京国民政府时期和陕甘宁边区时期这三个时期的刑律,以及特别刑事法规的演变和发展,对该时期创造性的刑事方针政策、思想观念,具体制度如刑罚制度等的价值和意义予以了肯定,认为边区采取的司法模式和实施的一系列方针政策,使司法工作落到了实处,减少争讼平息纠纷,真正解决了人民群众的问题,维护了边区的秩序和安宁,保障了抗日战争大后方的稳定。杨木生所著《中央苏区法制建设》⑥ 一书中论述了惩治反革命条

---

① 薛梅卿、黄新明:《中国革命根据地狱制史》,北京:法律出版社,2011年。
② 艾绍润:《陕甘宁边区审判史》,西安:陕西人民出版社,2007年。
③ 张希坡、韩延龙:《中国革命法制史》,北京:中国社会科学出版社,2007年。
④ 张晋藩:《中国法制史》,北京:中国政法大学出版社,2014年。
⑤ 张晋藩:《中国法制史纲要》,北京:中国政法大学出版社,1986年。
⑥ 杨木生:《中央苏区法制建设》,北京:中共党史出版社,2000年。

共和国监狱制度的雏形：
陕甘宁边区高等法院监狱教育改造制度研究

例中明确和确立的刑法适用范围、刑罚种类和刑罚具体适用原则，总结了刑事立法的经验教训，认为在战争和"左"倾路线的影响下，刑事立法虽未完全实施，但与封建、半殖民地半封建的刑事制度划清了界限，贡献重大。曾维东和曾维才论述了苏维埃刑法对惩治反革命、红军逃兵和贪污犯罪的裁量刑罚的处理，并将各级审判机构在刑罚裁量和刑罚执行的职权进行了体系化的梳理[①]。

对边区监狱教育改造制度接续发展进行研究的著作有《劳动改造学参考资料》[②]，该书着重收集了新中国成立以来劳动改造犯罪的成就和经验，梳理了教育、感化、挽救的经验和实践，对边区监狱教育改造制度的发展延续也进行了总结，为探明1949年之后的监狱发展思路、管理体制起到了重要作用。另外，一部分从富平监狱收集的内部材料对本书进行教育改造制度延续与发展的写作起到了重要的材料支撑。

由于监狱感化制度起源于清末变法修律，清末变法修律虽未改变清朝行将腐朽的气数，而近代理念却成为中国传统社会分崩离析迈步近代的肇端，自此之后众多律学健将层出不穷，甚至一度分为陕派、豫派，且有一批饱尝西方监狱律学理念的博学之士充实其中，可谓蔚为大观，由此催生了律学思想的生机勃发，也带来了监狱改良的近代化实践。所以，研究陕甘宁边区的教育改造制度，必然要从监狱制度史上认识教育改造的渊源流变。

董康对近代监狱转型做出了重要贡献，1906年4月至12月，时任刑部候补员外郎的董康受政府派遣，率人赴日学习审判与监狱法制，考察中董康走访了日本的巢鸭等具有代表性的近代化监狱，回国后以报告的形式为清政府提供了日本监狱管理制度的相关详细资料，并且翻译和出版了《监狱访问录》《狱事谭》等著作，《监狱访问录》（1906年清光绪排印本），主要介绍了日本监狱的管理制度，其中十分重要的部分是该书涉及了作为近代监狱重要理念的"感化"制度。王元增的《日本监狱实务》（江苏嘉定教育会1908年印

---

① 曾维东、曾维才：《中华苏维埃共和国审判史》，北京：人民法院出版社，2004年。
② 西北政法学院公安业务教研室：《劳动改造学参考资料》（内部资料），西北政法学院，1983年。

行),该书由小河滋次郎为其撰序,谈道:"清国留学生、与余有师弟之谊者、前后至数百人之多。"这里可以说明王元曾为小河滋次郎之弟子,另一方面亦说明该书具有很高的研究造诣,其中该书对感化教育问题多有涉及,并认为教育感化是为监狱改良的重要层面。《监狱学》《狱务类编》《京师第一监狱作业实物汇编》《北京监狱纪实》《京师第一监狱报告》《监狱保释暂行条例》《监狱作业规则》《监狱参观规则》等著述使其著作等身。王元增更将理论与实践结合,创建了民国新式监狱的标准样式,制定了许多通行全国的监狱制度、法规,培养了一大批新式监狱管理人才。这些研究著作对本书的教育改造制度的学理分析提供了一定参考。

薛梅卿于1986年主编的《中国监狱史》一书专辟一节即第六章第三节"清末狱制的初步改良",对清末监狱进行的教育改造运动的实践情况进行介绍。其要点有二:一是关于改良原因,二是关于改良内容。在内容上则重点关于监狱立法及新监试办概况,对于各项制度的内容介绍比较详细,对教育感化制度也进行了介绍。王利荣《中国监狱史》、王平《中国监狱改革及其现代化》、杨殿升《中国特色监狱制度研究》、张凤仙《中国监狱史》等人的著作还对这一时期监狱教育改造制度的"未尽善"原因进行了分析。这些著作或多或少地涉及了新民主主义革命时期的监狱制度,具有一定参考价值。

(二) 期刊论文

在《抗战时期陕甘宁边区监所教育制度分析》① 一文中,李秀茹对抗战时期监所实施的三大教育进行了系统论述,强调思想教育在整个教育改造中的重要性,并对感化教育中的"党鸿魁经验"进行了总结。王福金在《新民主主义革命时期的监所情况简介》② 一文中,从新民主主义时期监所的设立和发展、在押犯的基本情况、监所工作的指导思想、狱政工作、教育改造和劳动生产等方面对新民主主义时期监所的情况进行了论述。在《新民主主义

---

① 李秀茹:《抗战时期陕甘宁边区监所教育制度分析》,《四川大学学报(哲学社会科学版)》,2004年增刊。
② 王福金:《新民主主义革命时期的监所情况简介》,《河北法学》,1984年第3期。

革命时期根据地监所的建立与发展简介》① 一文中，于树斌、彭晶主要介绍了我国新民主主义时期根据地监所的建立和发展。詹锦荣发表于《辽宁警专学报》的《监狱教育改造与建设现代化文明监狱》一文中，从教育改造与建设现代化文明监狱的关系及建设现代化监狱两方面进行了阐述。此外，还有王利荣发表于《现代法学》的《抗日根据地的狱制特色》，刘智的《论新中国狱政管理的特点和规律性》②，王吉德、刘金娥发表的《陕甘宁边区高等法院机构设置及其职能的演变》③，王居野的《中国狱政思想的历史变迁》④ 等文章都对边区监狱进行了关注。

以上学术论文大多是对陕甘宁边区时期的狱政制度的研究，主要集中于监所的设立和指导思想等方面，但对陕甘宁边区时期教育改造犯人的生成逻辑、历史实践以及对当今监狱现代化文明建设的影响并未系统归纳。

（三）学位论文

闫潇萌在《陕甘宁边区狱政制度研究》⑤ 一文中，在比较旧式狱政制度与陕甘宁边区狱政制度的基础上，分析边区狱政制度产生的原因、思想特征以及历史作用，得出了边区狱政制度的特殊性与进步性。在《陕甘宁边区监所教育制度研究》⑥ 一文中，孙洋通过对陕甘宁边区教育制度的研究和分析，概括了在新民主主义制度下，中国共产党领导下的监狱教育制度内容，及其对当代中国监狱犯人的教育的历史价值和借鉴意义。刘慧的《陕甘宁边区监所教育改造犯人研究》⑦ 一文，从边区监所教育改造制度实践的角度，挖掘了这一制度的实践特色，增添了本研究的史料内容。张珏芙蓉在自己的博士

---

① 于树斌、彭晶：《新民主主义革命时期根据地监所制度的建立与发展简介》，《公安大学学报》，2001 年第 4 期。
② 刘智：《论新中国狱政管理的特点和规律性》，《法学研究》，1985 年第 6 期。
③ 王吉德、刘金娥：《陕甘宁边区高等法院机构设置及其职能的演变》，《陕西档案》，2007 年 2 月。
④ 王居野：《中国狱政思想的历史变迁》，《社会科学辑刊》，2003 年第 5 期。
⑤ 闫潇萌：《陕甘宁边区狱政制度研究》，郑州大学 2016 年硕士论文。
⑥ 孙洋：《陕甘宁边区监所教育制度研究》，西北大学 2012 年硕士论文。
⑦ 刘慧：《陕甘宁边区监所教育改造犯人研究》，延安大学 2018 年硕士论文。

论文《陕甘宁边区人权法律保障探析》① 一文中，将刑罚制度放在人权法律保障背景下，通过对刑罚种类调整和推行政策间的关联关系，量刑上细化区别对待这两方面的探析，呈现了刑事政策和刑罚种类调整变化的过程。张炜达教授在其博士论文《陕甘宁边区法制创新研究》② 中，分析了边区适用国民党法律规定判决的具体案例，简析"轻刑思想""人人平等"和"区别对待"等原则在刑罚方面的具体适用。欧阳华《抗战时期陕甘宁边区锄奸反特法制研究》③ 一文，从惩治汉奸罪着手，重点介绍了锄奸反特的刑事法规，将其分为特种刑事犯罪和一般刑事犯罪两类，并对汉奸罪的认定、刑罚适用和裁量问题也进行了研究。付国利在《抗战时期陕甘宁边区刑事法规研究》④ 中对边区刑事法源做了大篇幅论述，对边区刑事法规建设的背景、主要内容、作用特点和当代启示均有着墨。

纵览前人治学之巅，似可得出以下结论：由于清末修律正处新旧转换的历史节点且因史料相对充足之故，学界对清末维新律学发展关注更密，以至于出现了饮誉百年的律学大家，如沈家本、董康、王元增、芮佳瑞、李剑华、孙雄、赵琛以及小河滋次郎等海内外思想名流。在律学著作方面，《提牢备考》《狱考》《刑具考》《释虑囚》《监狱访问录》《狱事谭》《调查日本裁判监狱报告书》《历代刑法考》《庚辛提牢笔记》《提牢琐记》《恤囚编》等监狱学著作，都集中反映了试图革除传统录囚的弊端，接受西方感化理念的愿望，并深刻鞭挞了传统狱政的混乱。

边区监狱教育改造制度与清末监狱改良所倡导的感化教育有着本质区别，而在教育理念、管理方法、教育形式上却有着十分紧密的联系，清末监狱改良直接影响着陕甘宁边区教育改造制度的生长机理。但由于陕甘宁边区的政治地位及军事环境，造成边区虽是全国革命的指挥中枢，但成文法制建设依然迫于抗战、革命而无法进行大规模建设，可寻的档案材料欠缺；加之近些

---

① 张珏芙蓉：《陕甘宁边区人权法律保障探析》，西南政法大学 2016 年博士论文。
② 张炜达：《陕甘宁边区法制创新研究》，西北大学 2010 年博士论文。
③ 欧阳华：《抗战时期陕甘宁边区锄奸反特法制研究》，中国政法大学 2011 年博士论文。
④ 付国利：《抗战时期陕甘宁边区刑事法规研究》，郑州大学 2010 年硕士论文。

年因为诸多因素，使有关陕甘宁边区的档案材料的获取更为不易，学界对边区监狱的关注未如清末那样密切，致使对边区监狱教育改造制度的研究缺乏力作，除杨永华教授的《陕甘宁边区法制史稿·诉讼狱政篇》、薛梅卿教授的《中国革命根据地狱制史》、汪世荣教授的《新中国司法制度的基石：陕甘宁边区高等法院（1937—1949）》等人外，鲜有学者再专门对边区教育改造制度进行研究，导致对边区监狱教育改造制度内容挖掘薄弱，也正因如此为本人的写作留足了研究空间。此外，目前学界对边区监狱教育改造制度的历史严格、发展演变，及至今天陕西省富平监狱教育改造制度的实践现状，与其在近百年历史演变中所呈现的规律、特点等时代课题，尚无人问津，不能不说是一种缺憾。

四、 主要研究内容

本研究立足于前人研究的终点，试图在前人的基础上开垦出新的学术之花。对边区监狱教育改造制度不足的现状，决定了本书的主要研究内容为：

第一，教育改造制度内容。教育改造制度是边区监狱制度中最为灿烂的一笔，它解决了在边区那个烽火连天与相较松散混乱年代人的问题，使大量阶级敌人改造成为人民服务的新民主主义社会新人，使犯了罪的边区民众能够改过自新，积极投身抗战和革命，为边区建设和发展艰苦奋斗。犯人的反社会性使犯人的改造成为社会中不安定的因素，也是党改造世界中最难以改造的部分，而边区监狱却凭借教育改造制度创造了巨大的成功，研究借鉴意义非凡。本书首要的就是挖掘教育改造制度的内容，为新时代提供一个样板和参照。

第二，教育改造制度内容之间的有机关系。一种制度蕴含多少势能，起决定作用的往往是制度诸多要素的有机联系，制度间的关系与互动是制度的灵魂所在。"重要的事情就是要重申如下事实：我们发现在实际生活的大多数制度形式中，并非是某一单独的制度基础要素在起作用，而是三大基础要素之间的不同组合在起作用"，"这些制度基础要素结合在一起，所产生的强大力量是十分惊人的"①，从教育改造制度中找出制度赋能的关键是研究的重要对象，也是使教育改造制度在新时代在放光辉的重要核心命脉。

第三，教育改造制度何以产生将是本研究的又一重要问题。以往的研究大多只是对制度框架进行简单介绍，而对教育改造制度在何种条件下产生却关注甚少。马克思主义认为：任何新事物的出现都是事物内外部发展到一定程度的结果，是一定时空、一定条件下的产物。教育改造制度虽好，但不明白它的产生根源和作用场合，便是缺乏实事求是精神，犯了教条主义的错误，在借鉴后也不能收到教育改造效果，历史上这种情况已经不胜枚举。历史在于提供镜鉴，从教育改造制度的发生条件上追根溯源，查找该制度在怎样的条件下如何产生，是从历史中汲取营养的基本前提，也是学习借鉴历史精华的必要遵循。

第四，教育改造制度的时代发展也是本研究的重要内容。世界是不断运动发展的，教育改造制度诞生于边区实践，也随着边区甚至是共和国的发展而发展。在发展中，教育改造制度的发展延续除了能够为我们提供发展线条之外，还能够看清它在不同社会背景下的演变，从它的最新发展成果中摘取更为贴合时代的有益成果，更能够在这种发展的历史演变过程中，探究教育改造制度的嬗变机理，明白它的长期发展规律，更好地借鉴教育改造制度的有益经验。

五、 创新及不足

陕甘宁边区是延安时期的模范区，中国共产党长达 13 年的局部执政，创造了丰富的法律制度。通过考察边区的教育改造制度这一个侧面，来映射时代剧变和法制发展趋势。因此，研究探析这一时期的教育改造制度能使我们追本溯源，加深对当时边区刑罚制度的理解；也能以史为鉴，优化调整现今监狱管理制度，站在时代前沿和前辈之间对边区的法律制度进行全方位、现

---

① 转引自赵俊鹏《基层社会治理制度的完善路径——基于制度要素的分析框架》，《学术交流》，2021 年第 5 期。

共和国监狱制度的雏形：
陕甘宁边区高等法院监狱教育改造制度研究

代化视野的考察，足以为当今中国的法治建设贡献一己之力。历史研究在于求真求实，碍于陕甘宁边区研究资料的限制，目前学术界对于边区监狱教育改造制度的研究，主要集中在陕甘宁边区狱政制度研究和零散的制度研究上，致使对边区监狱制度的研究在尊重犯人人格、保障人权、教育改造、劳动与教育相结合以及回乡改造、分红奖励制度等单个制度挖掘有余，而对这一制度产生的原因进行总结性研究和对其进行现代化发展视角下（以1949年之后陕甘宁边区高等法院监所发展、变迁为中心，探讨其对1949年之后我国监所发展的影响）的考察则明显不足。为此，在整体视野下对于教育改造制度进行研究，及对治理体系和治理能力现代化的时代背景下监狱建设的研究成果较少，甚至是"尚未开垦"的空白之地。为此，本书的研究将恰如其分地填补这一空白，助力全面建设社会主义现代化国家新征程的顺利实现。

因此，本研究围绕教育改造制度在发展过程中所经历的清末民国、边区、新中国成立之后至今的三个时期，对该制度进行"从始至终"的研究，并重点以边区的教育改造制度为中心性的研究，上触源头，下启当下，从制度的产生深层原因、相较同时代的特殊之维、在历史长河中的发展演变一体，展示历史视野下教育改造制度运行的完整逻辑脉络。一切历史都是当代史，历史经验的唯一使命便是映照现实、启迪未来，需要释明的是：对历史如何评价不是今人对历史所负之责任，评价结论也非今天应告慰历史以本真，而是一切史实、经验、结论都是"布道"当代、赋能当下。因此，对教育改造制度在新时代应以什么样的姿态出现，做出什么样的创造性转化进行思考，实为时代所需。

缘于边区监狱教育改造制度相关资料的匮乏，致使收集困难，在论证过程中难免出现论证不充分、结论与史实存在些许偏差的可能；更为主要的原因实赖笔者才薄智浅、词不达意，对边区历史着力不深、难有洞见，恐难呈精品力作，唯有尽心尽力，以飨读者！

第一章

从教育感化到教育改造

共和国监狱制度的雏形：
陕甘宁边区高等法院监狱教育改造制度研究

第一节 传统社会教育感化因素

一、教育感化及其相关概念界说

"概念学是研究人们运用概念认识事物的态度、过程、规律的一个哲学社会科学。不同的人对同一个事物的认识是不尽相同的，即使同一个人在不同时期对同一个事物的认识也是不断变化的，而概念在其中扮演了重要的角色。"① 概念是对事物整体意义的归纳，是掌握事物特征的法门，因此研究教育改造制度必须从其概念入手。享有5000年历史的中国，"监狱"的产生盖有4000余年的历史，虽然在不同时期对其名称、定义不尽相同，但类似监狱的场所与中华文明一起从未中断过。据查，"监""狱"二字起于奴隶制社会，但初期却没有监禁的意思，其表达的是管理的意思，而"监狱"二字连用与囚禁犯人之事相关联的意思出现，最早可见于《汉书》西汉涿郡高阳人王尊的事例：王尊"少孤，归诸父，使牧羊泽中。尊窃学问，能史书。年十三，求为狱小吏。数岁，给事太守府，问诏书行书事，尊无不对。太守奇之，除补书佐，署守属监狱。久之，尊称病去，事师郡文学官，治《尚书》《论语》，略通大义。复召署守属治狱，为郡决曹吏。"② 师古注曰：署为守署令，

---

① 刘艳萍、刘涛：《概念学视域下中国化马克思主义命名范式研究》，《武汉理工大学学报（社会科学版）》，2015年第3期。
② 《汉书》卷七十六《赵尹韩张两王传第四十六》，北京：中华书局，2007年，第769页。

监狱主囚也；但此时"监狱"并非现代意义上的羁押犯人的场所，亦非名词词组，而是动宾结构，宋代有"予监一室，颇潇洒"的说法，这里监逐渐演变为羁押的意义。"狱"在上古指称断狱之狱，先秦时称"秦穆公明于听讼断狱"，《左传·庄公十年》："小大之狱，虽不能察，必以情。"春秋时期管子曾说："涂郭术，平度量，正权衡，虚牢狱，实廪仓。"① 唐代之"孔璋上书清代二太守洛阳狱""老狱吏断狱"等说法。另外，师古在《说文》笺注中对监狱下的定义为："狱之言确也，取其坚牢也。字从二犬，所以守备也。二犬者，明守卫之言。从言，言者，讼也。谓系防守因讼被拘者之地。"再结合颜师古所言"监狱主囚也"的说法，可以看出"狱"由听讼审理牢狱渐渐演变为羁押场所的含义。

清末以降，监狱观念在经历世界交融之后，发生了重要变化，并获得了大体一致的认可。魏源《圣武记》（卷十）："其袤僻寥阔之区，非徒增营汛，且必增州县，使有城池、廨署、学校、仓库、监狱。"赵深在《监狱学》中认为："监狱是依国法专门囚禁受自由刑之执行者所特定之公共营造物。"小河滋次郎将其定义为："以威力监禁一切人类之场所。"国外学者的一般解释为：监狱是执行自由刑的场所，刑罚并不是对过去的报复，因为已经做了的是不能再勾销的，它的实施是为了将来的缘故，它保证惩罚的个人和那些看到他受惩罚的人既可以学会憎恶犯罪，还可以大大减少他们的恶习。②《现代汉语词典》将其解释为：监押犯人的处所。那么，什么是监狱？从对中国监狱发展的探索与考察，可知"监狱"的概念有狭义和广义二分。从狭义来看，虽然监狱概念不断变化，但大多认为监狱是关押犯罪的场所，我国古代侧重于强调监狱对罪犯的看管；就广义来看，它指代一切以国家强制力为后盾，进而实现对人身自由限制的场所。因此，这就昭示了监狱不仅仅是现代自由刑语境下的产物，而是包含着传统社会囚禁犯人、看押囚犯的场所，甚至传统

---

① 《管子》卷十八《度地第五十七》，房玄龄注，上海：上海古籍出版社，2015年，第375。
② [美] 戈尔丁（Golding, M. P.）：《法律哲学》，齐海滨译，北京：三联书店，1987年，第141页。

刑制下的流刑、充军、软禁、看管、斩监候等对犯人进行惩罚的地方，也都属于监狱范畴。①

由此来看，古代学者认为是羁押、看管的牢房，近代学者在此基础之上又注意到监狱对罪犯的教化改过作用，国外学者侧重于强调自由刑罚的执行、倡导人权保障。不能不说这些都从不同侧面揭示了监狱的各种面向，整体上体现出监狱的基本面貌，构成了监狱概念的集合；但是这些方面虽然都进行了不同纬度的刻画，却无意之间回避了监狱的本质属性。原因在于监狱的产生源于对统治者的稳固管理使用，此后为历代王朝所延续。因此，无可讳言的是监狱本身最鲜明的特征是为阶级服务的标签，它是统治阶级的统治工具，而就"监狱"这一属性却未能为其概念所尊奉。

"教育"一词不仅自古有之且教育宗师频出、教育典范不穷。《孟子·梁惠王上》："谨庠序之教，申之以孝悌之义。"韩愈《祭十二郎文》："当求数顷之田于伊颍之上，以待余年。教吾子与汝子幸其成，长吾女与汝女待其嫁，如此而已。"章学诚《文史通义·原学上》："教也者，教人自知适当其可之准，非教之舍己而从我也。"《论语·子路》："以不教民战，是谓弃之。"《商君书·更法》："前世不同教，何古之法？"韩愈《原道》："今也举夷狄之法，而加之先王之教之上，几何其不胥而为夷也？""育"，段玉裁在《说文解字注》中说：育乃养子使作善也。《孟子·离娄章句下》："中也养不中，才也养不才，故人乐有贤父兄也。如中也弃不中，才也弃不才，则贤不肖之相去，其间不能以寸。"《虞书》曰：虞书当作唐书，说在禾部，教育子，尧典文。今尚书作胄子。《易·渐》："妇孕不育，失其道也。"吴曾《能改斋漫录·记事二》："虞部员外郎张咸，其妾孕五岁而不育。"陈继儒《珍珠船》（卷一）："供奉官郭垣，在母胎余年不育。"《诗·小雅·蓼莪》："拊我畜我，长我育我。"郑玄："育，覆育也。"朱光潜《文艺心理学》："游戏也有时利用模仿所得的活动，男孩戏营造，女孩戏育婴，就带有几分模仿。"匡衡《祷高祖孝文孝武庙文》："思育休烈，以章祖宗之盛功。"韩愈《顺宗实录五》："思翔

---

① 杨习梅：《中国监狱史》，北京：法律出版社，2016年，第2页。

春风，仁育群品。"王德安《严师》诗："三十年心血育英才，芬芳桃李满天下。"而"教育"一词非但自古皆有且教育宗师频出、教育典范不穷。《孟子·尽心上》："得天下英才而教育之，三乐也。"《醒世恒言·三孝廉让产立高名》："我当初教育两个兄弟，原要他立身修道，扬名显亲。"《儒林公议》卷下："今朕建学兴善，以尊士大夫之行，而更制革弊，以尽学者之才，其于教育之方，勤亦至矣。"沈从文谓："拿起我这支笔来，想写点我在这地面上二十年所过的日子……也就是说我真真实实所受的人生教育。"

从以上对传统"教""育"二字的用法及注解来看，二者都有多种甚至达十余种不同意义。而从最基本意义上来看，二者都有类似明伦理、传道义、培养的词义，再结合《辞海》的解释我们可以将其归纳为：第一，使人能够储备始终、升华品格，准备从事社会生活的整个过程，主要是指学校对儿童、少年、青年进行培养。这里的过程是指教化人的行为过程和被教化者完成思想升华的过程，进而开展行动的过程，因此教育包含有从施加道义训导而达到从善的整个阶段。第二，用道理说服人。用道义、伦理规范地引导，使人能够照着社会一般秩序开展行为，起到说服教育的作用。

中国自古以来就十分重视对人的感化应用，许慎所撰《说文解字》谓："感"，乃动人之心也，"化"，乃变也。《孟子》中多次援用"化"字，可见对变的重视。《荀子》中"化"字出现的次数也多达72处，其他古籍典章中亦不乏对"感化"二字的使用，或单用或连接。如《后汉书·陈禅传》："禅于学行礼，为说道义以感化之。单于怀服，遗以胡中珍货而去。"既是以道义引导人之意。王若虚《论语辨惑四》："王紫微广之曰：'仰以事君……俯以临民，必先诰诫号令，感化人情，而使下见信。'"《辞源》将感化释为：用行动去劝导人，使之感动而转化。《辞海》释为：用潜移默化或劝导的方法感动人，使其思想逐渐起变化。郭沫若在《屈原》第五幕中如此使用："先生，我是一个普通人家的女儿，我受了你的感化，知道了做人的责任。"这里的感化则主要指感染、感动。

"感化"的用法在历史的演变中并未出现大的变化，似乎很早就形成了因"感"而化之的表达语义。"感"意味着个体主观上的感觉、感受、感动，在

共和国监狱制度的雏形：
陕甘宁边区高等法院监狱教育改造制度研究

感情上足以对个体产生一定程度的内心波动，所感之物往往具有一种催人上进的力量。而"化"在一定条件下是要潜移默化、润物无声的变化，它蕴含的是一种动态变化态势，强调的是过程，同时也是一种经过感动之后对结果的寻求。"感化中的所谓'行动影响''善意劝导'与教育的一些做法相差不大，无非也就是教育者的'以身作则'和'以理服人'，这里'行动影响'，还有较大的感情成分，'善意劝导'虽不排除一定的感情成分但主要是通过说理，着眼于提高认知。"① 因此，从语义上来看"感化"最常见的解释是：用行动影响或善意劝导，使个体的思想在潜移默化的过程中向好的方面运动，一般情况下是针对不良思想、行为运用一定"禀赋"进行感化，此外也指对一般思想、行为的感化，这是诲人不倦、示之以道、心向往之的积极追求。

据笔者初步考察，"教育感化"一词的出现最早则是在民国之后才开始的，清末监狱改良则多用"感化"一词。但即便是民国也未直接论述出教育感化的治狱话语。如，需注意这三事：一特殊学校，一负贩团，一感化院（此专收无亲权监督之顽戾儿童与刑法上惩治场不同，彼系惩治犯罪意识，此系教育感化制度，彼经费出自国家，此经费出自各县）②，"族人偶有过失悉以精神教育感化之"③。清末民初受到西方感化主义监狱思想的极大影响，进行了大规模的监狱改良路径探索，大规模的新式监狱法制如雨后春笋般应运而生，一座座新式监狱拔地而起，在治狱理念也从传统中国监狱的以报复性、打击性目的向引导犯人内心转化方向转移，提出了感化人和教诲人的治理理念。沈家本便主张学习采用西方监狱中的感化主义，认为监狱不应当是执行残酷刑罚的场地，实施威吓和惩罚主义不能起到真正教化作用，从而指出监狱应该以感化罪犯和教诲教育作为新式监狱的主要宗旨，并进而总结道："监狱者，感化人而非苦人辱人者也"，罪犯之所以会成为罪犯，主要原因在于他们缺少感化教育，只要慢慢地对他们进行教育开导，犯人就会改过自新，重

---

① 余国政：《关于感化及感化教育相关概念的辨析》，《湖北理工学院学报（人文社会科学版）》，2015年第3期。
② （民国）《威县志》（卷十六），1929年铅印本。
③ （民国）《长汀县志》（卷二十六），1941年铅印本。

新融入社会并成为社会的积极要素,沈氏之言堪称集中代表了清末监狱改良的主要思想,这一思想也成为清末监狱改良的重要思想成果和指导理论,为时人所尊崇。以上所述反映出清末监狱改良思想已日趋近代化的历史事实,清末监狱改良强调依靠监狱管理者的悉心教育引导犯人纠正自身过失,自觉真心悔改、遵纪守法,探究清末监狱改良思想本质不难看出其中内蕴的"教育感化"追求。但是,无论如何在清末监狱改良浪潮中始终未形成"教育感化"的直接论述。

另外,这里一并需要交代的是上文所述仅为教育感化的概念界析,并未对教育改造制度进行过多触及,这里笔者考虑有二。第一,教育改造制度是中国传统法制史上从未真正有过的概念,虽在某些层面与教育感化有着密切关联,但是却存在巨大的理念鸿沟。教育改造制度脱胎于马克思主义理论指导下的中国共产党的治理实践,是"人民至上"的唯物史观看待人类社会发展问题,和发展规律的理论结晶,它以人民当家做主为核心目标,区别与资产阶级自由、民主、平等、博爱等社会观念,在认识论和方法论上与教育感化天然识别,性质完全不同,而且若要条分缕析地解释教育改造为何,关涉实在庞杂,似乎需要另立新章。第二,通过第二章边区教育改造制度产生的社会基础,以透彻的性质和理论渊源分析,有利于对教育改造做大视野的梳理,有利于厘清教育改造制度及其概念的轮廓,在此基础上将教育改造与本节所示教育感化进行一定比较,更能使二者界限清晰,产生更好的辨析效果,同时也有利于全面把握本论所要展示的教育改造制度这一研究对象。

二、 古代监狱的教育感化色彩

1919年6月8日,陈独秀在《每周评论》撰文称:"世界文明发源地有二:一是科学研究室,一是监狱。我们青年要立志出了研究室就入监狱,出了监狱就入研究室,这才是人生最高尚优美的生活。从这两处发生的文明才是真文明,才是有生命有价值的文明。"[①] 陈氏之言大概是有着一定的感情色彩和政治功用,但其本质上言明了监狱对真理的压制,道出监狱实为统治阶

---

① 陈独秀:《独秀文存》,合肥:安徽人民出版社,1987年,第540页。

共和国监狱制度的雏形：
陕甘宁边区高等法院监狱教育改造制度研究

级维护社会稳定的工具。经过社会各界的积极营救，在陈氏出狱后，不久李大钊以诗相迎："你今天出狱了，我们很欢喜！他们的强权和威力，终究战胜不了真理，所以真理拥护你……"更直挞监狱为强权服务、镇压人民的本质特质。因为，为了加强社会稳定、惩处谋叛与犯罪者，监狱自古以来就为各个王朝所重视，并认为"监狱者，重事也"。"国家是一个阶级压迫另一个阶级的机器。是使一切被支配的阶级受一个阶级控制的机器"①。而国家政权的工具，主要是集中于军队、惩罚机关、侦查机关和监狱，监狱作为国家机器之一环，浸透着统治阶级的思想意识，起着控制违反阶级意志者的作用。从而被传统社会各朝代所大加推崇和发展，纵览古今每一代统治者都通过制定大量监狱法令，不断推动监狱制度的完善，但归根结底古代监狱在惩罚、报复等刑罚目的之下，使人在谈起古代监狱时总是闻之色变，甚至有谚语称："廷尉狱，平如砥，有钱生，无钱死"。虽然如此，中国传统监狱在儒家思想的影响下也有着闪光的一面即监狱感化色彩。

随着儒家思想逐渐融入法制，德主刑辅、以德配天、明德慎罚、代天行罚等中国古代法制思想的出现，传统监狱的发展，也形成了一套减轻对犯人的惩罚、保障犯人基本生活待遇、防范犯人在监狱内受到随意欺压的制度。当然，这些制度本身只能说明在制度表达层面的概况，也并非"圣王仁及囹圄"的真实写照，基于传统社会土壤下监狱存在的本质目的，出于怜悯之心对犯人以宽以厚，不可能真正在犯人处置上有太大改观，其仅仅是为了维护有利于剥削阶级的法律秩序，为了缓和社会矛盾，也是统治阶级为了自身形象塑造的自我标榜，且实践中并未真正落实对犯人的体恤，从清人方苞在《入狱杂记》中对清朝监狱的记述，便可见一斑。但无论如何，为王者或者说监狱制度能够更多地涉及宽厚、教化，进而实现感化实在是犯人难得的一线曙光，也是传统监狱思想先进性的体现。

夏朝在代天行罚及宗法礼治思想的基础上构建监狱制度，《说苑》："夏后氏教以忠，而君子忠矣；小人之失野，救野莫如敬，故殷人教以敬，而君子

---

① 《列宁选集》（第4卷），北京：人民出版社，1972年，第49页。

敬矣；小人之失鬼，救鬼莫如文，故周人教以问，而君子文矣；小人之失薄，救薄莫如忠。"① 古人认为：触情纵欲，谓之禽兽；苟可而行，谓之野人，而安上治民，莫善于礼。因此，依靠仁爱、辞让等对待乱民可以起到"积恩为爱，积爱为仁"的效果，有助于失足者向善向仁的转化，而将"上事天，下事地，尊先祖而隆君师"② 作为教化的主要内容，以"忠"为核心的夏礼为教育感化奠定了思想基础，进而催生了幽闭思愆制度。"夏曰夏台，言不害人，若游观之台，桀拘汤是也；殷曰羑里，言不害人，於间里纣拘文王是也；周曰囹圄，囹圄举也，言令人幽闭思愆，改恶为善"③，幽闭思愆令人悔改，说明此时监狱职能重在强调通过教育促使犯人自觉改造，这一制度也成为我们教育感化的源头，并直接影响商、周及以后的监狱管理。春秋时期随着统治的进一步需要，监狱发生了重要变化，凶猛可惧的狴犴成为监狱的名称，具有强烈教育感化色彩的狱政被迫中断。自春秋末期战国之后，法家思想逐渐成为统治阶级治理国家的主要理论，各国纷纷变法图强，在刑罚上开始倡导重罪严罚，到秦朝确立法家思想也成为正统思想，形成弃礼用法、专任刑罚的法制框架，不仅是大范围使用肉刑还实行残酷的连坐制度，造成"赭衣塞路，囹圄成市"的局面，使全国上下处处是监狱、人人被连坐，甚至是被赵高告发的李斯，亦在受尽狱中种种酷刑之后，面对榜笞而招供，最终被具五刑，遭腰斩于市。因此，这一时期的教育感化制度无从谈起。陈顾远在其《中国法制史概要》中说："缓刑之称，自秦以后，史不多见；然对于刑之犹豫执行，代有其刑，而皆以慎刑之义当之。"④

汉朝之后，汉武帝定儒家为一尊，天人感应思想为教育感化重新带来了生机，进而颁布了体恤犯人的制度。首先，要求对犯人定罪要谨慎，特别是对疑狱要详慎，务求刑罚得中。其次，"任德教而不任刑"。对犯人要依靠道德教化感染内心，使其通晓廉耻，以仁义教化的方式宽容囚徒。《汉书·景帝

---

① 转引自柳诒征《中国文化史》（上），南昌：江西人民出版社，2018年，第94页。
② 《荀子》卷十三《礼论篇》，杨倞注，上海：上海古籍出版社，1996年，第196页。
③ 《太平御览》卷六百四十三《刑法部九》（宋本），第3840页。
④ 陈顾远：《中国法制史概要》，北京：商务印书馆，2017年，第211页。

纪》:"年八十以上八岁以下,及孕者未乳、师、侏儒、当鞠系者,颂系之,"而不要给他们戴戒具。宣帝时又说:"今系者或以掠辜若饥寒瘐死狱中,何用心逆人道也!朕甚痛之。"此外,曲发以原情,死无子允许妻子入狱和放归,为贵族阶层犯罪开辟减轻或减免刑罚的制度路径,秋冬行刑、特赦等也体现着厚重的教育感化理念。晋朝延续了这一思想,对监狱的穿盖、吃用及患病囚犯的治疗等都做了规定,保障了犯人的基本生活条件,使犯人心存温暖。南齐对患病的犯人治疗程序是"必先刺郡求职司与医对共诊验,远县家人省视,然后处理。可使死者无惧,生者无怨"。① 可以说,这些政策体现了极大的仁道思想,用一系列保障犯人权益的行动,消弭犯人怨恨,从而起到对犯人进行教育改造的治理效果。

唐朝是我们传统刑制最为完善且最能体现儒法同构的时期,教育改造的治狱理念也得到进一步加强,从《太平御览》可知:"(唐)太宗行次虚石县,指狱而谓皇太子曰:…滥系无辜则政道缺,久滞有罪则怨气生。囹圄之中仰视青天,有同悬镜。传曰,其恕乎。由此言之,不可不慎。"太宗认为:滥抓无辜是帝王失德行的体现,且仅仅通过羁押等惩罚犯人的方式来惩治犯人,在实际上并不能起到化解犯人戾气、德行升华的结果,而只能使犯人更加继续怨气,进而危害社会稳定。锁械肤体郁结其中,循诸己者可以知人,以己及人却也能够体现宽仁的狱政思想,这种监狱治理思想如若融入监狱制度却也可以间接起到感化的作用。"《唐志》:'凡州县皆有狱,而京兆河南狱治京师,其诸司有罪及金吾捕者又有大理狱。诸狱之长官五日一虑囚,夏置浆饮,月一沐之。疾病给医药,重者释械,其家一人入侍,职事散官三品以上妇女子孙二人入侍。'"② 可以看出,与前朝唐朝相比这一恤囚制度更为完善,不能否认这一制度对万邦来朝的大唐盛世起着重要作用。但武则天时期社会矛盾激化,为了维护其权威加强集权统治,奉行以威治天下的政策,特别是在徐敬业反叛后,大兴告密之风,迫使监狱政策向严厉镇压方向转变。

---

① 《南齐书》卷三十三《王僧虔》,长春:吉林人民出版社,1995年,第325页。
② 沈家本:《历代刑法考·刑事卷》,北京:商务印书馆,2017年,第926页。

据《旧唐书·刑法志》记载，在唐长寿年设置"新开狱"，"长寿年周兴、来俊臣等相次受制，推究大狱，乃于都城丽景门内别置推事使院，时人谓之'新开狱'"。《文献通考》记述了"新开狱"的狱囚情况，"入是狱者非死不出，人戏呼为'例竟门'"。北宋真宗年间，开始对流刑犯人的服刑条件进行关注，设置医站集中关押并医治患病的流刑犯人；此外，还创造性地对徒刑以下狱囚实行"责保于外"制度，该制度与今天的保外就医尤为类似，这一系列制度的实践与创新不仅是制度上的进步，更能够对犯人的内心施加影响。随后的历代王朝大体上都延续了这些恤囚制度，这些制度从制定目的上来看大多是为了改善监狱内犯人的生存条件，并非真正本着教育改造至少说不是直接的教育改造目的，但在儒家思想教化治国的大理念下也对监狱制度产生了积极影响。在对犯人"若去恶宜疾，则应先启"等制度的贯彻实施中，有意无意间带来了教育感化的实际效果，犯人能够在宽仁、体恤的氛围中在黑暗中感受到一丝温情，从而能够减轻内心的愤恨，进而能够得到向善的转变，可以说这种制度的产生和运转带来了些许的教育改造因素，推动狱政思想的发展。因此，相较于生活在更为残酷的监狱制度下，被羁押于该种具有教育改造气息监狱内的犯人来说或许是幸运的。

众所周知，清朝的法制体制以"参汉酌金"为建设蓝本，在清末之前也一定程度上继承了汉唐以来的恤囚思想，但并无明显的近代化转向，甚至方苞因戴名世《南山集》案株连，被逮捕入狱，真正体验了彼时监狱的惨状，"其极刑，曰：顺我，即先刺心；否则四肢解尽，心犹不死"。清人赵钧彤的《狱中八咏》也真实记录了监狱内的种种黑暗，他描述监狱住处说道："蛇龙羌入蛰，低户乍开肩。地人毛竖，墙污鬼唾腥。怪声鹮上屋，谲状鼠窥棂。向晦仍何事，焚香演卦经。"① 深刻揭露了监狱内部的肮脏与混乱。但随着清末内外交困的社会形势日益加深，不得已开始变法图强，在轰轰烈烈的变法实践中监狱改良被提上日程，并很快激起了以教育感化为主旨的监狱改良浪

---

① 袁行云：《清人诗集叙录》（第2册），北京：北京艺术出版社，1984年，第1410页。

潮，这一融汇西方平等人权思想的教育感化理念，形塑了近代中国监狱近代化的样本，对后续资产阶级政权乃至陕甘宁边区教育改造制度都产生了深远影响。

第二节　清末民国时期教育感化及其转型

教育改造制度非我国传统狱政文化的产物，其源于"泰西"并随西学东渐而在我国传播。清末以降，"天朝上国"被坚船利炮严重冲击，尊严不再，无论军事、政体还是律法皆被列强挟持和诟病，领事裁判权的产生致司法主权遭受严重侵犯，为挽救时局，尽力维护"天朝"体面，清政府掀起了自上而下的维新变法。监狱作为反映律法文明程度的标尺被"天朝"作为维新的重要内容，由此掀起了以教育改造为主要内容的监狱改良运动。然而，一个很重要的问题不得不被提出：清末监狱改良运动的背后推动力是什么呢？众所周知，但凡一件事物、一项制度的发展演变都是在一定历史条件下的必然产物，回答这一问题便能从中国社会的宏观背景上看待中国监狱改良运动，及之后陕甘宁边区高等法院监狱教育改造制度的产生根源，从而找出该制度产生的逻辑前提与演变推力，也只有从大的时代背景才能更加准确地把握其内部机理。费孝通曾言："从基层上看去，中国社会是乡土性的。我说中国社会的基层是乡土性的，那是因为我考虑到从这基层上曾长出一层比较上和乡土基层不完全相同的社会，而且在近百年来更在东西方接触边缘上发生了一种很特殊的社会。"① 这里所称很特殊的社会则反映了清末民初中国社会结构，在中西方碰撞、交流场景下的激烈变化，自然也催生和影响着中国传统法律文化及监狱学的深层解构与重构。

一、内外交困：监狱改良

1. 清末以教育改造为核心的监狱改良主张，发轫于西方列强的文化冲击。

---

① 费孝通：《乡土中国》，北京：商务印书馆，2019年，第5页。

第一章　从教育感化到教育改造

中国传统社会的监狱制度，是中华历史传统的延续，在闭关锁国政策之下这种延续既未终止也未发生大的改变，但此时的西方社会监狱改良风潮已经浩浩荡荡。随着资产阶级登上历史舞台，经济生产模式的改革推动社会观念推陈，人们号召平等、博爱，认为人人生而平等，即使犯人也应该享有一定人权。因此，代表资产阶级意志的法律制度逐步确立和成体系化，传统上残酷的死刑、肉刑制度被质疑，转而以自由、平等、博爱等原则对犯人进行感化教育，并进而实现社会秩序的稳定。随之，感化教育制度成为被资产阶级社会广泛接受和运用的监狱治理模式。贝卡利亚、边沁、孟德斯鸠等哲学家的思想在世界各地被快速传播，相同经济生产方式下的人们在资本利益的原始驱动下，从思想深处接受了这一主张，人们不再盲目增加对神的崇拜，而是更多地关注人，人的自由成为人们所狂热追求的时髦产品，资本此时起到的动员作用比任何一次驱动都来得管用。

监狱是刑罚制度里最后的设定程序，也是人权能否得以保障的最直接体现，自然也得到了资产阶级社会的普遍重视。正如沈家本所说："泰西监狱初亦未得感化之宗旨，而唯以苦人、辱人为事。迨后有仁慈者出，目睹夫惨毒之方，残刻之状，同为人类，何独受此，于是倡为感化之说，播于欧洲。"[①]随着资产阶级的兴起，自由、民主、人权成为资产阶级在反抗封建压迫的有力武器，并成为资产阶级管理国家的重要理念。16世纪荷兰阿姆斯特丹出现了收容和劳役性质的矫正所；1704年教皇克莱门特十一世建立的罗马圣米歇尔监狱，在布局上应用了单元细胞式结构的囚房布局，这种监狱是以供囚犯劳作的大厅为中心。"无论这种细胞单元结构是否适合刑惩理论的目的或是宗教思想——孑然忏悔和面壁思过的要求，其作为一个广为使用的监狱形式已被固定下来。"[②] 1788年英格兰建造了"忏悔房"，此时的监狱强调的已经不是对犯人的惩罚，而是从宗教角度为犯人提供单独忏悔的空间，同一时期的

[①] 沈家本：《历代刑法考（附寄簃文存）》（四），邓经元、骈宇骞点校，北京：中华书局，1985年，第2238页。
[②] 陈喆、刘炎杰等：《中国近代监狱建筑形制的西学影响》，《建筑师》，2008年第5期。

共和国监狱制度的雏形：
陕甘宁边区高等法院监狱教育改造制度研究

宾夕法尼亚监狱在建造上，使用了分类隔离服刑的监禁方式，将犯人按照年龄、性别和情绪状况分类监禁。这其中有关监狱改造犯人的理论不断涌现，以边沁的功利主义监狱理论为代表，他认为功利主义根据任何一种行为本身是能够增加还是减少与其利益相关的当事人的幸福这样一种趋向，来决定赞成还是反对这种行为。① 由此提出"圆形监狱"构思，并认为这种监狱理论充分体现着"经济"与人道，是最高效和理想的监狱模式。此时，新式监狱不断被实践，罗马撒末岂尔幼年监狱、比利时闵梭蚩夫阿司监狱等都积极运用新式管理方法。

日本经过明治维新迅速融入世界潮流，通过学习外国监狱的建设思想，监狱学得到蓬勃发展，小河滋次郎受聘中国政府期间，其监狱改良思想也得到有效传播，甚至在中国西方这一监狱构想还被日俄进行了实践，"旅顺监狱是20世纪初俄国、日本两个帝国主义国家在中国先后建造的用以监禁和杀戮中国人民以及抗日志士的一座法西斯监狱，其建筑形式设计借助了边沁'圆形监狱'的构思"②。力求监狱日臻先进的风气中，传统遗留、闭关锁国与政权僵化使清末监狱更为落后。由西方组织召开的第八次监狱会议，中国因法律差异被视为三等国，这激起了"天朝上国"的羞耻心，也激发了监狱制度革新的冲动。

2. 置身社会转型期内外部张力，迫使清政府陷入统治危机，进而展开自救行动。清末监狱改良正是中国发生时代转型的时期，时代转型动因则是中西方文明差异的存在。自鸦片战争之后，传统社会受到坚船利炮冲击，西方的工业社会打破了"天朝上国"的农耕文明，使传统社会工农商各行进入到难以为继的局面，社会发展水平的不同带来了社会的撕裂、推倒与重建，迈开了中国社会由传统走向近代的开端。1840年的鸦片战争惊醒了有识之士开眼看世界，一浪高过一浪的国内维新运动严重动摇了清政府的统治，同时这

---

① [美] E. 博登海默《法理学——法哲学及其方法》，北京：华夏出版社，1987年，第99页。
② 周爱民：《边沁的圆形监狱构想与旅顺监狱建筑形式之关联》，《大连近代史研究》，2018年第15卷。

第一章 从教育感化到教育改造

种社会运动带来的社会思潮风起云涌，有力地促进了人们思想的开化，这一形式不断推动着要求强国、救亡的呼声。在这次时代转型中改良由器物渐次深入到政治、文化，监狱作为政治、文化的重要外部表现自然成为转型中的一环，而且在当时的社会背景下，监狱改良被赋予了太多政治深意。所谓政治深意即：自1840年后，清政府对司法主权的丧失，希望依靠法律的近代化，消除西方对本国法律的耻笑，进而被西方认可自己的大国地位。据《清史稿》载："考领事裁判，行诸上海会审公堂，其源肇自咸丰朝，与英、法等国缔结通商条约，曰载中外商民交涉诉讼，各赴被告所属之国官员处控告，各按本国律例审断。"领事裁判权的产生自然导致案件在审断之后的看押、拘留、刑罚问题，按照西方模式运行的监狱必不可少地被建立，仅在上海一处各西方列强相继建立了"上海英国监狱""厦门路西牢""提篮桥西牢"等一大批西方监狱。领事裁判权和西式监狱的存在严重损伤天朝上国的司法主权，在此局面之下清政府展开收回领事裁判权的不断尝试。

1900年清政府与各国重修条约，清政府试图通过条约修订找回主权与尊严，虽然在修订过程中清政府积极做出努力，"撤销各国的领事裁判权"，但是泰西各国以清政府的律例尚不完备，贸然收回必将损害各国民众的司法公平为借口，断然拒绝。事实上，从咸丰年间开始司法主权就被严重破坏，中国领土之民却被外国人进行审判，严重损害了清政府的自尊心。清政府基于"东西各国以囹圄之良窳觇政治之隆污。日本能撤去领事裁判权，首以监狱改良为张本"①的片面认识，认为监狱改良对能否收回领事裁判权意义重大，因此，改良监狱也被赋予了极大的目的性，既在于改观世界各国对"天朝上国"的看法，效仿日本，从而得以撤销领事裁判权，实现司法主权的恢复，重回"天朝"荣耀。这一目的成为清朝监狱改良的最大动力，它事关国体和尊严，在实际行动中自然不会留下余力。为了改良刑律清政府广派人员前往西方考察刑制、监狱，并注重参加万国监狱改良会，曾赴美参加万国监狱改良会的京师高等检察厅检察长在报告中说："各国强行领事馆于我国，其所借

---

① 沈家本：《法部奏议复实行改良监狱折》，《东方法学》，1907年第12期。

口亦每在刑法审判监狱之不良。"① 如若监狱审判能够得以改良，便自行归还裁判之权。在希冀遵照各国所咨借口而收回司法主权的动机之下，1901年经过众多开化之人上书言变，最终促使清政府在1902年厉行监狱改良之策，创立修律的专门部门，进行新式监狱律法的制定，清末监狱改良得以拉开序幕。

二、改良结晶：教育感化

早在1870年王韬就于其著作《漫游随录》中对英国监狱进行了考察，并对英国监狱的教育改造制度十分仰慕，留下了"真福地哉"的无奈慨叹，开启了我国监狱的西方化探讨。随后李圭在1876年对美国监狱进行考察的基础上认为，倘若我国的监狱也能如美国监狱一样以教育改造为惩治犯人之方，那么监狱就不再是杀人的地方了，而是变成度化人的佛堂。郭嵩焘也曾在《使西纪程》中对西方监狱进行大范围的讨论和赞叹。1887年清政府派员12人奔赴日本、巴西、美国等地考察，形成了诸多研究成果，其中就关注到西方监狱的感化制度。1893年得到有识之士赞助的黄庆澄对日本监狱进行了研究和分析，并从法律的专业角度进行了评判和借鉴探讨。董康则在日本留学的基础上翻译小河滋次郎等人的监狱学类著作多部，以上学者和有识之士对西方各国监狱运行模式的探讨为清末监狱改良积累了思想和材料基础，应该看到其对后续监狱改良起到了重要作用。通过向国内传播所见所闻，解放了人们思想，打下了良好的监狱改良思想，特别值得一提的是郭嵩焘不仅写下了近万字的考察报告，还向清政府介绍了万国监狱会议情状，并在其的奏请下，清政府迈出了改良监狱的第一步——于1890年参加了于俄国召开的第四届万国监狱会议。正如徐谦所说："监狱之良否，影响于国家人民者之深且远，监狱之优劣关系于世界之评议者至重且巨。"沈家本也指出现在的世界各国无不争先恐后地进行监狱改良，并且成了监狱学会意在各取所长，兼容并蓄。至此，监狱改良的认识、方向和思想形成了，一场规模宏大的监狱改革开始了。

---

① 薛梅卿等：《清末民初监狱改良专辑》，北京：中国监狱学会，1997年，第54页。

第一章　从教育感化到教育改造

1900年清政府下诏维新变法。1901年张之洞、刘坤一在上奏朝廷的《江楚会奏》第三折中提出：修缮监所、教以技艺、教育感化、选派专门狱政官员的监狱改良主张，首次提出较为系统完备的监狱改良主张，开践行监狱改良之先河，并标志我国以教育改造为目的，以期犯人能够幡然醒悟的教育改造制度的正式形成。① 随后赵尔巽、袁世凯等人分别提出来自己的改良主张，其中不乏设立感化院的构想，通过"准奏"的形式清政府颁布并施行了具体实践法令。1904年沈家本担任修订法律大臣，着手修律事宜。沈家本在大清旧有法律基础上，于1910年制定并奏报了《大清监狱律草案》，该草案成为我国第一部具有近代性质既富含人本主义色彩的新型监狱法律。草案提出废除旧有酷刑、改革监狱管理体制、培训监狱官员队伍、对犯人实行感化教育的主张，开近代教育感化制度之先河。然草案仅停留于纸面商讨阶段，随着辛亥革命的爆发，清政府垮台，草案也就随着成为具文，但该草案的制定无论如何都对中国近现代历史发展产生了深远影响。

可以说清末的监狱改良和教育感化有着共同的起始，教育感化作为监狱改良的内容之一，甚至作为监狱改良的主要内容，伴随监狱改良运动兴起而兴起，在清末进行的改良探讨中，教育感化起着题眼的功能。受制于领事裁判权的丧失，清朝统治者面对着改革刑制即可收回领事裁判权的"诱饵"不断革新，而监狱制度的完善与否，教育改造刑的实施程度直接反映着刑制改革的成效，源于最为残酷的肉刑执行方式多大程度上被自由刑所取代，自由刑的执行方式中多大程度上施以教育，感化犯人。"我国旧时的监牢，入其中者，不死亦成废疾，反不如死刑之痛快。"② "采用自由刑，而不改良监狱制度，是不啻无血的杀人机器。"是以，改革监狱，真正将教育感化刑适用于制度内外才能彰显文明之本色。③

但后起的中华民国各个时期政府基本沿袭了这种监狱管理思想，进行监

---

① 白焕然：《中国古代监狱制度》，北京：新华出版社，2007年，第486页。
② 张东平：《近代中国监狱的感化教育研究》，北京：中国法制出版社，2012年，第12页。
③ 赵琛：《监狱学》，上海：上海编译出版社，1931年，第171页。

狱的改良，北洋军阀时期的《中华民国监狱规则》、南京国民政府的《监狱条例》对人本色彩的监狱改良主张均有体现，而且在监狱改良实践方面也取得了积极成效。据统计，止于1947年国民政府的新式监狱共建立了120余处，①可以说国民政府对监狱改良进行了一定发展。但这一时期的新式监狱中旧有的狱政思想和腐败的管理体制依然大量存在，而且120处的新式监狱放置于处在战争动乱年代的中国来说不过九牛一毛。上层建筑由经济基础来决定，一定的政策体制必须符合社会发展现状，超前与滞后的制度措施都不会为时代发展增强动力。直接脱胎于封建宗族势力的民国政府官僚肢体与思想观念，封建官僚士族摇身一变成了民国政府的达官要员，左右政府使命任务与自身性质，注定其在共和形式下内嵌着浓烈的封建因素，显然发轫于近代社会的新观念不能被得到有效推行。因此，中华民国及以前的狱政制度依然很大程度上存在着落后、腐朽的一面。

三、紧随其后：教育改造

不能否认，从清末监狱改良到中华民国的不断沿袭一定程度上推动了我国监狱制度的发展。但是，清末监狱改良之前的教育感化因素与清末教育感化存在本质的区别，这里就以清末监狱改良之发端即《江楚会奏》来分析，刘坤一、张之洞举陈："我朝列圣，皆以哀矜庶狱为心。大清律例，较之汉隋唐明之律，其仁恕宽平，想去霄壤。"二人认为清朝列位圣明之主，都能以宽厚对待犯人，且法律远比唐明等朝代先进，但是却又陈述道："于是滥刑株累之酷，囹圄凌虐之弊，往往而有……盖外国百年以来，其听讼之详慎，刑罚之轻简，监狱之宽舒，从无苛责之事"②，既又坦诚告白监狱乱象横生、残酷异常，而外国狱政轻简、宽宥犯人，且谨慎用刑，明德慎罚，宽矜衡平这些理念在我国古代典章制度里早已规定，因此，不得不向外国学习感化刑。遂拟定九条改良意见，以改革监狱之现状，通过"省刑责""当存哀矜。供情未

---

① 王利荣：《中国监狱史》，成都：四川大学出版社，1996年，第199页。
② 薛梅卿：《清末民初改良监狱专辑》，北京：中国监狱学会，1997年，第3页。

定，有罪与否，尚不可知，理应详慎，况轻罪一告，当时如法惩警，日后仍望其勉为良民，更宜存其廉耻"①，另各处羁押场所务须整洁宽敞，教以技艺。由此可见，声动全国的监狱改良运动，大多革新之事皆与教育感化理念相关，既为革新必然与前情不同，否则改亦不改。这就直接证明了清末与之前朝代间教育感化的巨大差异。为此，在教育感化所秉持的基本理念上，在目的宗旨上、在感化手段上、所涉程度上等等都不在同一层级。另据统计，清末 13 个省都开办了新式监狱，对犯人按时进行上课教育、确保犯人羁所的居住环境、保障卫生健康等等，无论从革新广度还是实践深度上都是清末之前所未曾有过的。至于清末监狱改良之前的教育感化因素与清末教育感化问题，并非本研究所要谈论的主要问题，所以不过多展开。

"教育改造"是中国共产党革命理论在边区监狱治理犯人的指导思想。所谓"改造"在《现代汉语词典》（第 6 版）中解释为：修改或变更原事物，使适合需要；从根本上改变旧的，建立新的，使改造适合新的形势和需要。在新民主主义革命时期"改造"作为掺杂强烈政治性的词汇，要探明教育改造制度不得不以革命话语考察其核心要义。马克思主义已经揭示：中国革命历史已经证明资产阶级本身的落后性，中国共产党承载着新的历史使命屹立于时代潮流，用科学的理论武器"改造"世界，中国共产党具有极强的破坏属性，它与封建势力完全不相容、与代表大地主阶级利益的资产阶级完全不相容，中国共产党带给中国革命的是打倒地主阶级、资产阶级套在人民群众头上的枷锁，要求无产阶级以暴力手段与现存社会秩序做斗争，暴力内蕴着强烈的破坏冲力，这就构成了"改"的动力。无产阶级与以往其他阶级的本质区别是其人民性，人民性的这一本质区别造成教育感化与教育改造的显著差异，这就要求无产阶级必须满足人民群众发展需要，在人民民主专政的政治体制的核心之下，建立符合人民利益需要的各项制度设计，而这也就构成了"改造"的实践。

监狱教育改造是处在国家行使权利的末端，是对极端行为的控制，是无

---

① 薛梅卿：《清末民初改良监狱专辑》，北京：中国监狱学会，1997 年，第 4 页。

产阶级改造话语体系之下的重要一环。边区监狱教育改造制度在改造对象上是不仅有群众还有"敌特"。在改造方式上是思想改造和劳动改造相结合,劳动改造可谓中国共产党立足中国革命实际的创造性发展;在思想改造上,中国共产党的教育改造并非封建社会的儒家纲常、吃人的礼教,而是改用马克思主义科学理论、时事政治教育引导人。在教育目的上,教育改造并非为政治需要培养顺民,而是培养明辨是非、能够参与革命活动、参与政治活动、能够自力更生的现代公民。在改造方法上,教育改造并非单纯的制度设计,而是以教导者的真情,以情化人,以情及心,因此教育改造也并非间接的"羞答答"的感化,而是找准了真正教育改造路径即直接与间接相结合的方法,从而达到最佳的教育改造效果。在教育改造理念上,教育改造的对象不是低贱的奴隶,不是没有尊严的任何物品,而是有血有肉的人,教育改造的只是犯了罪的人,一切的出发点都是以人为始,这自然也成为与教育感化的重要区别。教育改造自中国共产党诞生以来,就深深浸润在中国共产党的基因血脉里,陕甘宁边区教育改造使其得到完全展现,使其得到成熟和发展,如同中国共产党的诞生一样,陕甘宁边区教育改造制度对中国监狱治理道路而言,同样是一件开天辟地的重要事件;也正因如此,真正把握边区监狱实践中的教育改造一词,十分困难。因此,不将教育改造概念放置于中国革命的大熔炉无法真正得出精准定义,在这里除仅能在特征上进行碰触外,对这一概念的界定还无法做到,只好留待下文再论。

第三节　清末民国时期教育感化制度述要

清末民国时期与边区时期的教育改造不同,前者注重通过教育实现对犯人的感化,而边区的教育改造制度内含教育改造和教育感化两部分,可以说是对清末民国监狱感化的革命性发展,就其差异优劣后有详论。

一、清末教育感化

总体来看清末监狱教育改造制度尚处于创始阶段,狱政思想上的惩罚与感化并重；感化手段多是主要依靠劳动教化和监舍的卫生；在具体实践上则缺乏统一性，随意性较大。

教育改造思想。"监狱者，感化人而非苦人、辱人者也。"① 这是清末监狱改良的首要精神，自古以来监狱以残酷和惩罚为其道，鉴于西方列国之监狱干净整洁，以教诲之方使其悔悟，而传统狱政"敲扑呼号，血肉横飞"在中西对比中得出"有悖民牧之义，当存哀矜"的感叹。加之传统儒家哲学中以教化为治民之道和收回领事裁判权的憧憬，破旧立新，施感化之刑，以教愚民的狱政思想得以获得广泛共识。

教育改造场所及手段。第一，罪犯习艺所。维新变法之后各地官员纷纷上书言事，1902年赵尔巽首议各省设立习艺所，收军、流、徒之囚犯入所习艺。由于清末财政本已捉襟见肘，设习艺之所必耗费甚巨，因此习艺所并未得到全省统一设立，而仅京师、天津、奉天、浙江、保定等地先行先试。习艺所规制设教诲师一名，定时令囚犯接受教诲，并按罪行轻重分配习艺年限，期满观其是否有悔罪表现，悔改者准予释放。除罪犯习艺所之外，还另设游民习艺所，以收地痞流氓顽劣之徒，按罪犯习艺所之宗旨进行教诲。虽然在具体实践中由于时局动荡，经费不足，未见大成，但罪犯习艺所的设立却是我国探索教育改造、开监狱文明之风的首次尝试，意义深远。第二，模范监狱。模范监狱是清末进行监狱改良的又一举措。1909年法部以为：由于京师乃万国观瞻之地，为显文明之法制尤应设立模范之监狱。模范监狱内部设习艺教诲场所，在教诲感化方面多与罪犯习艺所相似，但不同之处在于模范监狱所押犯人不仅为军、流、徒之罪者，而是有着更宽泛的适用范围，做工作为一种营生手段，有悔改之心者方有此资格。但在具体管理和监舍构建上则相对较为详备，不仅严格划分了男监、女监，而且还设有医疗场所。以"洗心革面""有耻且格"等具有劝导之意的词汇作为监舍名称。但是，依然由于资金问题实在非彼时的清政府所能支付，因此模范监狱的数量并不多，而且监狱具体管理多是由地方自行负责，没有统一规制。第三，旧监狱。虽然一

---

① 沈家本：《历代刑法考》，郑经元、骈宇骞点校，北京：中华书局，1985年，第2238页。

场声势浩大的监狱改良在全国开展,但是旧监狱数量依然占据绝对地位,监舍老旧、潮湿,医疗卫生难有保障,然而受教育改造思潮影响,旧有监狱也引入了教育改造理念,多数监狱都设置了教务所,如原广东南海县监狱不仅具有教务所,还聘请了具备相当了解监狱教育改造知识的人士,充当教诲人员。监狱内部划分为严仓和宽仓,具有悔改之心者得以居住宽仓,并教以工艺,令其通过劳动改过自新。

总之,清末监狱的教育改造思想已经作为迈向司法文明的重要组成部分,得到统治者的重视并在一定范围内进行实践。但这种实践是局部的和地方各自为政的,难以形成统一标准;经费问题导致新式监狱运行困难;狱政官吏的旧有奴役思想尚广泛存在;收回司法主权的政治目的,故清末监狱的教育改造制度仅是装点门面的工具。

二、 中华民国教育感化

教育改造思想。"监狱制度重在感化,然非教诲不为功。"① 民国虽然终结了清王朝的统治,但在文化上却是直接继承者,南京临时政府时期官员多是从清政府官员中"摇身一变"而来,且在法律上也大量吸收了清末立法甚至直接沿用,但不同的是由于思想不断得到解放,西学东渐的加深,进步人士大量增加。因此,监狱教育改造思想更为成熟,"教化分教诲和教育两种,教诲着重于国民道德的熏陶,教育则着重于知识之灌输与技能之训练。"② 将教化细分为教诲与教育两个层面无疑是对教育改造理念的进一步精深理解。

教育改造在立法中的展现。民国时期最早的教诲立法是1912年的《司法部管守所暂行规则》,其中规定对处徒刑、监禁刑及秋后缓决的囚犯定期进行教诲,并且在释放前的头一日进行最后的教诲。以后的监狱立法中均有教诲的规定,1927年更是制定了专门的教诲规则《监所教诲规章》,1928年《监狱规则》就以原则的形式明确了对监狱罪犯一律实行教诲。将教诲作为监狱

---

① 河南省劳动局:《民国监狱资料选》(上),河南省文化厅批准印刷,1987年,第291页。
② 《上海监狱一年来工作报告》,上海市档案馆档案,档案号:Q177-1-439。

原则进行规定，无疑是立法上对教诲制度的更大支持和保障。1930年的《军人监狱规则》和1935年制定的《监狱法草案》都大量涉及了教诲规定，特别是后者规定对监狱囚犯要随时教诲，而且增加了宗教教诲内容，监狱囚犯经过一定程序和自己请求可以获得僧人来监狱进行感化。这是第一次以法律形式规定了宗教教诲，将宗教对人心灵的引导作用融入监狱犯人改造之中，并以法律形式进行保护，实属国民政府的独特创造。1946年制定的《监狱行刑法》继承和发展了《监狱法草案》宗教感化规定，囚犯可以按照自己所属宗教进行礼拜等宗教仪式，助推犯人的悔悟革新。

教育改造内容。由于局势所迫，各地监狱在教育改造方式上多不统一，教诲内容也不乏自定章程，良莠不齐。如京师模范监狱的直接延续——京师第一监狱采用传统道德经典，以图实现犯人道德上的自觉。教诲之初以道德格言为主要教育内容并逐渐深入，至1927年便形成了比较完善的教诲体系，还出现了监狱的自编教材。教诲内容也由原来单纯的传统道德掺杂了大量宗教教义，吸收宗教教徒担任教诲人员。南京国民政府时期教诲内容更为全面，不仅涉及传统道德、宗教等教化内容，还涵盖了社会问题。为防止教诲书目繁多，教诲内容冗杂无章的弊端，司法部门还对教科书进行审核考订，"为此训令各新监将现时所用书籍呈部审核，以期适用。"① 使教育内容趋向成熟。

教育改造方法。第一，演讲教育。"演讲是教诲的一大力量"②。民国时期十分注重演讲教诲，因为演讲具有极强的感染力，它由一个命题展开并连接多个内容，富有感染力的同时引人入胜，能够达到教诲的目的。1923年京师第一监狱典狱长在新年演讲时说：你们在近几年中收到了很大教诲，具有很大进步，因此决定展开为期两天的演讲大会，不仅监狱教诲师负责演讲，你们也可以将心理上、品行上的问题和想法说出来，通过演讲获取个人的进一步进步。③ 在演讲教诲主体上，不仅有监狱管理者还聘请社会名流、教士、法师等。第二，音乐教育。音乐对教诲具有独特作用，"先王恶其乱也，故制

---

① 《法部令呈报新监所采用教诲书籍》，《法律评论》，1930年第17期。
② 张东平：《近代中国监狱的感化教育研究》，北京：中国法制出版社，2012年，第48页。
③ 严景耀：《北平监狱教诲与教育》，《社会学界》，1930年第4期。

共和国监狱制度的雏形：
陕甘宁边区高等法院监狱教育改造制度研究

《雅》《颂》之声以道之，使其声足以乐而不流，使其文足以辨而不谞，使其曲直、繁省、廉肉、节奏足以感动人之善心，使夫邪污之气无由得接焉。"[①]由于各地监狱教诲内容和程度不同，因此监狱音乐教诲也并无统一规定。最早以音乐为教诲方法的是在1918年的直隶第一监狱，1924年法部对京师第三监狱拟以囚犯作为学习音乐学员的提议给予了积极响应，并指定京师第一、第三监狱进行试验，虽然此事由于乐器价值昂贵，无力购买，导致两监不得不合并筹办，最终乐队得以成立并轮流于两监进行演奏。在京师监狱的带动影响下，各地多有效仿。如山东第五监狱也购置乐器，组建了自己的乐队。

在教诲方式上则分为集体教诲、个别教诲和分类教诲。所谓集体教诲就是一般囚犯的集体教诲，在时间上一般定为每周日及其他纪念性节日。个人教诲就是对囚犯个人在入监、出监、违纪、疾病等其他具有个人属性的情况下进行。类别教诲是以囚犯的年龄、性别、职业等具有共同性的类别作为划分依据。由于各地监狱并不统一，因此各地监狱对教诲方式有无划分及划分种类上也不尽相同，如直隶第一监狱就以法定形式对教诲方式进行了明确规定。

综上所述，近代教育改造制度在清末变法之后得到了长足的发展，形成了比较统一的教育改造理念，明确了监狱的改良方向，在此理念之下开启了监狱近代化的实践。但问题在于不同监狱的不同时期，教育改造制度没有形成完全统一的教育感化标准，始终处于探索阶段，且新式监狱的数量在监狱中占比过小，资产阶级的压迫属性和官员腐败盛行，导致难以进行全面的教育改造。最为重要的是无论清末的教育感化也好，还是中华民国的教育感化也罢，在教育内容上并非为时代所张的维新内容，而是劝人忍耐、化解怨恨的传统儒、道之学和依靠相对良好的羁押条件避免犯人的滋事，这就造成了教育感化所感之人并不能成为时代的需要，被感化的犯人只能是因循守旧、服从统治的顺民。因此，但就这一点来说，置身于内外交困、迫需人民解放思想、奋起抗争的大变革时代，清末民初的教育感化制度在本质上是失败的，依靠教育感化维护统治、改善西方对本国看法的追求，只能是统治者一厢情愿的幻想。

[①]《荀子》卷十四《乐论篇》，上海：上海古籍出版社，2014年，第249页。

第二章

教育改造制度产生的社会根源

共和国监狱制度的雏形：
陕甘宁边区高等法院监狱教育改造制度研究

边区是共产党局部执政时期最重要的根据地，是指挥全国抗战的星星之火，在中国革命历程中具有不可磨灭的地位。边区于1937年9月6日成立，于1950年1月19日正式终止。毋庸讳言，边区是新中国的摇篮，具有浓厚的基因传承。新中国的各项制度都直接或间接源于此、发于此。边区是特殊自然人文环境和战争环境的产物，"浓厚的封建残余在这儿存在着；百分之七十的土地集中在少数人的手里，苛捐杂税达八十余种，放债利息高到每元每月一角五分，广大的贫苦人民呻吟于封建势力的淫威之下，终岁收入，不够温饱，若遇天灾人祸，则流亡失所，死于沟渠。"① 而自然环境的恶劣也造成民众文化的隔绝和愚昧，文盲率极高，盗窃、烟毒、二流子犯罪频仍，加之国民党政权的敌对仇视以及日本帝国主义的侵略，使边区处在贫穷和愚昧的基础之上，中国共产党领导的无产阶级革命面临着重大的社会改造挑战。困难的社会环境导致中国共产党难以进行系统的社会建设，在法律建设层面表现为法律条文少，规定简单、缺乏系统性，甚至审判案件的过程中出现了百姓问判决理由援用何条，审理人员哑口无言的局面。特殊的边区环境迫切要求共产党人不得不进行实用、有效的法制建设，以起到解决群众矛盾同时争取群众拥护。在法制建设过程中则也涌现了符合边区实际，有充分调动群众拥

---

① 陕甘宁边区财政经济史编写组：《抗日战争时期陕甘宁边区财政经济史料摘编》（第九编），西安：陕西人民出版社，1981年，第2页。

护热情的审判方式和法律规范,如马锡五审判方式和以婚姻自由为宗旨的边区婚姻制度,并非乏善可陈,尤为闪耀的历史瑰宝是,在收押、看管犯人的监狱建设方面,进行了教育改造制度的探索和践行,尊重犯人人格、教育与生产相结合,依靠分红、奖金制度为犯人出狱后的生活打下基础的教育改造制度达到了实践的高峰,真正实现了教育改造犯人的制度宗旨。陕甘宁边区教育改造相当一部分制度为边区监狱所独创,并为后来的新中国所吸收和发展,可以说奠定了新中国监狱制度的基石。

第一节 社会结构转型与社会思潮涌动

任何社会制度转型都是一定历史条件下的产物,任何新生事物必然有所附力。历史学家爱德华·卡尔洞察社会的发展规律后指出:"研究历史就是研究原因。历史事件没有原因是不可设想的。一个历史学家对历史的研究,主要是探讨历史的原因,研究历史的必然性。研究历史而不研究原因,不研究它为什么这样而不是那样,就失去历史研究的价值。如果历史中不存在因果关系,那历史就是不可理解的了。"[①] 社会现象复杂多样,通过社会现象表象找出社会演变规律是研究历史的使命,也是历史所蕴含的深层价值。就现有历史来说,世界上恐怕再没有比近代化转型更能引起剧变的历史了,传统经济基础被工业革命的机器砸得粉碎,君主王权成为众矢之的,社会观念空前剧变,社会发展大潮随着近代化所引领的道路一往无前,一场极其深刻的社会变革改变了世界的原有面貌,也包括社会上角角落落的制度措施。

20世纪的中国,在这场剧变中具有自身特殊的运动现象,封建传统厚植、君主权力集中、传统文化深厚、经济基础稳固的中国,在内在资产阶级萌芽因素与西方侵略者铁蹄的夹杂下融会、激荡。马克思主义诞生在资产阶级丑恶的社会深处,发现了社会的发展规律,指出历史发展的推动力量,"清王朝的声威一遇到不列颠的枪炮就扫地以尽,天朝帝国万世长存的迷信受到了致

[①] 转引自陈先达《唯物史观研究三题》,《新华文摘》,1999年第7期。

命的打击，野蛮的、闭关自守的、与文明世界隔绝的状态被打破了，开始建立起联系"①。在激烈的交融与对抗下，新旧社会力量之间发生着猛烈的斗争。在这种错综复杂的斗争中产生的新的社会理念、制度等等都具有深厚的时代背景，是主动与被动、内部与外部力量的博弈结果。为此，要研究教育改造制度就需要找出其产生基础。

一、社会经济结构变革

经济基础决定上层建筑理论已经成为众所周知之公理。马克思指出："人们在自己生活的社会生产中发生一定的、必然的、不以他们的意志为转移的关系，即同他们的物质生产力的一定发展阶段相适合的生产关系。这些生产关系的总和构成社会的经济结构，即有法律的和政治的上层建筑竖立其上，并有一定的社会意识形式与之相适应的现实基础。物质生活的生产方式制约着整个社会生活、政治生活和精神生活的过程。不是人们的意识决定人们的存在，相反，是人们的社会存在决定人们的意识。……随着经济基础的变更，全部庞大的上层建筑也或慢或快地发生变革。"② 中国资本主义经济萌芽自宋朝末年在江浙一带兴起，自帝国主义侵略之前一直未得到有效发展。1940年鸦片战争的坚船利炮打开了清政府闭关锁国的大门，帝国主义的到来一方面造成中国主权遭受破坏，另一方面带来了新的生产方式。"1853年，在中国的广东黄埔地区，英资创办了干仁船务公司，这是在中国出现的拥有现代生产设备的一家公司。"③ 此时，外国企业刚刚在中国开拓市场，大多数还未得到清政府同意，导致企业数量并不多。但是，随着甲午战争带来的一系列不平等条约，列强割开了中国市场的大门，帝国主义在华办厂速度加快，船务、矿务、铁路公司纷纷设立。中国近代化转型的经济因素也由此开始，而经济结构则夹杂着三种主要形态。

---

① 《马克思恩格斯选集》（第2卷），北京：人民出版社，1972年，第2页。
② 《马克思恩格斯选集》（第2卷），北京：人民出版社，1995年，第32—33页。
③ 田克勤：《中国共产党与二十世纪中国社会的变革》，北京：中共党史出版社，2004年，第49页。

第二章　教育改造制度产生的社会根源

首先，封建官僚资本快速发展。中国一部分有识之士在鸦片战争的声威中清醒过来，开始探寻清政府失败的原因，认为清王朝的落后在于近代工业的落后，遂开始在"师夷长技以制夷"中学为体西学为用的思想基础上开展洋务运动。洋务派的建设重点不是大规模的一般先进科学技术的学习，而是兴办强军救国急需的军工、船运、矿场等工业，1864年的江南制造总局成为中国洋务运动开始的标志，也宣告中国近代大型工业历史的正式开始，一批先进技术设备开始传入中国。洋务运动后期开始以"求富"为口号，开办了大批民用企业，但正如李鸿章所言："我办了一辈子的事，练兵也，海军也，都是纸糊的老虎，何尝能实在放手办理？不过勉强涂饰，虚有其表。"洋务运动的官办性质使其饱含封建性，政治颓废的现实难以放手办理，这也造成它失败的命运，但是在民办企业中允许部分民间资本参与运营，具有一定程度上的资本主义属性，一定程度上推动了我国民族资产阶级的发展。

其次，民族资本曲折发展。中国的民族资本没有经历一个自然状态下发生的过程，而是在小农经济遭受冲击、几近瓦解情况下的应变。马克思说：资本主义来到世间，从头到脚，每个毛孔都滴着血和肮脏的东西，原始积累是资本主义的宿命，而被帝国资本主义挤压在一个角落的封建国家，小手工业作坊显然没有能力进行原始积累，且以农民为主体的手工业者发展命运完全掌握在西方列强之手，这也造成我国民族资本发轫于地主阶级之手，是地主阶级在遭受同样打击下的被迫转型。据现有材料显示，民族资产阶级在19世纪60年代开始得到一定程度发展，在之后的十余年间先后出现了300余家工厂化企业，随着洋务运动的破产，这些新式企业在1984年间仅存260余家，考察这些企业的开办者发现大多数为大地主、官僚和买办阶层。据统计，在1972—1913年间所出现的近代企业之中，地主阶级占比高达55.9%，足以窥出民族资产阶级发展情势。列宁曾说：阶级差别的标志，就在于阶级在社会生产中所处的地位，不同阶级导致不同的社会生产形态。在二战期间民族资本曾有过短暂的春天，激发了民族资本的进一步发展，之后民族资产阶级在夹缝中不断壮大。

最后，外国资本持续发展。在鸦片战争之前西方列强资本就在中国进行

共和国监狱制度的雏形：
陕甘宁边区高等法院监狱教育改造制度研究

小范围活动，旨在打开中国贸易大门的鸦片战争及接下来的一系列不平等条约，使中国彻底沦为资本主义获取原料和低贱劳动力的市场，外国资本在中国得以方兴未艾。由于帝国主义资本带来的先进技术和生产方式严重冲击着小农经济，将中国经济模式拖入资本主义序列，在一定程度上有着积极一面。但随着其通过不平等条约获取的种种特权，使其进一步地发展壮大并成为阻碍我国资产阶级发展的主要力量，成为压迫和剥削我国劳动的消极力量。

一般来说，在中国近代化转型的过程中经济成分可以分为以上三种，虽然各自命运不同对中国近代化产生的影响不同，但探究其共同的一点就是为新的社会力量的诞生储备了必要条件。

二、社会思潮转型

马克思主义认为社会存在决定社会意识，而社会意识具有能动性，能够反作用于社会存在。科学的理论是社会变革的先导，虽然意识由存在决定，但是科学意识一旦为先进阶级吸纳，便能够以其科学性转化为巨大的物质力量，指明社会变革的方向。正如习近平总书记所说："这是一个需要理论而且一定能够产生理论的时代，这是一个需要思想而且一定能够产生思想的时代。"① 不仅新时代需要科学理论为指导，在风云变幻的大时代更需要用科学理论点亮通向民族复兴的道路。当然"批判的武器当然不能代替武器的批判，物质力量只能用物质力量来摧毁"②。

中国近代化的开端来得猝不及防，以迅雷不及掩耳之势抛给中国社会一个必须回答的问题"中国向何处去？"。

其实，在不断开化的过程中，传统社会有识之士已经在探索这一问题。"众人之宰，非道非极，自名曰我"的龚自珍率先冲破封建纲常，将我作为万物之中心，万物由我所造，而非圣人所造，今天之事更非圣人所能遐及，从而取出理教枷锁呼唤不拘一格降人才。魏源则以人定胜天、造化由我的思想

---

① 习近平：《结合中国特色社会主义伟大实践 加快构建中国特色哲学社会科学》，《人民日报》，2016年5月18日，第1版。
②《马克思恩格斯选集》（第一卷），北京：人民出版社，2012年，第9-10页。

进一步丰富了这一思想,开社会思潮转化之先声。19 世纪 60 年代,随着民族危机加深,社会上下的"器物""本末""中西"之辩成为一次思想解放运动。甲午战争的失败,唤起吾国 4000 年之大梦,器物之败开始使知识分子寻求维新变法以图强。康有为认为"变者,天道也",进而提出"三世"说,认为人类社会是由乱世向大同转变的过程,当今质变实为社会进化规律,开社会进化之先河。谭嗣同以更为激进的思想大声疾呼"破中外之见",冲决纲常之束缚,认为不可法古,不能拥君,将君主视为民贼,具有共和思想色彩,反映了资产阶级欲登上历史舞台的前奏,推动社会思潮由托古向反古的进一步转型。严复的《天演论》亦直接鞭挞封建君主,认为物竞天择适者生存,人民才是国家的主人,须学习西方平等、以公治天下的政治体制。梁启超以"新民"之说论证社会革新需要具有道德的新民,而道德存在进化,通过道德革命促进人的革新。孙中山更是呼吁通过暴力革命,开启了推翻清政府的革命历程,但辛亥革命的失败说明以往的任何社会思潮都不能回答中国向何处去的根本问题。

在惊恐与慌乱之中先进知识分子看到了社会主义,自 1898 年李提摩太所办《万国公报》第一次提起马克思起,社会主义思潮就被广为传播,马克思的唯物史观、剩余价值学说、阶级斗争学说引发了知识分子、革命党人、留学生和小资产阶级的广泛讨论,其中梁启超、孙中山、朱执信等时代巨匠都不吝笔墨给予热情宣扬。其中,朱执信是传播马克思学说文章最多、内容最全、影响最大的资产阶级革命者。毛泽东称赞朱执信是"马克思主义在中国的传播的拓荒者",朱执信 1906 年在《民报》发表《德意志社会革命家小传》介绍了《资本论》的出处,对德意志社会党进行描述。朱执信认同阶级斗争观点,摘译了十大纲领。通过这一时期的报纸似乎更能看见马克思主义的传播力度,《星期评论》在存续时间内,共登载各类文章 455 篇,其中专门宣传马克思主义的文章有 50 篇左右,占九分之一。代表性的文章有戴季陶的《关于劳动问题的杂感》《俄国的近况与联合国对俄的政策》《俄罗斯劳农政府给我们中国人民的通告》、林云陔的《唯物史观的解释》、沈玄庐的《工人的觉悟》等文章。当然这一时期的传播仅仅是把马克思主义作为众多社会主义方案的一种，甚至无政府主义被接受的广度远远超过了马克思主义所能辐射的范围。在"十月革命"威力震动下爆发的"五四"运动，最终凭借无产阶级以暴力革命推翻资产阶级压迫的手段，解放劳苦大众及至全人类的目标、特质，使马克思主义真正深入劳动群众之中，自此廓清了社会思想阵地，开始了与中国实际相结合的革命道路。

三、经济结构与社会思潮催生新的力量

三种社会力量的诞生具有足以改变社会走向的决定性力量，是回答中国向何处去的唯一有力量，两种力量的结合具有摧枯拉朽的革命势能，同时也是社会发展规律所赋予的崭新力量。

1. 无产阶级登上时代潮头。随着近代三种资本主义形态的不断发展壮大，使社会阶级结构也在悄然发生变化，近代化工业革命带来的新生产方式，不仅使资产阶级走上历史舞台，也在资产阶级依靠血淋淋的剥削获利方式下，产生了无产阶级。两个阶级在产生时间上如同一对孪生兄弟，自资产阶级诞生无产阶级力量就随之而生，不同的是两个阶级的历史定位，他们的使命任务更是无法兼容。鸦片战争前已经在中国开设工厂的西方资产阶级，便无声无息地使无产阶级得以孕育，当时生产规模还不算大，据统计，已达 2800 万元。无怪乎毛泽东说："中国无产阶级的发生和发展，不但是伴随中国民族资产阶级的发生和发展而来，而且是伴随帝国主义在中国直接地经营企业而来。所以，中国无产阶级的很大一部分较之中国资产阶级的年龄和资格更老些，因而它的社会力量和社会基础也更广大些。"[①] 这些工厂的劳动者大多都是在当地聘用，跟随鸦片战争一道而来的外国工厂及洋务运动的开展，使无产阶级队伍进一步壮大。到 1894 年，工人队伍已经达到了 9 万余众，外国资本主义所设工厂内吸纳了 3.4 万余人；洋务派所兴办的企业，大概产生工人 3 万人；民族资本主义企业虽在帝国主义夹缝中生存，工人人数也有 3 万人左右。资本主义发展滚滚向前，代表了资产阶级利益的辛亥革命，成功为资本主义

---

① 毛泽东：《毛泽东选集》（第二卷），北京：人民出版社，1991 年，第 627 页。

发展奠定了制度基础，工人队伍也得到快速壮大。1913年，在中华民国的努力下，全国工厂工人总规模已有60万之多，所有行业工人的总和已有100万人左右；第二次世界大战后的1919年，这一数据更是发生了巨大变化，产业工人达到261.5万的巨大规模，这些产业工人的出现足以推动社会新的变革。按照马克思主义的观点，只有无产阶级是真正与资产阶级对立的阶级，是最具革命性的阶级。在近代化进程中，初期无产阶级人数虽不多，却代表着新的生产力，因为它与最先进的生产关系相联系，大工厂生产又使他们具有很强的组织纪律性，到1919年前后，工人队伍已经壮大到能够改变时代命运的程度，这种规模使无产阶级真正点燃革命的烈火并成为革命的领导力量。

2. 近代知识分子成为引领思潮的中坚力量，搅动风云的强大势能。知识分子是一个时代最先觉醒、最具变革力的群体，自19世纪末，近代知识分子受资本主义和"清末新政"的双重影响得到长足发展[①]，清政府为了培养与洋人打交道的知识人员，并为自身统治培养人才，将学制改革作为一项重要内容。1902年，清政府对学制进行改革，颁布新式学制；1905年，袁世凯等人奏请停止科举，1906年延续千年的科举制被废除，取而代之的是大批新式学堂的创办。清政府通过开办翻译学校、培养政法人才、培训现代军事人才，培养了大批新式人才。1905年，全国新式学堂有8277所，学生总数达到26万人，之后的短短两年时间新式学堂增加至35913所，而学生人数则达到了100万之众。此外，留学成为"师夷长技以制夷"的重要手段，日本、欧美等国成为重要的留学地，1906年在日本留学生近8000人，甚至在更为动荡的1911年，清政府留学日本的人数也有3228人。作为马克思主义的重要传播者的李大钊就曾前往日本学习，正是在日本得以接触马克思主义等新思想。这些受到新式教育的近代知识分子，受资产阶级知识熏陶，眼界更为开阔，不仅掌握了现代科学理论，而且通过国内外政治、经济、文化的比较更加了解时代大势，在严重的民族危机之下，深深触痛了知识分子的心灵，并萌发救

[①] 田克勤：《中国共产党与二十世纪中国社会的变革》，北京：中共党史出版社，2004年，第70页。

共和国监狱制度的雏形：
陕甘宁边区高等法院监狱教育改造制度研究

亡图存的变革意识。在内外知识交流中，他们凭借文化传播能力，大量引进和宣传西方先进思想，这些特征使他们能够处在时代发展大潮的顶端，成为推动社会变革进程的重要力量。在这一过程中，马克思主义得到极大传播，1917 年之后马克思主义逐渐被广大知识分子所信奉，正是在先进知识分子的推动下"五四"运动最终爆发，这场运动如狂飙巨澜，无论是激烈程度还是对时人的思想洗礼都是前无古人的，它直接引发无产阶级的阶级意识，使中国无产阶级将马克思主义作为信仰，从而成为一支坚定的革命力量。虽然伴随"五四"运动而来的是众多社会主义思潮，瞿秋白也曾被纷繁的社会主义思潮所迷惑，如"模糊影响，隔着纱窗看晓雾"①。刘仁静也说："那时，大家正在寻找国家的出路，追求真理，对社会主义还没有明确的认识。"顾颉刚的《古史辨》，俞平伯的《红楼梦考证》及陶行知等人深受实验主义影响。深受痛詈的尼采超人学说直接影响着王国维，影响着鲁迅和青年毛泽东，他们"提着灯笼，满街找超人，拿着棍子，满街打魔鬼"。这些社会主义思潮如开闸放水式地涌来，虽不能救中国却向着传统封建思想与资产阶级思想发起了猛烈进攻，引发思想潮流的绚烂多彩，忧国忧民的人群从清晨到午后至夜半，对社会主义或高谈阔论或咀嚼细品，大大解放了人们的思想。潮来潮往，后浪前浪，当杂乱的主义救国大潮退去之后，剩下的并不是鸡毛而是一块夺目的瑰宝，"只有马克思主义在风雨之中扎根于中国社会，掀开了新陈代谢的另一页"②。马克思主义成为繁花丛中最耀眼的一朵，成为引领时代浪潮的真正革命力量。以马克思主义为信仰的知识分子也正是在这场运动中看到了革命的路线，李大钊在"五四"运动前后更是呼吁知识青年到基层社会去，一批批知识青年深入底层与无产阶级取得更为紧密的联系，开辟真正的革命道路。在此基础上为中国共产党的成立夯实了坚实基础，并跟随共产党领导的革命实践继续冲撞旧世界的大门，向着新的中国与社会奋勇前进。这是历史的选择更是中国社会的自觉选择——以马克思主义改造世界的方式向一切压

---

① 三联书店：《五四运动文选》，北京：三联书店，1959 年，第 429 页。
② 陈旭麓：《近代中国社会的新陈代谢》，上海：上海社会科学院出版社，2006 年，第 416 页。

迫新社会诞生的阻碍势力开刀。

第二节 无产阶级"改造"世界

一、马克思主义"改造"观

　　马克思主义指导下的无产阶级政党掀起了社会"改造"工程。产业工人和先进知识分子的出现为中国共产党的成立准备了条件，毛泽东所说："每一次较大的农民起义和农民战争的结果，都打击了当时的封建统治，因而也就多少推动了社会生产力的发展。只是由于当时还没有新的生产力和新的生产关系，没有新的阶级力量，没有先进的政党，因而这种农民起义和农民战争得不到如同现在所有的无产阶级和共产党的正确领导，这样，就使当时的农民革命总是陷于失败①，"马克思主义认为：无产阶级推翻资产阶级实现解放的道路只能是无产阶级专政，无产阶级是社会革命的中坚，缺少无产阶级的革命是不能成功的，无产阶级因其受压迫性使其具有强大的革命性，长期的工厂生活秩序造成无产阶级具有极强的纪律性，这两重品格成为无产阶级区别于任何阶级的先进性。而无产阶级本身并不会自发产生阶级意识，在一定历史情况下，需要通过外部灌输的方法教导无产阶级的阶级意识，而马克思主义知识分子因其掌握着先进科学理论，是知识的传播和输出主体，强烈的民族主义促使他们与社会变革相联系，其输出对象就在于他们所掌握的马克思主义理论，这就架起了二者之间的沟通桥梁。"因此，他们有很大的革命性。他们或多或少地有了资本主义的科学知识，富于政治感觉，他们在现阶段的中国革命中常常起着先锋和桥梁的作用。"②在革命实践中恰恰证明了他们依靠文艺、宣传、讲演、授课等开展教育宣传的能力。正如历史学家陈旭麓所言："新的宇宙观、人生观一起涌来，新的一代改革者科学地认识和阐明了下层群众在社会进步中的作用，'下层群众'的力量得到真正发挥，这就是

---

① 毛泽东：《毛泽东选集》（第2卷），北京：人民出版社，1991年。第625页。
② 毛泽东：《毛泽东选集》（第2卷），北京：人民出版社，1991年。第641页。

共和国监狱制度的雏形：
陕甘宁边区高等法院监狱教育改造制度研究

共产党领导的工农大众革命。"① 在共产党领导下无产阶级对社会"积极的破坏"与"有序的构建"开始了。

"改造"包含着摧毁的过程又兼顾着从自身生发的新的规则秩序。无论是"积极的破坏"还是"有序的构建"都是改造的一体两面。全新的世界观与方法论内生于剩余价值的生产剥削之下，阶级压迫的残酷现实要求无产阶级依靠革命手段摧毁资本主义与封建社会嵌套在贫苦人民身上的一切压迫。而如果马克思主义对社会历史发展的贡献仅在于指导一种破坏的理论，那么这种理论的科学属性、伟大价值及其鲜活的生命力将会大打折扣，问题的关键依然是世界上任何一个角落里无产阶级的追求："向何处去"，对这一问题的回答，构成了马克思主义整个社会运动规律的主要逻辑，马克思主义擘画了无产阶级革命的历史任务，指明了新社会的奋斗方向和图景。

马克思认为：阶级的存在是一种历史现象，阶级并非社会发展长河中固定的存在，而是一定历史条件下的产物，它的产生和发展是一个从无到有、再到消亡的过程，它依附于一定的历史阶段即生产力的发展水平，并最终在共产主义社会消亡。近代资产阶级的兴起为社会主义革命储备了产业工人。19世纪下半叶，中国在进行近代转型的过程中无产阶级的力量得到不断壮大，在具有强烈时代敏锐性和富于时代革新精神的知识分子的推波助澜下，无产阶级力量得以觉醒。在阶级社会中，在生产关系不同位置的阶级之间为获得阶级利益而引发斗争，只有斗争才能对生产关系与生产力、上层建筑与经济基础产生变动。马克思在社会历史的发展演变中揭出："至今一切的历史都是阶级斗争的历史"②，并进一步阐明生产力与生产关系的二元结构，当生产力的发展需要配套的生产关系时，无可避免的斗争便开始了，代表新生产力发展要求的无产阶级与代表旧生产关系的落后阶级之间的矛盾，迫使无产阶级面对封建与压迫必须剑拔弩张，在暴力与非暴力之中做出唯一选择。马克思

---

① 陈旭麓：《近代中国社会的新陈代谢》，上海：上海社会科学院出版社，2006年，第290页。
② 《马克思恩格斯文集》（第2卷），北京：人民出版社，2009年，第31页。

指出:"无产阶级用暴力推翻资产阶级而建立自己的统治"。① 无产阶级只有在阶级斗争中取胜,才能够从根本上消灭一切剥削与奴役,它的被压迫注定了无产者必须解放全人类,而在革命中失去的只是锁链。革命的同时随着对落后生产关系的破坏,便需要重新回到"向何处去"这一命题,与如何打破同等重要的是如何重建。无产阶级不同于以往任何阶级的特殊性,它的特殊性要求它必须变革旧制度建立新制度,用一种新的社会形态取而代之,而这种动力的输出方式有且仅有革命的办法。因此,它的特殊性就体现在这个革命不仅仅单纯地为资本主义社会挖掘坟墓,更为重要的是生产关系的压迫和无产阶级意识相互联系,同时赋予无产阶级自觉改造社会的任务,这种自觉行动赋予了无产阶级历史使命,即实现经济斗争、政治斗争、思想斗争的最终胜利,终结无产阶级成功之前的一切占有方式,通向共产主义所赋予每个人的自由而全面发展的阶段。

二、中国共产党的"改造"逻辑

1. 中国共产党的改造观。"共产党以自己的价值观取代传统的价值观,在儒家劝导和解之处鼓励斗争,在共产党重新安排中国社会而建成的各种新居民集体和工作集体中"②,毛泽东将马克思主义理论与中国实际相结合进行创新发展,创造性提出了新民主主义革命理论,并紧紧抓住组织建设,依靠组织机制、组织机构、社会组织等办法使国家与社会的差距弱化,形成扁平化的社会格局,密切政权与人民之间的联系,将人民的思想改造作为重中之重。组织不仅是传导方针政策的工具,更是教育人民、改造落后的延伸,从而为教育改造奠定了高效的组织体系和以人民为导向的目标宗旨。党从政治、经济、文化、社会等各方面一面教育引导人民解放思想,一面对改革应革之事进行治理,对于"向何处去,如何去"的时代命题,共产党给出了极为深

---

① 《马克思恩格斯文集》(第2卷),北京:人民出版社,2009年,第43页。
② 强世功:《调解、法制与现代性:中国调解制度研究》北京:中国法制出版社,2001年,第120页。

共和国监狱制度的雏形：
陕甘宁边区高等法院监狱教育改造制度研究

刻的答案，即"改造"。似乎很难去理清革命与改造的区别与联系，但至少可以从特点上看到：改造是中国共产党一个十分重要的话语体系，是与革命既有联系又相互区别的任务指代，二者常常具有包含与被包含关系，但又并未形成一种稳固样态。革命是一种阶级或一种力量以较为激进的暴力手段反对另一种阶级或力量的行动，而改造是改造者对国家、社会、人民按照自身价值观念和方案进行建设的行为和过程。无产阶级革命是以消灭私有制、推翻阶级统治、实现人的自由而全面发展为目的的，这种革命目的就意味着推翻并重建，而重建就是按照自身价值立场重建国家、社会的方方面面。当然，改造也自然成为中国共产党领导下革命形态的重要体现，党的革命一方面对反动力量进行打击，另一方面就要遵循历史唯物主义观点建设新社会。可以说改造在中国革命中无处不在。

梳理陕甘宁边区的革命历史，可以清晰地看到边区在党的领导之下，以完全推翻一切不平等的、封建的社会秩序，建立人民民主、无产阶级专政的新民主主义社会制度的改造实践为革命目标。毛泽东说："社会的发展到了今天的时代，正确地认识世界和改造世界的责任，已经历史地落在无产阶级及其政党肩上。这种根据科学认识而定下来的改造世界的实践过程，在世界、在中国均已达到了一个历史的节点——自有历史以来未曾有过的重大时节，这就是整个儿地推翻世界和中国的黑暗面，把它们转变过来成为前所未有的光明世界。无产阶级和革命人民改造世界的斗争，包括实现下述的任务：改造客观世界也改造自己的主观世界——改造自己的认识能力。①"中国共产党带领人民进行革命总的目的是改造中国社会，而要改变社会就必须面临着客观世界与主观世界两个维度，客观世界包括对社会制度、社会结构、社会环境、社会传统的改变；改变主观世界是改变认识问题，是要将人的思想从落后中带到以马克思主义为根本的科学的认识体系，是更为重要的革命。毛泽东认为：人的世界观的改变是更为根本的改变；并且即便是知识分子也要不断进行自我改造：广大知识分子虽然进步了，但是为了重大的十分艰巨的革

---

① 毛泽东：《毛泽东选集》（第一卷），北京：人民出版社，1991年，第296页。

· 第二章 教育改造制度产生的社会根源

命任务，为了同工农团结一致，知识分子必须不断锻造自己的灵魂、提升自己的认识。从毛泽东对先进知识分子改造的要求可以看出：在党的领导下改造的广泛性和全面性，其中提纲挈领的改造是思想改造，思想改造具有决定性。因此，毛泽东尤为注重对人的教育改造，他认为改造主观世界就是要靠教育，靠理论学习和理论灌输，这就是包括对知识分子与工农群众相结合的改造；文艺工作者要为工农兵服务的改造；宣传工作者要充分传播马克思主义理论方法，以更好教育广大人民群众的改造；学校教育、社会教育、冬学教育、军政教育都要坚持马克思主义方向的改造；对传统艺人、文化向社会主义集中的改造；对处在国家司法机器最为末端的犯人的教育改造。无疑，基于犯人的特殊性对犯人进行改造是更为紧迫的改造，犯人是社会中最不稳定的人群之一，革命时期的犯人在思想上，往往又具有反对社会、反对无产阶级革命的一面，改造犯人自然成为中国共产党改造人的重要内容。同时，对于迫切需要团结和带领人民群众进行社会变革的政党来说，改造消极因素、壮大积极力量是边区的重大政治任务。

2. 监狱教育改造制度是中国共产党改造国家制度的重要一环。将视线重新拉回本研究所着重论述的边区监狱教育改造制度之上，陕甘宁边区是中国共产党革命历程中十分重要的革命根据地，是中国共产党领导人民改造的试验场，将教育改造拓展到犯人这一领域具有非凡的意义，以中国共产党大的改造理念来看待边区监狱教育改造制度亦具有十分重要的意义。

首先，无产阶级的改造使命决定了边区监狱教育改造制度的使命任务。党的革命改造任务是以人的世界观转变为核心的，虽然犯人处于社会结构中的夹角，但边区对社会的全面改造、对人的全面改造就不能离开对犯人的改造，只有犯人能够很好地再次成为革命力量，才能避免革命阻碍力量的壮大。关注犯人的思想情况、对犯人思想进行改造是中国共产党历史使命的题中应有之义，是近代化转型以来，清末变法不能救中国、资产阶级不能救中国，在诸路皆走不通山穷水尽的情况下，历史将无产阶级的方案推上了前台。与以往不同的是，在马克思主义理论指导下，由无产阶级和知识分子组成的无产阶级政党，不再是类似其他阶级以温和的方式对社会的"缝缝补补"，而是

共和国监狱制度的雏形：
陕甘宁边区高等法院监狱教育改造制度研究

一种从根部的推倒重建全面改造。正如马克思所说：无产阶级的使命是"推翻资本主义生产方式和最后消灭阶级"①，无产阶级只有通过革命才能把自己身上的陈旧肮脏物脱下来，才能开始建设新的社会②。无产阶级革命是迄今为止人类史上彻底性、广泛性和斗争性最强的革命，无产阶级所实现的"共产主义革命就是同传统的所有制关系实行最彻底的决裂"③。因此，彻底性、全面性的推倒重建是无产阶级革命的显著特征。这就恰恰说明了边区监狱教育改造制度是这一彻底改造的一环，这一改造话语为改造犯人准备了思想和理论基础，也决定了边区监狱教育改造制度的实践方向，教育改造是改造话语的逻辑延续。

其次，无产阶级的改造属性决定了边区监狱教育改造制度的人民性。边区监狱教育改造制度作为边区整个改造体系的一部分，对犯人进行教育改造的理论起点与使命任务具有一致性，将犯人教育改造放置于革命的理论框架之下进行全盘衡量，能够更为清晰地明白教育改造制度所以然及之所以然等基础的、重大的问题。就边区监狱教育改造制度而言，党领导的新民主主义革命是对旧制度的破坏，是从马克思主义无产阶级立场上生发而来的新的秩序建构，而这破坏在于清末以来监狱教育感化制度在资产阶级理念的裹挟之下，所呈现出的对犯人功利主义特征，是从维护社会稳定、减少社会消耗的统治秩序为逻辑起点的，并未将犯人真正作为社会成员的一部分，并未从动员和教育角度去引导犯人重新回归社会，使其成为社会革命与建设的一部分来看待。

从根源上说，边区监狱的教育改造制度萌芽于无产阶级革命与专政，无产阶级显著的人民性，是马克思主义最鲜明的品格。人民性决定了边区监狱教育改造的核心底色是以人的完善和新生为追求，以人的思想、行为能力健全为内容，鼓励犯人出狱、鼓励犯人出狱后投身新民主主义革命洪流。因此，这就从根本上说明无论是监狱的教育改造还是对社会一般人的教育改造具有

---

① 《马克思恩格斯文集》（第5卷），北京：人民出版社，2009年，第18页。
② 《马克思恩格斯文集》（第1卷），北京：人民出版社，2009年，第543页。
③ 《马克思恩格斯文集》（第2卷），北京：人民出版社，2009年，第52页。

相同的培育目标，监狱仅仅是一所具有强制学习性质的学校，与以往观念不同的是，边区监狱教育改造制度不再强调犯人之所以为犯人的恶，不再认为对犯人惩罚是法律所定义的否定评价，而是以犯人的改过自新、犯人自身人格的完善及回归社会能力的提升为出发点和目的。

最后，无产阶级改造的发生逻辑决定了边区监狱教育改造制度与以往教育感化制度的差异性和优越性。通过上文回溯清末以来教育感化制度的发生与流变，能够清晰地看到边区教育改造制度产生的显著特征，即边区教育改造制度是在马克思主义所昭示的，全新的革命理论下自我创造的产物，它脱胎于马克思主义的革命理论，成长于陕甘宁边区的革命实践，具有完整的存在依据，具有与中国共产党和人民完全契合的价值追求，实现了理论与实践需求的恰适，使边区的教育改造在改造理论下具有自由的生长空间，具有独特的理念内核。边区监狱教育改造制度是极不同于清末、民国教育感化制度的完全创新，而非一种舶来理念强行播撒在封建的土壤里，传统社会落后的思想观念、理论宗旨、政治制度造成清末的教育感化无法深入实行，只能是虚有其表，获得形式上的装饰，这一点从清末监狱改良过程中模范监狱的实践可见一斑。有些进步的革命党人组成的中华民国，在教育感化实践中亦未能交出满意答案，其发生逻辑与清末似乎难分彼此，新式监狱虽大量存在、监狱法制大量颁布却并未换来犯人改造实质效果的多走一步。而边区的监狱实践却完全不同，边区监狱教育改造制度具有旺盛的生命力和显著的优越性。

基于上述分析笔者试图对边区监狱教育改造制度概念做出定义即中国共产党在领导新民主主义革命过程中，以马克思主义理论为指导，以犯人自新为宗旨，带领边区犯人学习知识、提升思想、劳动启蒙，依靠直接或间接的改造措施对犯人内心、行为产生影响，帮助犯人融入新社会，激发犯人追求新生活，对犯人产生直接或间接影响的一套完整的教育规则制度。

第三章

教育改造制度的样态分析

第一节　边区监狱教育改造制度溯源

一、苏联监狱制度的影响

苏联作为第一个成功建立的社会主义国家，在社会主义阵营具有强大的引领作用。由于边区政权与苏联指导思想的一致性，使苏联的国家机构设置、制度建设对陕甘宁边区的建设模式不能不产生影响，且新民主主义革命时期很大一部分中国共产党领导层有着苏联留学经历。因此，在刑罚制度、监狱设置与教育改造理念上，苏联监狱制度自然对边区监狱产生着重要影响。

边区以马克思主义为指导思想，马克思主义深深影响着边区的实践。马克思主义的劳动观点认为："生产者也改变着，炼出新的品质，通过生产而发展和改造自身，造成新的力量和新的观念，造成新的交往方式，新的需要和新的语言。"①　"任何一个民族，如果停止劳动，不用说一年，就是几个星期，也要灭亡，这是每一个小孩都知道的。"②　劳动创造了劳动社会，人类社会的发展离不开劳动人民，劳动同时也是对人的一种教育和改变。苏联监狱正是

---

①《马克思恩格斯全集》（第46卷），北京：人民出版社，1979年，第494。
②《马克思恩格斯全集》（第32卷），北京：人民出版社，1979年，第541。

马克思主义这一劳动观念的指导下产生和发展的。

在思想上，苏联监狱在马克思主义改造世界理论指导下，将刑罚的目标作为对犯人的劳动改造，"苏联的刑罚制度目标并不是报复或处罚，而是增加工人数目，加强劳工组织，来替代刑罚"。"苏联政府所做的主要事项，无不以造福大多数人民为最终目的。所以罪犯住看守所的期间，必不超过两月。""苏维埃的刑罚制度将教育每个囚犯成为有用的工人，故极致力于监狱中的生产工作。"① 在劳动中注重对犯人实行改造。

在主要改造措施上，苏联监狱对犯人改造的方法主要是教育，通过教育实现犯人的积极矫正错误，"法庭只审判十六岁以上的犯人，十六岁以下的犯人由青年犯罪委员会处理，改造他们的方法仅仅是教育"②。对于成年犯人，苏联监狱也厉行教育宗旨，组织职业学校专门对犯人开展工艺学习，允许犯人在狱内办报纸和进行文化交流，"每隔四五天犯人就出版一张报纸"。苏联监狱在1918年就开始了犯人自治制度，并由监狱犯人负责一部分守卫工作。

在相应的辅助教育措施上，苏联通过完善监狱管理制度来达到教育改造的目的，即它除十分重视思想理论的教育之外，还极力通过犯人劳动的方式来教育改造犯人，但是这种劳动是一种有偿劳动，劳动犯人能够得到自身劳动价值的20%~25%，"教育每个囚犯成为有用的工人"，"苏联监狱里没有不给钱的工作"③。此外，苏联对监狱犯人规定了严密的日常生产生活制度，以此来训练犯人的团体生活技能。

《苏俄评论》曾对苏联监狱进行了大量的研究和分析，认为：苏联的监狱特别是在对犯人的教育改造上是深深立足于马克思主义理论的，并将其作为监狱工作的根本纲领，这种理论对于苏联监狱十分的必要。苏联监狱的存在本身不是为了惩罚和制裁，相反是为了教育，是为了实现人的改造。苏联监

---

① [德] 柯勃（L. V. Koerder）：《苏联监狱》，费祖贻译，上海：商务印书馆，1937年，第6-7页。
② [德] 柯勃（L. V. Koerder）：《苏联监狱》，费祖贻译，上海：商务印书馆，1937年，第7页。
③ [德] 柯勃（L. V. Koerder）：《苏联监狱》，费祖贻译，上海：商务印书馆，1937年，第7页。

共和国监狱制度的雏形：
陕甘宁边区高等法院监狱教育改造制度研究

狱的最大特殊之处：在于它坚持了马克思主义劳动观念的指导；在于它对犯人的管理不是刑罚而仅仅是训练—劳动的训练，它在实质上不像是监狱而像是一所学校，是一个教育犯人工业生产技术的学校。犯人和大工厂的劳动工人没有多大差别，他们可以从劳动中获得劳动收入，他们在尊严上并不会遭受非人的歧视。犯人不是脱离社会的人群，而是社会大生产中的一员，是组成部分，所以犯人和劳苦大众一样，他们的劳动是有价值的，他们有着紧密联系，区别仅仅在于工厂的称谓不同，犯人的工厂是监狱、看守所、劳动感化院等等。"此种监狱是以利用集体劳动、社会制裁、技术训练与苏维埃主义教育为手段，而达到使犯人完全被感化以致能够重新适应于社会生活为目的。"[①] 正是在这种监狱制度之下，苏联的教育改造犯人得到了顺利的推行和卓有成效的丰硕成果，劳动表现好的犯人可以获得完全的人身自由。

中国共产党作为旨在实现共产主义的新生力量，在革命过程中与苏联产生着紧密联系。从苏联的监狱制度上可以看到，苏联的监狱制度以教育改造和劳动改造为主要特征，这些具体制度是前无古人的发明创造，是马克思主义观点的现实化。陕甘宁边区的监狱改造制度从形式到内容上与苏联监狱制度存在着极大的相似性，可以说边区监狱教育改造制度是对苏联监狱的继承和发展：第一，边区主动和被动地受共产国际的直接影响。中国共产党发轫于马克思主义，受俄国十月革命的启迪，为共产国际的一分子。中国共产党在思想上、制度上都深刻着苏联印记。早在苏维埃时期共产国际就对中国共产党进行着直接的指导："苏维埃必须有经常的武装力量，……肃清反革命及保护苏维埃工会，党部机关，火药库，粮食储藏所，牲畜豢养处的特务处与特务队。"[②] 因此，在监狱教育改造制度上必然地流淌着来自苏联监狱的"血液"。第二，在教育改造思想、制度内容上，从下文所述边区监狱教育改造思想、制度，不难发现二者在实质上的一致性。毛泽东说：边区的监狱是一所教育犯人工艺的学校。边区监狱教育同样将劳动教育作为三大教育之一。因此，边区监狱教育改造制度有着苏联监狱的浓厚基因。此外，边区受苏联刑

---

① 叔静：《苏联监狱制度之理论与实际》，《苏俄评论》。1936年第4期。
② 中共中央党史研究室第一研究部：《共产国际、联共（布）与中国革命文献资料选辑 1927—1931》（下），北京：中央文献出版社，2002年，第246页。

罚制度影响颇深，在刑罚种类和刑罚目的上具有强烈的一致性，都是以改造犯人为主要目的，都注重对犯人权益的保护，注重对犯人进行宽大处理。

二、 苏区刑罚与监狱制度基础上的自我创造

中华苏维埃共和国作为无产阶级革命的重要成果，它的建立使无产阶级专政的国家机器得以建立。监狱作为国家机器的重要一环，因此，监狱在苏维埃时期得到了很大发展。边区是在苏区的基础上建立和发展起来的，苏区的监狱制度对边区的监狱制度产生了十分重要的影响。1932年8月10日，中华苏维埃政府通过的《命令司字第二号——关于实施劳动感化院暂行章程问题》，对监狱的职能做出了明确规定："看守、教育及感化违反苏维埃法令的一切犯人，使这些犯人在监禁期满之后，不再违反苏维埃的法令"，要求监狱实行感化制度，对犯人以教育感化为主，以刑罚惩罚为辅。这一要求的主要考虑是使犯人能够回心转意，知错改正。梁柏台在1932年的《中央司法人民委员部一年以来工作》报告中提到："所判的这些犯人，政治犯约占总数的70%，普通刑事犯占30%"[1]，说明此时的监狱主要是对图谋推翻、破坏苏维埃政府及工农民主革命的反革命分子，这反映出此时监狱犯人的构成成分主要是政治犯罪，因此对这类犯人进行思想观念上的教育改造是这一时期的主要特点。

1. 中华苏维埃共和国监狱的职能明确说明：它是中国监所史上一次革命，不局限于以惩罚报复为刑罚的追求目标，而是以对犯人进行教育改造为主要追求。中国共产党在苏区从教育改造犯人立场出发，创设了相关羁押犯人的场所，废除肉刑等残酷刑罚；在监狱内注重犯人思想上的转变，以思想理论的宣教和各种文艺活动促进犯人提升思想认识；以良好的生活环境和监狱内相对宽松的管理制度感化犯人；坚持劳动可以改造犯人的思想，设立劳动感化院，培养犯人劳动技能能够使犯人在出狱后自食其力，不因穷困潦倒而再滋生犯罪，同时又规定严格的劳动时长，避免犯人沦为生产劳动的工具；以

---

[1] 瑞金县人民法院：《中华苏维埃共和国审判资料选编》，北京：人民法院出版社，1991年，第249页。

共和国监狱制度的雏形：
陕甘宁边区高等法院监狱教育改造制度研究

民主生活会调动犯人参加监狱管理，使犯人能够结合自身需求提出意见，依靠犯人自我管理、自我教育的犯人自治。刑罚的宽大化趋势，也一定程度上减少了犯人因遭受严重刑罚所产生的主观恶性，有利于犯人接受教育改造。如：1941年5月的《陕甘宁边区施政纲领》第七条专门规定："改进司法制度，坚决废止肉刑，重证据不重口供。"这些制度在实践中有效改造了犯人，更为重要的是为边区监狱的教育改造制度提供了直接借鉴模板，雷经天的司法报告中特意强调："废除肉刑在我们边区是早经宣布废除了的，然而由于我们执行得还不够，所以我们有提出来特别警惕大家的必要。"① 展开来说，苏区的监狱改造制度具有以下特征：

首先，禁止非人道待遇，实行革命人道主义。1931年12月13日，中央执行委员会非常会议通过了《中华苏维埃共和国中央执行委员会训令第六号》，该训令要求监狱"必须坚决废除肉刑"，不得对犯人进行残酷刑罚。1933年，再次强调要"坚决执行中央执行委员会第六号训令"，将对犯人的教育改造作为监狱对待犯人的主要方法，必须要树立绝对废除肉刑的思想观念。《中华苏维埃中央执行委员会工作报告》对监狱工作进行了总结，并明确提出监狱的主要任务是："一方面要严厉镇压反革命分子的活动，苏维埃对于这些分子绝不应该有丝毫的姑息。但是另一方面，对于已经就逮的犯人，却是禁止一切不人道的待遇。"② 从而以严格的教育改造作为苏区监狱的主要形象塑造，奠定了后来陕甘宁边区的监狱建设方针。

其次，苏区监狱已经发展出了相对成熟的教育改造理念，即它要求监狱要在生活上对罪犯进行人道关怀，以此来降低犯人反改造的动向；对犯人的羁押条件也列出了具体规定，要求犯人要注意卫生，监狱给犯人提供必要的卫生条件，对于生病的犯人单独关押、单独居住，防止疾病的传播；对犯人的教育是苏区重要的教育内容，苏区监狱严格执行八小时工作制，满足对犯人思想教育活动的时间要求。苏维埃政府制定的政策法令多次要求监狱把罪犯当人看，劳动所得的一部分应作为改善罪犯生活的补贴，任何人不得挪用。

---

① 韩延龙：《法律史论集》（第5卷），北京：法律出版社，2004年，第381页。
② 中国现代史资料编辑委员会：《苏维埃中国》，北京：中国现代史资料编辑委员会，1957年，第265页。

再次,强调思想政治和文化课程教育。《中华苏维埃共和国劳动感化院暂行章程》规定:要使感化院的感化工作落到实处,要在感化院内部"组织和管理犯人的教育事宜,如识字班、政治课、俱乐部、列宁室、图书室"。依据这一规定感化院遂纷纷进行了相关组织和制度建设,利用各种形式对犯人进行思想政治和文化教育。在一些劳动感化院还吸纳了一批文化教员,专门对犯人的思想认识问题进行纠偏,由文化教员向犯人讲解国民党政权的反动性质,和苏维埃政权的人民属性,并组织犯人学习苏维埃政府的政策法律,引导犯人遵守法纪。为了打开犯人郁结的内心,调动参与改造的积极性,监狱通常组织犯人召开民主生活会,犯人可以对监狱提出意见,也可以向其他犯人提出意见,感化院还经常组织罪犯参与一些适合其特点的政治活动,如:组织罪犯每周出一期墙报。文化知识是实现犯人思想转化的钥匙,为了扫除文盲,监狱为犯人编写了识字教材,还通过编写通俗易懂、易于犯人吸收反思的剧本,对犯人施加正面影响和感化教育。

最后,教育与生产相结合。马克思主义十分重视劳动的重要性,无论是苏联的监狱还是苏区的监狱,都认为劳动对犯人的积极作用,能够在劳动过程中培育犯人的社会技能,劳动还十分有利于犯人思想上感悟人生不易,在此过程中彻底改造其犯罪思想。《关于看守所及劳动感化院问题的决议》指出:"劳动感化院的每个罪犯必须每天使他们工作,以增加国民收入,最低限度做到劳动感化院在经济上能够自给,不要政府拿钱来供养罪犯",① 依靠劳动使犯人慑于苏维埃的法律,主动接受改造,成为遵守苏维埃法律的人。

2. 苏区刑罚教育改造功能影响。苏区已经开始对刑罚感化犯人进行了初步尝试,1931 年 5 月 19 日颁布的《赣东北特区苏维埃暂行刑律》是当时苏区最早制定的刑事法典。其中规定的刑罚种类已经有了明确清晰的划分,依次是死刑、有期徒刑②、拘役、褫夺公权和没收财产,前三种属于主刑范围,

---

① 黄新明、钟美萍:《中央苏区的监所和劳动感化院记》,《罪犯与改造研究》,2003 年第 12 期。
②《赣东北特区苏维埃暂行刑律》将有期徒刑划分为五个等级,最高刑五年,最低刑一月,一等三年半以上五年以下,二等两年以上三年半以下,三等一年以上两年未满,四等半年以上一年未满,五等一月以上半年未满。

后两种属于从刑。

  1931年，中华苏维埃共和国成立后，中央执委会于当年通过1931年12月13日颁布实施的《关于处理反革命案件和建立司法机关的暂行程序》，该程序明确规定了特定罪犯的处理原则：对于反革命分子，一是要区分他们的阶级成分、首要分子和附和成员，对于反革命分子和首要分子，甚至要严厉到宣告死刑的程度，而对于出身于工农劳动群众，被迫加入反革命组织的成员和附和成员，要酌情从宽处置①。此外，中华苏维埃共和国还将死刑案件予以调整，发布了更改《关于处理反革命案件和建立司法机关的暂行程序》中部分内容的规定，新法令主要是基于革命战争的环境，放宽了县一级司法机关判决死刑的权利，仍将死刑判决权和执行权分开，执行权由省裁判部掌握，在经过其批准后才可执行②。而且该训令还增加了一种新的情形，即：若省县出现了被隔断的特殊情况，则县一级裁判部可以临时具有极刑的判决权和执行权。

  随后，各地依据中华苏维埃共和国制定的政策法令，制定了各地具体的执行条例。如：1932年4月8日，湘赣省苏区制定的条例中将反革命分子的惩治处理划分了五等，分别是死刑、没收土地财产、特定地点监禁或罚苦工、剥夺公权。该条例明确规定该期间最短不少于三月，监视其行动、警告、劝告，且将适用各等级惩罚的具体情形做了不完全归纳和列举，条例还对弱势群体，如未成年人和妇女的权利予以了一定特殊保护，规定：16岁以下的少年参加反革命也允许其改过自新，不加追究罪责，女子犯罪比照男子犯同罪所判的刑罚减轻一等进行惩处。1933年，川陕省制定颁布的《肃反执行条例》，主要针对阶级区分对反革命罪处刑的原则和刑罚的减免做了详细规定③。各地制定的条例之中都明确对犯罪分子的阶级身份进行了区分，一种

---

① 肖居孝：《中央苏区司法工作文献资料选编》，北京：中国发展出版社，2015年，第30页。
② 肖居孝：《中央苏区司法工作文献资料选编》，北京：中国发展出版社，2015年，第154页。
③ 四川省档案馆编：《川陕苏区报刊资料选编》，成都：四川省社会科学院出版社，1987年，第169页。

第三章 教育改造制度的样态分析

为阶级异己分子，包括地主豪绅及其子弟、富农、流氓、资产阶级及其他剥削分子，另一种阶级则是贫苦工农百姓、工农穷人和被欺骗、胁迫加入反革命组织者，严格贯彻了"第六号训令"中的反革命惩治原则。

经过几年的不断摸索和总结，《中华苏维埃共和国惩治反革命条例》被制定发布，该条例较为全面地总结了前期各地立法经验，是苏区最具体系化的单行刑事法规。《中华苏维埃共和国惩治反革命条例》共41条，规定了反革命罪的构成要件和犯罪种类以及每种反革命罪所适用的刑罚种类，其中列举的28种反革命罪类型中有27条都规定了可以适用死刑的情节，当时适用死刑一律予以枪决，废除了残酷的杀头、破肚的执行方法①。另将有期徒刑改为监禁，并取消了有期徒刑的等级划分，而是在具体罪行之下直接规定量刑幅度，可对情节较轻的犯人采取六月以上到十年以下的不等期间的监禁，这样规定便于理解又简洁明确。其他还有强迫劳动又称苦工或是苦役、罚金、剥夺公权、没收财产和驱逐出境的刑罚规定。

简而言之，在刑事立法上苏区还强调轻缓的刑罚原则，在多部刑事条例中均有体现，规定工农分子与地主或资产阶级分子，若触犯同种罪行，做出相同犯罪行为，要对工农分子酌情减轻其刑罚，此种规定虽有利于团结工农分子，有一定合理性，"但明显带有'成分'色彩，在实践中也易犯'唯成分论'的错误"②。

陕甘宁边区吸纳了苏区监狱的以犯人是人的狱政思想，吸收教育与劳动相结合的教育思想，实行三大教育；完善狱政管理，对犯人大量适用假释、缓刑、监外执行的执行措施；保障犯人的生活条件，改善犯人居住环境的整洁卫生，保障了犯人的身心健康。但是，由于陕甘宁边区与苏区相比，陕甘宁边区是更加成熟的革命阶段，再加之边区拥有相对安稳的政治、经济、军事环境，马克思主义中国化的结晶即毛泽东思想在此成熟，更进一步的原因

---

① 肖居孝：《中央苏区司法工作文献资料选编》，北京：中国发展出版社，2015年，第214页。
② 刘国强：《论新民主主义时期人民刑法建设的成就》，《湖北社会科学》，2012年第6期。

在于陕甘宁边区的社会需要，由于陕甘宁边区是党中央的所在地，指挥全国范围内的革命斗争，陕甘宁边区又是党有意打造的模范区，各种新情况、新问题迫切需要新的制度设计，"认为源自苏维埃时期的制度和方法已经不能满足边区时期民主政权建设发展的要求"。① 因此，这一切有利条件造就了边区监狱教育改造制度的进一步发展，并将中国共产党开展犯人改造的制度推向成熟，形成了别具一格、制度完善、改造效果明显的教育改造制度格局。

三、清末以降教育感化制度影响

如果说边区监狱教育改造制度在思想与制度本质上是承接于苏联监狱的话，那么清末以来的本土教育感化制度对边区监狱也产生着重要的影响。然而据笔者观察众多边区史研究学者在涉及边区监狱教育改造制度基础时，皆仅表述为苏联影响，此实在不妥，至少是存在片面的，忽视了本土教育感化制度对边区的影响。究其原因有四：

第一，自清末维新变法以来，在沈家本等人的推动下监狱改良运动蓬勃兴起，崇西学、循教化、行感化，教育感化理念作为监狱改良的重要内容被引进，以《大清监狱律草案》为标志形成了一整套教育感化制度。清末教育感化制度得到了大多数学人和实践派的热烈推崇，展开了富有成效的教育改良实践。不偏不倚地说，这一时期的监狱改良作为无论在思想上，还是制度内容上都有一定建树；虽然《大清监狱律草案》未及清王朝实行，便随着清政府的垮台而成为历史的过客，但优秀的制度从来不会被历史所遗忘，正如黑暗中世纪的结束迎来了声势浩大的文艺复兴一样，复兴文艺的健将们贪婪吸吮着古罗马、古希腊残留的乳液，继之而起的民国政府并不情愿将监狱运动的结晶，丢置于清政府所遗留下来的瓦砾之中，而报以欣赏的眼光延续了这一制度，在全国范围内建立了一批新式监狱，进行教育改造的探索，收获了一定成效。文化的惯性并非轻易就能撕裂，特别是像民国这种缺乏广泛性

---

① 刘全娥：《陕甘宁边区司法改革与"政法传统"的形成》，北京：人民出版社，2016年，第65页。

第三章 教育改造制度的样态分析

的革命，民国对传统文化的继承不可小觑，无论是政府官员的摇身一变，还是传统思想观念、制度文化的新瓶装旧酒，即便是政治理念的截然不同也难以完全隔断文化的联系，中华传统文化延续至民国这一时间节点，依然能够从传承角度上恰如其分地说，二者是一脉相承的。

诚然，马克思主义认为："过去一切革命都是使国家机器更加完备，而这个机器是必须打碎，必须摧毁的。"一切国家机器都被赋予了阶级的意志，无产阶级要解放全人类就必须"冲决网罗"，向一切旧的国家机器挥起手中的扳手砸向旧国家的齿轮。"旧法律是从这些旧的社会关系产生出来的，它们也必然同旧社会一起消亡"，法律是维护阶级统治定做的外衣，更是旧社会秩序的极力维护者，改造世界必然要向旧法律发起冲击，"不能使旧法律成为新社会发展的基础"①。但即便如此，马克思的辩证法告诉我们，对于传统文化要"去其糟粕，取其精华"，在无产阶级专政的框架下改造化用。为此，马克思主义指导下的陕甘宁边区也注定难以阻断这种文化的藕断丝连，中国共产党改造世界并不是全盘否定。实事求是与人民立场锻造了共产党：一切以人民需要为出发点和落脚点的价值取向，而在共产党改造世界的过程中，对传统文化的继承是改造基础上的继承，是要符合无产阶级的革命需要，符合新民主主义社会的现实需要。清末民国时期的教育感化制度开一代新风，具有先进性的一面，其设立感化院、改良监狱设施、教犯人以技艺、以佛教经典告诫犯人要明德、善守，做正派人，求转世福报，这些理念不能不使陕甘宁边区借鉴化用，如陕甘宁边区拟设立的感化院正是一种设置上的学习，改善监狱监管条件、保障犯人健康也有着些许联系。至于以佛教经典告诫犯人要明德、善守等改造措施则须果断地抛弃，取之以新民主主义革命理论教育引导犯人。

第二，边区监狱直接受陕甘宁边区高等法院的领导，通过考察边区高等法院的领导者即高等法院院长不难发现，大多数都是脱胎于传统文化根基。林伯渠曾为国民党要员，后成为陕甘宁边区政府主席；马锡五早期活跃于哥老会，深谙传统社会人情风俗和制度体制，在他的努力下所产生的"马锡五

---

① 《马克思恩格斯全集》（第6卷），北京：人民出版社，1979年，第292页。

审判方式",坚持情理法相结合,大量援用风俗人情,因此在裁判依据上不得不说是有着对传统继承的一面。谢觉哉更是于1905年考中清末秀才,在陕甘宁边区时期对边区法制建设付出了大量心血,他认为,边区法制缺乏正规化改革。李木庵亦是清末秀才,后考入京师法政专门学堂学习,李木庵提及他初到边区时,认为国民政府政治落后,但其法律具有进步性,是可以借鉴的。① 后来,由于边区法制无法适应需要在李木庵带领下迈开了司法正规化改革的步伐,其中重要内容便是对国民党《六法全书》的援用。这些足可以说明传统文化和维新思想,深深熔铸于他们的灵魂深处,虽在马克思主义洗礼之下,世界观、人生观、价值观发生天翻地覆的转变,但涉及教育改造制度之时必然有着传统监狱教育感化的历史印象,在进行边区教育改造制度实践中,难免对某些先进理念、制度予以借鉴。

第三,虽然边区有着十分明确的阶级属性,然而在法律建设过程中也曾大量地援用国民党法律,特别是在1942年前后,对国民党《六法全书》进行了大量援用。作为审判案件和处理犯人的依据,在监狱立法上也多有对国民党法律的借鉴和学习。"我们相信新民主主义的法律不是无中生有,而是客观的要求,它不否认资产阶级的各种利益,也不否认资产阶级的各种法律之相对的有效性,我们应当采用资产阶级的各种法律之某些合理的条文,来保证抗日各阶级的利益,并加强合作与相互信任。"② 在李木庵任职期间,边区大量援引了国民政府法律,1938年就有援用的例子,这种司法倾向表达了边区教育改造制度对民国教育感化的借鉴。

实际上,陕甘宁边区在这一时期还大量地吸收和接纳了边区存在的风俗习惯。1942年5月起,在边区高等法院组织下发起了一场调查活动,活动内容便是搜寻司法人员对援用的民事习惯的认识与情况。该活动具体围绕你认为:风俗习惯是什么、风俗习惯与法律运用的关系、你县有什么风俗习惯(不管哪方面,摘录主要的,越具体越好,并说明哪些是资产阶级法律,运用

---

① 《边区高等法院雷经天、李木庵院长等关于司法工作的检讨会议发言记录》,陕西省档案馆,全宗号15-96。
② 《中国新法学会成立宣言》(1941年4月27日),陕西省档案馆,全宗号15,案卷号107。

时做参考)、风俗习惯与习惯法有什么区别,截至1944年9月在8个县的范围内共调查出69条习惯。① 在收集的基础上,对具有落后一面的风俗进行剔除,对于在实践中能够起到积极作用,深受人民群众满意的风俗习惯则加以援用,赋予法律效力。例如,谢觉哉就认为:风俗习惯,应该迁就些,判断案子,应该知道当地民情习俗,法律也有尊重习俗的规定。在高等法院审理的何之安一案中,法院判决书提道:"就是按照旧社会习惯上说……就以老百姓风俗习惯论",以此说明边区监狱制度并不能与清末以降的教育感化制度不存在理念或制度措施上的继承。

第四,在制度对比上,亦具有一定的相似性。如劳动感化院的设立、劳动教育、监狱生活、医疗、环境卫生等感化方面皆有着惊人相似。这种相似性似乎可以很大程度证明边区监狱教育改造制度对本土教育感化的吸收,特别是对犯人的感化制度方面,现予以简单列举比较。首先,根据文化程度不同的分班教育制度:1918年,吉林第一监狱在教育感化过程中,为了区别不同文化水平的犯人,做到"因材施教"而将监狱犯人进行分班授课,根据止水水平将犯人分别分为:甲、乙、丙三班。甲班文化程度相对较高,学习内容为:高小、国文、算术、地理、历史、习字、修身;乙班授犯人文化水平中等,以初小、习字为主要教育科目;丙班则以习字课为主要内容。对于新入监的犯人,除依照文化程度直接插班进入甲、乙班上课外,对不识字者归入丙班训练习字。习字快者,待掌握的文字到一定程度后,可以插班到甲、乙班级。为了激发犯人的学习动力,教育还每隔半年对全体犯人进行一次测验,对成绩优异者,用物质作为奖励。其次,设置监狱图书阅览室以教育犯人的制度:"要为在监人谋求增进知识,图书馆是决不可少的。"② 1922年4月,京师第一监狱向司法部申请要在监狱内增设图书阅览室以便犯人学习,阅览室规则规定:凡善良犯人可以进入阅览室看书、读报。这是由于监狱对积极参加改造活动,遵守监狱管理制度犯人的资格认定,对于不能遵守规则的犯人,不允许其进入阅览,如果申请阅览,阅览室以借贷的方式供给不能

---

① 张克祯、赵俊鹏:《传统"情理法"在陕甘宁边区的嬗变》,《理论导刊》,2018年第11期。
② 严景耀:《北平监狱教诲与教育》,《社会学界》,1930年第4期。

进入阅览的犯人，且囚犯每人只能看一本。阅览室由主任一人看守，对阅览室整体负责。阅览室的图书因为全部是由社会人士赠送，包括宗教家、著作家、慈善家等，因此图书以佛教、道教著作为主，少量图书为期刊或科学常识类。无论是图书阅览室还是分班式教学的教育改造制度，在陕甘宁边区都有该制度形态，并构成了边区监狱教育改造的重要内容。

以上诸因，虽未有直接的证明本土教育改造制度对边区的影响，但从大量事实及实践逻辑角度而言，却不能否认边区监狱对本土教育改造制度的学习和借鉴。

第二节 边区监狱及教育改造制度的嬗变

一、边区监狱及教育改造制度的发展阶段

边区监狱是由陕甘宁边区高等法院领导的犯人羁押场所，也是陕甘宁边区最具代表性的监狱，但它既非随着陕甘宁边区的建立而建立，也非与高等法院的成立一并而来，而是经过不断探索发展而来。教育改造制度随着边区监狱的嬗变而不断发展并呈现出明显的阶段特征。

第一阶段（1937年7月—1942年9月）：初创阶段。陕甘宁边区教育改造制度并非自其诞生以来便形成了一套行之有效的无产阶级工作犯人制度，尽管党的历史使命是改造社会、实行无产阶级专政，但也在党领导革命的早期存在幼稚的一面，在众多失败基础上不得不从实际出发，对自身制度加以完善。正像陈旭麓所称："当马克思主义还没有与中国革命实践结合为一体的时候，急迫性曾是具有感染力的情绪。因此，它继而表现为大革命失败后关于中国社会性质讨论中的一个派别；表现为共产党内部的盲动主义、冒险主义和教条主义。然而，以超前愿望规划的改造中国的行动，没有一次不在中国的社会性质和国情面前撞壁。这种撞壁不止一次地使艰难积聚的革命力量在失败中折损。""历史选择了社会主义，历史又以客观现实限制了主观愿望。这个矛盾，要求马克思主义中国化。于是，在这种选择和限制的统一中形成

了新民主主义革命的思想和理论。"① 这一时期的陕甘宁边区司法体制正在深度与边区实践发生结合的进程之中，虽前途光明但还不很成熟。

1937年7月12日边区高等法院成立，此时与边区高等法院一并成立的是看守所，也是后来边区监狱的前身，看守所设在延安清凉山上，所长由杨佛云同志担任，看守所负责看管已决和未决犯，虽在功能上与监狱同质，由于此时日军侵华战争全面打响，政治、军事上的紧急情况导致共产党在陕甘宁边区无暇给予监狱更多的精力，加之党的改造理论尚不成熟，改造经验不足，导致边区看守所不能制定更多的看守制度规则，自然地造成看守所的职能、定位不清，甚至实践上的混乱。这可以从高等法院看守所年度报告中找到支撑："过去在清凉山时虽有对人犯的教育，但那是因为没有充分的经验，材料选择缺乏适当，甚至进行过游击战术等军事科目"②，所以获得的效果很少。1938年由于日军飞机轰炸延安，边区政府各机关被迫疏散，为防止疏散过程中对犯人疏忽看管，遂决定将高等法院看守所迁往相对偏僻的安塞县李家沟。此时，看守所在编制上有所长一人，看守员两人、一个警卫排。由于边区被国民党政权极力封锁，造成边区物资严重匮乏，为了发展生产，自力更生，边区发起了声势浩大的大生产运动。1939年4月19日，高等法院发出通知：要求各级司法机关所关押的已决犯进行生产劳动，高等法院监狱为响应生产号召，看守所将已决犯和未决犯分开关押，由已决犯负责生产劳动，称为劳作队。同年4月边区颁布的《陕甘宁边区高等法院组织条例》规定："高等法院设立劳动感化院。"第一届参议会同时确定了看守所的法律地位，负责"人犯之收押、检查、点验及看管"，为看守所的教育改造初步提供了法律依据和制度安排。1939年高等法院规定：各县看守所对其司法审判机关所判决的犯人，凡判处三年以下者，由各县看守所各自管教羁押，凡判处三年以上者，一律解送至高等法院看守所劳作队，即位于安塞县的劳作队，从而对教育改造制度进行进一步的梳理和调整。1941年1月，为了加强对已决犯的组织工

---

① 陈旭麓：《近代中国社会的新陈代谢》，上海：上海社会科学院出版社，2006年，第419—420页。
②《边区高等法院看守所1939年工作报告》（1939年12月），陕西省档案馆，全宗号15，案卷号512。

共和国监狱制度的雏形：
陕甘宁边区高等法院监狱教育改造制度研究

作，高等法院看守所在延安三十里铺另外成立生产总队，将位于安塞县李家沟的劳作队作为看守所劳动分所，分别进行农业和工业的生产工作，并在高等法院智能基础上增加典狱科，协助高等法院院长开展犯人的教育改造工作，看守所的劳动改造性质正式形成。

边区监狱此时正处于草创阶段，在教育改造犯人上监狱管理者还存在着传统的管教思想、方式。代所长宋代兴在1942年的报告中指出，个别监所领导者采用任意无情斗争的手段，使犯人不满，而且滥用职权，"遇到稍不合他意的时候就批评，往往为一起很小的问题或是犯人当时不听指挥，或者听个别犯人说不满意的话，于是便发脾气，处罚捆绳子，甚至有时打骂犯人或发动犯人打犯人"；假释不应该假释的犯人；学习中"进行闪击战术"，对政策文件的强硬灌输犯人不仅理解不了，而且积极性不高；娱乐活动形式化；管理工作程式化，不能具体问题具体分析，不能实事求是，对经验不深刻总结，"而是老一套，对谁都用一样的方式"，最终造成"半年来犯人逃跑了五个"的恶劣后果。为了便于识别犯人和抓捕逃跑犯人，边区监狱要求犯人剃头，身穿红蓝衫裤，要求各单位和人民群众"见有此种人自由行动者，无疑系本院逃跑之犯人，即希拘捕送来究办"。① 要求犯人穿两色衣、剃阴阳头的管理模式，不仅未能体现教育感化的指导理念，而且对犯人刺激性很大，增加了犯人与监狱的对抗，反映出监狱管理思想的落后性。1941年雷经天指出："我们想做的工作很多，但实际上做得少。自高等法院以至各县都有这种现象"，"缺乏犯人的教育"②。1948年，高等法院在总结边区监狱教育改造经验时认为："1937年，高等法院曾规定，犯人须着半红半蓝色裤子，剃头时须在左右方留一块头发，使犯人逃跑时易于辨别，但对犯人人格是不够尊重的，1939年很快地纠正了。"③

第二阶段（1942年9月—1949年5月）：制度化、成熟化阶段。1942年

---

① 杨永华、方克勤：《陕甘宁边区法制史稿·诉讼狱政篇》，北京：法律出版社，1987年，第248页。
② 韩延龙：《法律史论集》（第5卷），北京：法律出版社，2004年，第403页。
③ 《自苏维埃时期到1948年12月止司法工作总结报告》，陕西省档案馆档案，全宗号15。

第三章 教育改造制度的样态分析

前后边区司法制度得到了快速发展,逐渐形成了富有特色的无产阶级专政司法理念,该理念强调司法为民、人民司法、走群众路线、司法为政治服务,司法制度快速调整和定型、人民调解制度逐步发展、马锡五审判方式应运而生,与此同时监狱管理也得到了加强和完善。1942年9月,根据边区政府决议,为了加强对边区犯人的教育改造,对看守所机构进行更为重大的调整,即在原延安三十里铺劳动生产总所的基础上将总所改名为"陕甘宁边区高等法院监狱",边区监狱正式诞生,此次改革由时任边高等法院代院长的李木庵具体负责。成立后的边区监狱由李育英担任第一任典狱长,而看守所成为看押未决犯的场所。

1943年为适应高等法院分庭的工作,在绥德等分区成立分监,隶属于各分庭领导配合各分庭工作,这样边区监狱就形成了在高等法院领导下的二级结构,至1944年边区共设立监狱1所,分监5所,看守所36处,各县依然由看守所进行犯人的监管工作①。在各分区分监成立后,为了加强对犯人的教育改造,边区高等法院做出规定,要求:凡判处六个月以上三年以下的徒刑犯,由各分监改造,凡判处六个月以下苦役者,留看守所执行或者监外执行,对于判处三年以上的徒刑犯,须解送至边区高等法院监狱执行。在后续的进一步改革中由于边区司法人员极度匮乏又加之各分庭监狱犯人过少,集中管理,撤销多余编制更符合时局。1945年春,边区决定撤销各分庭监狱,仅保留边区监狱,边区监狱成为陕甘宁边区唯一一所以监狱命名的教育改造犯人的场所。1946年,由于抗日战争的胜利,使边区监狱设置能够进一步规范,此时边区监狱不仅设置了负责监狱内部教育改造的典狱长,还形成了以典狱员、看守员、警卫人员等为主体的监狱管理人员。边区监狱有典狱长一人,增加典狱员三人,看守员增加至四人,监狱管理人员得以上升为八人。随着国共内战的爆发,蒋介石集团对边区展开了大规模进攻,1947年3月,由于胡宗南军队大举进攻延安,为了革命大局中共中央主动进行战略转移,边区监狱也随边区主要机构转移至山西省,并在山西五寨、离石县设立了第一分监和第二分监。这一时期边区监狱有典狱员两人,医生一人,一个警卫排负

---

① 陕西省监狱管理局:《陕西省监狱志》,西安:陕西省监狱管理局,1998年,第20页。

共和国监狱制度的雏形:
陕甘宁边区高等法院监狱教育改造制度研究

责安全警卫工作。1948年6月17日,延安革命形势好转,收复失地后迁往山西的边区监狱带领被羁押的49名犯人,从山西丛罗峪返回延安。

该阶段边区监狱虽然处于抗日战争胜利和解放战争开始的时间节点上,但边区监狱的教育改造实践依然获得了很大发展。这一时期边区监狱教育改造相关制度逐步健全,成为教育改造的发展成熟期;主要表现为制度落实有力,监狱管理者的教育改造思想得到深化,教育改造制度得到发展和完善。犯人被有效地组织起来进行生产、生活与学习,并联系监所生活的实际和犯人文化程度,进行有针对性的教育;分组进行劳动,对表现良好者大量适用假释、外役等措施;建立监狱会议制度,对监狱管理、生产、教育实行民主管理,开展犯人自治,大量涉及犯人切身利益的事项以犯人会议讨论决定;学习教育有效落实;医疗卫生制度对犯人的身心健康进行保障;分红奖励制度有序展开。上述措施收到了良好的效果,被他们称之为"边区监狱是个学校"①。

特别是在1943年党鸿魁任典狱长后,边区教育改造制度获得明显发展。在生产环节,为了激励犯人的生产积极性并践行平等观念,开创了边区监狱的分红制度,犯人在生产中能够依据生产成果获得一定的物资奖励,鼓励和鼓舞犯人的生产改造热情;犯罪学学者认为:犯人之所以是犯人是身处困顿遭遇的不幸行为,而监狱是犯人不幸经历的不幸后果,因此内心既脆弱又暴虐,通过管理者的温情教化、善加引导,能够使犯人在绝望中得到慰藉,生发感激之情,在思想和行为上减少对抗,产生自觉改造热情。党鸿魁注重从生活环节关注犯人的家庭背景,从家庭情况找出犯人之所以为犯人的根源,尽力帮助犯人解决生活问题以及家属的生产生活困难,消除犯人的后顾之忧,这样便为犯人重新点燃了未来生活的希望,在对共产党认识转变的同时决心在共产党的带领下深刻改造。党鸿魁在任职伊始的一年之间就收获了巨大成绩,监所人犯119名,外役犯即占三分之二,而无一人脱逃,将监狱当作自己改造的家。这一期间的教育改造制度也被誉为"虽然不很完备,但已经显

---

① 杨永华、方克勤:《陕甘宁边区法制史稿·诉讼狱政篇》,北京:法律出版社,1987年,第250页。

・第三章　教育改造制度的样态分析

示出新民主主义监所应有的主要特点"①。一改第一阶段的监狱教育改造工作造成的不良后果，但这一阶段也并非没有问题，而是在不断革命与自我革命中不断纠正既往过错，获得了很大发展。1945年底，王子宜针对陕甘宁边区高等法院工作中存在的问题就说："大家批评高等法院几年来很少到下面检查工作，也不多开会，领导机关和被领导机关联系不够，这些都是事实。"② 反映了监狱教育改造工作需要改进的方面。

第三阶段（1949年5月—1950年4月）：赓续基因、创新转型阶段。1949年，解放战争临近胜利，党领导的革命进程进入新的历史时期，随之改变的是边区监狱任务的转变。时代方向决定革命任务，历史阶段的转换使党领导的改造社会的各项实践，须相应做出符合时代发展需要的改变，同理，边区教育改造制度随同边区监狱的演变而表现出新的样态。此时，革命形势要求边区监狱的使命变革，这一变革首先表现于监狱名称的进一步变更。1949年2月15日，陕甘宁边区高等法院监狱改称为陕甘宁边区监狱，与监狱名称一同变动的是新形势下监狱设置、位置、制度措施等的不断发展。1949年3月，陕甘宁边区监狱开始接管国民党监狱的筹备工作，为了满足西安与延安便于改造犯人的需要，于1949年5月5日在原陕甘宁边区部分干部和全部犯人、财产基础上成立了陕北监狱，该监狱在职能上主要负责对陕北的犯人进行改造。1949年5月20日，西安解放，"5月29日中国人民解放军西安市军事管制委员会司法组第二科接收原国民党陕西西安监狱。旋交陕甘宁边区监狱接管。"③ 陕甘宁边区监狱地址也随同迁移至西安。在此之后，共产党领导人民取得了新民主主义革命的全面胜利，建立了新中国，以边区为中心的武装割据阶段已经步出历史洪流，边区也于1950年1月19日走完了自己的光辉历程，出色完成了历史任务，在此基础上陕甘宁边区监狱的称呼自然也不再符合时宜。因此，"1950年4月1日，最高人民法院西北分院决定，将陕

---

① 《边区高等法院关于传达劳模大会司法模范工作人员的指示信，及司法模范工作者党鸿魁、周玉洁、郭维德的材料》，陕西省档案馆，全宗号15，案卷号132。
② 《王子宜院长边区推事、审判员联席会议上的总结报告》（油印件）（1945年12月29日），全宗号15，案卷号70。
③ 陕西省监狱管理局：《陕西省监狱志》，西安：陕西省监狱管理局，1998年，第405页。

甘宁边区监狱改为'陕西省监狱',由省人民法院直接领导"①。至此,陕甘宁边区监狱服务于新民主主义革命的历史使命正式告一段落,但其接棒者继续在社会主义革命和建设时期、改革开放和社会主义现代化建设新时期、中国特色社会主义新时代肩负教育改造犯人的使命,不断推动教育改造制度的发展和完善。

马克思主义认为:主要矛盾决定事物的性质,陕甘宁边区教育改造建构在无产阶级改造观上,是共产党按照马克思主义理论改造世界的组成部分,追求人的思想解放、人的价值实现、人的充分发展,这一核心目的决定了教育改造制度并不依附于监狱,在共产党领导下具有超职能部门的性质。因此,陕甘宁边区监狱的这种终结仅仅是名称的结束,并不意味着监狱教育改造制度与陕甘宁边区监狱一同镌刻在历史的功勋簿之上,而是作为一种优秀制度和光荣传统被保留下来。事实上,为了更好地使陕甘宁边区监狱服务新的历史征程,党仅仅是将其名称改为"陕西省监狱",其编制和制度并未发生大的变动,陕甘宁边从而以新的面貌继续发挥教育改造作用。新中国成立后,边区监狱虽几度更换名称、迁移地址、创设制度,但始终作为陕甘宁边区高等法院这一红色基因传承者、赓续者、发展者、讲述者而不断发展,今天的陕西省富平监狱正是边区监狱的一脉传承。陕西省富平监狱在时代基础上不断进行大胆创新,以汲取红色营养、立足当下思考未来的时代担当,不断推进教育改造制度的进一步完善,为中国教育改造制度、为中国监狱文明默默探索,矢志奉献。因此,从教育改造制度继承创新、发展延续的历史轨迹来说,边区监狱教育改造制度不失为共和国监狱改造犯人制度的雏形。

二、 边区高等法院看守所的属性探讨

通过对边区监狱发展阶段的梳理,可以发现陕甘宁边区在 1937—1942 年边区监狱成立之前,没有一所被叫为监狱的机构,有的只是看守所,看守所发挥着看押犯人和犯罪嫌疑人的职能。重要的是边区高等法院监狱是在 1942 年才得以建立,这里所强调的看守所是 1937—1942 年监狱成立之前的看守

---

① 陕西省监狱管理局:《陕西省监狱志》,西安:陕西省监狱管理局,1998 年,第 23 页。

所。事实上，陕甘宁边区看守所主要分为两种类型：一种与审判机关相联系，通常作为审判机关的职能部门，归属于审判机关领导；另一种与公安机关相联系，常作为公安机关侦办案件过程中看管犯人和犯罪嫌疑人的场所，由公安机关领导。在陕甘宁边区高等法院成立后，陕甘宁边区看守所由陕甘宁边区高等法院领导，各县的看守所一部分由司法处领导，一部分由各县的保安科领导，各县看守所实际上多归公安机关负责。那么，边区由看守所羁押犯人的这样一种现状不得不引起笔者的注意，试图要去追问边区高等法院看守所的性质和功能问题，它到底是作为边区事实上的监狱存在，还是作为审讯犯人、暂时羁押犯人的看守所存在，抑或是一种兼有监狱性质又有看守所功能的混合体呢？对这一问的审视是重要的，它直接关系着事物的定性问题，对其性质的不同定义决定着我们对它的认识程度和边区监狱制度的架构，也显示着我们对边区革命历史的研究深度。因此，不可不慎。

以往学者对这一问题或者未进行关注或者述而不论，还有一部分将这一时期的看守所作为边区监狱的前身，这一现象也导致学界对"监所"这一称呼的喜好。陕甘宁边区革命史研究的奠基者杨永华、方克勤先生对陕甘宁边区高等法院看守所的看法是："看守所羁押已判决和未判决的人犯，对他们进行管理教育。"① 显然对边区高等法院看守所的这一描述并未将边区监狱成立前后的看守所进行区分，对看守所的性质也没有做进一步剖析。著名监狱史学者薛梅卿在其著作中提道："执行这些已决徒刑犯、关押未决犯的最主要的机关就是看守所。由于根据地设有监狱是始于1941年，而且为数极少，故此，看守所在抗日根据地监所体系中占有特别重要的地位。"② 这就等于仅对看守所的两种职能即执行徒刑和关押未决犯的再一次强调，但是看守所究竟是作为监狱性质的设置存在还是仅仅是现代意义的看守所存在，抑或此时的看守所就是监狱与现代意义看守所的混合体存在，并未做严格厘定。汪世荣教授显然在这一问题上的认识更进一步，他认为："陕甘宁边区法院自成立起

---

① 杨永华、方克勤：《陕甘宁边区法制史稿·诉讼狱政篇》，北京：法律出版社，1987年，第269页。
② 薛梅卿、曹新明：《革命根据地狱制史》，北京：法律出版社，2011年，第21页。

共和国监狱制度的雏形：
陕甘宁边区高等法院监狱教育改造制度研究

即设立了看守所，关押已决犯及未决犯，实为看守所与监狱合一的组织。①"也就是说这一时期的看守所并非今天语境下的看守所，而是监狱与看守所两种属性兼而有之的合并，但汪教授似乎对其主要属性与职能似乎也欠缺一些说明。

对于边区看守所的职能，《陕甘宁边区高等法院组织条例》第六章对看守所的职能定位进行了说明，其中第二十四条规定："一、人犯之收押、检查、点验及看管；二、登记及保管人犯之财务；三、计划及实施人犯之教育；四、组织及分配人犯之工作或劳动；五、考察人犯之活动；六、登记人犯之出入。"②也就是说陕甘宁边区看守所负有对犯人收押、检查、财务保管、卫生管理和教育的职责，实际上是作为监狱对犯人进行管理教育的地方。《陕甘宁边区看守所规则》规定："在审讯没有全案终结的期间，在押人应安心静候审讯和检查，同时在押人应虚心反省，积极帮助检查的进行，以求得很好的解决，不要悲观失望谩骂捣乱。"使得看守所又具有提讯、审讯、暂时看管的职能。兰洁在其《监狱法学》中认为：监狱是指依法设置与管理的，对判处有期徒刑的犯人实行惩罚与改造的执行机关。依据《中华人民共和国看守所条例》可知：看守所是羁押依法被逮捕、刑事拘留者的机关。当然，被判处有期徒刑一年以下，或者余刑在一年以下，在不便送往监狱的情况下可以由看守所监管；看守所具有看守、保障安全、管理教育、保障侦查、起诉和审判工作的任务。这就说明监狱与看守所虽然有着一定联系，但是在职能定位上却有着质的差别，陕甘宁边区监狱与看守所的职能界定似乎与现代定义差别明显。

陕甘宁边区高等法院看守所在1939年之前一直是已决犯和未决犯，一同关押、一同管教，随着1939年劳作队的组建才开始对已决犯与未决犯区别管理，但已决犯和未决犯依然共同关押于边区看守所，直到1941年三十里铺生产总所的设立，才进一步明确了已决犯与未决犯的不同，将两类人群分为彼

---

① 汪世荣：《新中国司法制度的基石：陕甘宁边区高等法院（1937—1949）》，北京：商务印书馆，2011年，第51页。
② 中华人民共和国司法部：《中国监狱史料汇编》（下），北京：群众出版社，1988年，第266页。

第三章 教育改造制度的样态分析

此,由已决犯组成的劳动生产总所搬离看守所,看守所成了专门羁押未决犯的机构。在管理方式上,看守所的主要任务是"三、计划及实施人犯之教育;四、组织及分配人犯之工作或劳动",也就是教育改造与生产劳动职能。看守所在1937年即开始进行生产劳动,1939年左右开始进行大规模生产劳动,教育改造工作也得到了加强,除去劳动强度之外,似乎已决犯和未决犯并未有明显区别,都是依照监狱犯人的制度模式进行关押和管理教育。未决犯并未被判处刑罚,因此也不存在现代意义上看守所对剩余徒刑一年以下的监管。

那么,从后来的边区监狱主要进行教育改造和生产劳动的职能上来看,在1941年之前的看守所主要履行着边区监狱的职能,因此,看守所从属性上更多地向监狱倾斜。边区使未决犯留在以教育改造已决犯为主要职能的场所之中,这一现象最大的可能是由于边区法制机构尚处于起步阶段,对监狱和看守所的机构设置还未能及时完善。同时,也是由于边区司法条件有限,对未决犯的暂时灵活处置。在1942年边区监狱成立后,原看守所继续存续,成为专门负责看管未决犯的场所,已经形成的教育改造制度完全被边区监狱所承受,说明随着边区法制建设条件的好转,边区有能力将未决犯单独关押,对司法职能进行了更明确的分工,证实了边区并非监狱与看守所不分,只是有限条件下的自我创造。目前学界对监狱成立之后看守所继续存在与否争论不休,甚至相当一部分学者在论述时存在明显之谬误,为此在此做一简单说明。据杨永华教授介绍:"高等法院监狱成立后,看守所成为专门羁押未决犯的机构。"[①] 汪世荣教授在对陕甘宁边区高等法院机构设置进行梳理时,从其所绘图表中反映了在监狱成立后看守所的命运走向。从下图可以看出看守所至少从1937年成立之后延续至1943年9月,而看守所在1943年之后是否撤销,何时撤销就不得而知了。

[①] 杨永华、方克勤:《陕甘宁边区法制史稿·诉讼狱政篇》,北京:法律出版社,1987年,第270页。

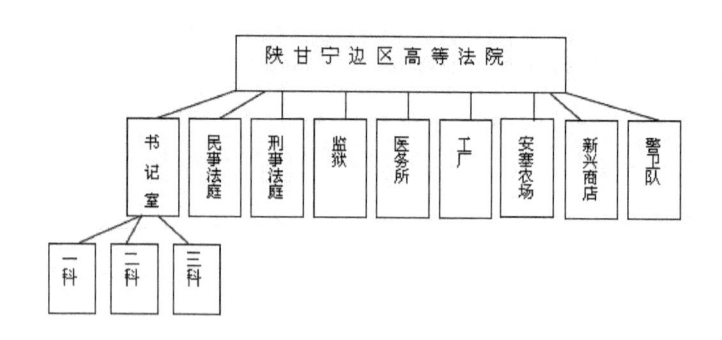

图 1—1　　　　　1946 年 5 月 3 日，边区高等法院机构设置图

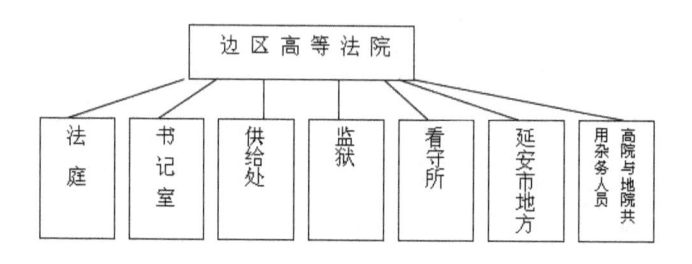

图 1—2　　　　　1943 年 9 月，边区高等法院机构设置图

综上所述，从功能主义角度来看，陕甘宁边区高等法院看守所可以说是以对犯人进行监狱式教育改造的职能部门，迫于资源禀赋所限，将未决犯与已决犯暂由该机关一起看管、教育的过渡情形，从看守所在 1942 年之后的存续也可以说明，此时看守所的主要职责是对已决犯的管教职能。因此，边区看守所不是一种简单的机构混合，而是以执行监狱功能为主兼具看押未决犯的场所。

第三节　教育改造制度的学理分析

一、教育改造：何以为？

教育改造因教育感化和马克思主义改造学说而兴（上文已述），随着时代的不断变化，各种其他有关教育改造可行性和必要性的学说不一而足，有必要从学理上进行多维度探索，以启明教育改造的可行性、必要性。就国内而言，涉及教育改造理念的研究肇始于近代的教育学家：赵琛、孙雄、李剑华等人，随着近代以来人们对监狱的持续关注，使得监狱学逐渐成为一门学科。现代对于教育改造的监狱学观点认为，教育改造是监狱对犯人进行刑罚和改造的一系列活动，刑罚执行、狱政管理、技术教育和劳动生产等都是进行教育改造的可行措施。从广义来说，它是"监狱对罪犯实施的全部改造活动，包括刑罚执行，狱政管理，思想、文化、技术教育和劳动生产等。根据《监狱法》的指导思想，我国监狱的一切活动，都具有教育人、改造人的意义，都从不同方面发挥着教育改造的作用。"① 但凡监狱内的所有有关犯人的活动，都具有改造的意义；与广义相对的定义是对犯人的思想、文化、技术、劳动技能教育的行为及组织活动，而这一概念迸发的深层逻辑在于以下方面。

1. 当代理论对犯罪的多维度归因。对于罪犯来说，由于犯人错误的信息体系、歪曲的需求结构、自我意识发展欠缺，呈现出反社会的属性。

所谓错误的信息体系即错误价值观、人生观和社会观的综合，只是这种认识具有为社会所不容的思想元素，比如极端享乐主义造就的贪图享受，玩世不恭桀骜不驯的我行我素的观念，"人不为己天诛地灭"的个人主义认识，爱好自我变现追求特立独行，容易使犯人行为完全以自身为中心，错误的价值体系使行为人置社会责任与他人利益于不顾，表现出越轨倾向，猛烈地与社会规则发生对抗和激烈冲突。歪曲的需求结构是个体在正常需求之外的特殊需求，是社会在正常秩序之下无法给予的或者是暂时无法给予，和追求方式的不恰当而无法给予，以及在通过正常途径中无法获取该种需求时的极端手段。不时发生的反社会报复行为就是这种不当需求的表征，这种歪曲需求通常具有触发规则惩处的后果。

自我发展欠缺是自我情感、自我认识与自我调控能力的失能缺失。孟子云："无恻隐之心，非人也；无羞耻之心，非人也；无是非之心，非人也。"自我发展欠缺就是综合因素下导致的理性情感缺失。在认识中不能恰当看待问题并不能以恰当方式对待他人，以及对社会规则不能清晰认识，在内心产生误解与积压怨恨的情况下，由于自卑心、好胜心、嫉妒心及孤僻、极端、恶习等因素下不能以合理方式调控内心的不满，导致怨恨无法释放，无法对

---

① 郝佩韦：《监狱法学》，开封：河南大学出版社，2008年，第275页。

自身行为进行控制，胆大妄为，不计后果，激情暴虐，进而导致难以被社会认可的行为。凡此种种，从而产生一系列反社会动机和行为，反社会性也成为犯人所具有的共同特征，此一点也正是犯人与普通社会人的主要差异；而且也正是这一点带来了对犯人进行遵循规则、平息怨恨、反思行为、弃恶扬善的教育改造需要。

人的社会性要求人的行为合乎社会秩序。现代监狱学对教育改造理论的社会学基础在于，人的本质属性是社会性，基于人类的"群居本能"，自古以来人便在与社会的交往过程中不断得到进化发展，脱离社会联系是不可想象的。因此，人的一切思想行为都深刻地表达着社会话语。"在现实的人类生活中，由于每一个社会个体都不可能是绝对孤立的实体，自诞生之日起，他就生活在社会之中而接受人类普遍经验的影响"①，人类的经验智慧正是在社会的学习之中不断获得，也通过社会的场域进行交换和传递。但是，必然的现象是人由于个体的多方面差异，造成对社会现象的不同认识，这一点也能从马克思主义那里获得支撑，即"意识在任何时候都只能是被意识到了的存在"②，不同的认识使人们在社会交往过程中的输出与需求都有所不同，对同一事物的评判标准迥异。因此，人们"有选择地获取价值和态度、兴趣、技能和知识"③，正是在这种不同的交换中形成了人的社会角色。在社会化的过程中，人类终究是生物人与社会人的结合体，社会为了维护稳定与其他人群的可预期性，从功利主义出发制定了众多规则，这些规则成为保护和约束人的生物意义一面的稳固存在。而问题的关键恰恰就在于，人的生理机能差异、知识结构差异会使人产生对存在的不同反应；不同反应又会对人的意识形态、生理和心理需求、情绪、好恶、处世之道造成不同影响，使人在某种力量与差异的驱使下做出破坏社会的行为；为了对其他法人的保护，这就需要对破

---

① 高春申：《人性辉煌之路：班杜拉的社会学习理论》，武汉：湖北教育出版社，2000年，第91页。
② 《马克思恩格斯文集》（第一卷），北京：人民出版社，2009年，第525页。
③ ［美］罗伯特·K.默顿：《社会研究与社会政策》，林聚任译，北京：三联书店，2001年，第216页。

坏社会秩序的行为进行评价。

出于对稳定社会的需要，精英们开始探索对人行为的引导方法，孔子以"仁"和"礼"教化天下，礼本身就是一种社会规范，将礼通过教育的形式融进社会人的行为操守，并对遵循教化和追求礼仪仁义的行为进行积极评价，产生效仿效应，从而形成对社会人的引导。社会的多样性，使社会生活的各个领域普遍存在着社会化教育，使社会成员形成了稳固的自控能力与自我管控动机，这种能力与动机在社会人行为之前便在内心形成规则，简言之就是个人遵从规则的自觉，自觉使每个人都是一个自我教育、自我影响、积极守法的个体。"这种原始本性与社会规则的平衡和维系无疑要归功于良好的社会化教育。"① 所以，教育是人类社会的一个重要发明，起着平息社会冲突、维护社会秩序、稳定社会关系的重要作用。对于犯人来说，犯人是破坏社会秩序后，社会大众在合意基础上对犯人的一种消极处置，功利主义认为对犯人惩罚的目的不是报复，因为，即便对犯人的惩罚大于犯人侵犯法益造成的后果，也并不总是能够弥补被侵犯的法益。而是通过一定的强制性使犯人养成遵守社会秩序的习惯，最终使犯人不会再犯罪，只有避免犯人再次产生破坏行为，才能保护更大多数人的利益。刑罚在于教育，那么多元的、专门的教育改造制度更能发挥教育的功能，起到规避犯人恶习，养成遵纪守法习惯的作用。

2. 传统教化观。人可以被教化、需要被教化，教化是防范化解的治病良方。自古以来人们就在不断从人性与人的教育方面出发探寻人的发展。孔子看到世道转换、人性道德沦丧、征伐四起的时局，认为只有靠仁政教化方能定纷止争，"道之以德，齐之以礼，有耻且格"②，以道德、礼仪去教育人能够使人产生是非之心、羞耻质询，孔子认为：性相近也，习相远也，人的本性彼此相近，差别在于习气教养。人之差异非主要在于先天的基因和体质，而主要取决于后天教化。即人性有"天命之性"和"气质之性"之分，人之

---

① 张东平：《近代中国监狱的教育感化研究》，北京：中国法制出版社，2012年，第55页。
② 《论语·为政篇》，北京：北京出版社，2008年，第6页。

"气"多数人是气质偏杂、善恶相混的。孟子更进一步从人性的角度去看待教化，何以可为教化的先天条件在于"人之初，性本善"，认为人天性善良，通过外在加以引导可以唤醒被蒙蔽的道德操守，他认为，"饱食暖衣，逸居而不教，则近于禽兽"，即没有道德教化人等于禽兽，之所以人而为人，是人之懂得教化。荀子与孟子人之善端观念相去甚远，认为人性充满着恶，"今人之性，生而有利焉，顺是，故争夺生而辞让亡焉；生而有疾恶焉，顺是，故残贼生而忠信亡焉；生而有耳目之欲，有好声色焉，顺是，故淫乱生而礼义文理亡焉。然顺从人之性，顺人之情，必出于争夺，合于犯分乱理而归于暴。"① 即人生而好恶，源于人的天地本性，但他认为人性恶，但并非不能教化，藉圣王之法度可以使人化性起伪，是以"礼仪教化，是齐之也"②，所谓"干越夷貉之子，生而同声，长而异俗，教使之然也"。夷与貉的孩子，生下来时声音是一样的，但他们长大后却十分不同，原因就在于习俗不同，而这是后天教化的缘故。纵览性恶论还是性善论这两种截然不同的人性归因，但他们却给出了化性起伪的相同办法，只有教化能够使人获得善端，足以说明人之可教。贾谊也认识到教化之对社会执行的重要性，认为："故兄劝其弟，父劝其子，则俗之邪至于此矣！"③ 董仲舒对于自古以来圣王之治的成因进行总结，认为："古之王者明于此，是故南面而治天下，莫不以教化为大务。立太学以教于国，设庠序以化于邑，渐民以仁，摩民以谊，节民以礼，故其刑罚甚轻而禁不犯者，教化行而习俗美也。"④ 因此，他主张定儒家为一尊，使仁义礼仪大行于天下，在具体办法上认为需要以国家手段推行专门的教化。

人需要教育改造，而事实上教育在社会生活中无处不在，社会生活是教育的重要渠道。梁漱溟认为："中国人却从中间就家庭关系推广发挥，而以伦理组织社会消融了个体与团体这两端。"⑤ 教育的普遍性是其在生活中无处不

---

① 张觉：《荀子译著》，上海：上海古籍出版社，1995年，第497—498页。
② 《荀子》卷一〇《议兵篇》，上海：上海古籍出版社，2014年，第170页。
③ 王洲明、徐超：《贾谊集校注》，北京：人民文学出版社，1996年，第94页。
④ 《汉书》卷五六《董仲舒传》，北京：中华书局，2007年，第563页。
⑤ 梁漱溟：《梁漱溟全集》（第三卷），济南：山东人民出版社，1990年，第79页。

在，淡化了由于人们对客观事物的反应不同，造成这种差异无处不在，在社会的交换过程中对不同事物的不同评价，会对社会人产生着一般或特殊的影响，趋利避害的思想带给人们向更多持有积极评价的意识靠拢，这是社会人的必然；精英们为了更好地发挥教化作用，将社会规则理念植入人心，而从社会各种方面进行引导，他们兴办了学校进行专业教育，发明宣传进行舆论引导；也利用人们的一切活动空间进行标语展示，进行显而易见的价值输入。这样，无论是社会的哪个角落，还是个体生活的任何空间都成了社会教育的策源地，社会遂成为染缸，社会个体成长所接触和结交的一切有形的和无形的、系统的和非系统的客观存在，都成为社会人接受教化的场域。"苟日新、日日新、又是新"的认识进化、经验主义哲学的从经验中获得更为准确的行为方向等，都在说明着教育即生活，人类社会发展规律、一切动物的进化规律昭示了教育是不可或缺的，是人们生活的一部分。教化的不同结果只是由于教育内容、教育方法及个体接受程度所决定。

二、教育改造：以何为？

教育改造需要制度化加以实现。西方学者认为："教育使命并不严格地区分犯罪、流浪甚至贫穷，在各种社会不良分子中教育的缺乏导致社会技能的缺乏。实现改造的目标需要严格的纪律，因为监狱规则和既定的习惯都将把社会的责任灌输给犯人。"[①] 通过以上分析可知，行为人违反社会秩序是一种社会化缺陷的反照，而这种反照之所以被以犯罪来评价而非其他，是因其行为为社会主流文化意识所不容，也就是说这种行为与羞耻之心、是非之心、辞让之心等被社会普遍认可，并以契约形式赋予法律保护的事先设定产生着冲突。"普通众人与反社会人们的分别，大多前者能看出他自己行为的社会意义与结果，而后者则不能，且无社会同情，专顾自己而不能为他人着想，故第一要义使之了解社会，了解他与社会的关系，使他理会对社会应尽的责任，

---

① 冯客：《近代中国的犯罪、惩罚与监狱》，南京：江苏人民出版社，2008年，第157页。

共和国监狱制度的雏形：
陕甘宁边区高等法院监狱教育改造制度研究

与尽责任后的利益，使他看见社会的意义与结果，而愿意尽他应尽的责任。"① 而无论如何形态的犯罪、人的可教化性决定了必须通过社会规则、社会观念和社会意识的普及，通过社会无处不在的社会教育可以减少犯罪行为，依靠监狱系统化、制度化的教育改造制度可以促使犯人积极悔过，而非对社会的进一步仇视，引发监狱内的犯罪和出狱后的报复社会行为。

"罪犯在入狱以前实施的犯罪行为是罪犯反社会性的外化形式，并且是罪犯反社会性存在的证明。当罪犯因其犯罪行为而沦为阶下囚以后，其原有的反社会性在相当长一段时间内甚至在整个服刑期间内，仍然会有所延续并顽强地表现出来。这样，它不仅规定了罪犯狱外犯罪行为的发生，而且还将深刻制约罪犯的狱中表现。"② 这种情况的客观原因是犯人具有自然的性情和天生的爱好，因此有放荡的习惯，刑罚突然来临，性情乖张的犯人们被这种严格的管理行为所限制，他们不仅不可能自觉地服从改造，而且是一种更加的抵触心理，所以应该通过仁慈公平和个性化的方式校正。监狱一般来说是犯人开始隔绝社会，并且将重新融入社会的"锻造场"，这种教育改造能够决定犯人是否能由隔绝到重新融入社会，是否能够实现普通社会群体在社会中的行为样态。换一句话说，就是要将犯人的反社会态度变为社会化的态度。

实现教育改造要在具体教育改造措施选择上多头并举，也就是说需要以比之社会群体更为严格、更为丰富的直接或者间接引导改造。这种灌输或者说教化需要通过监狱规则建立一套秩序，对犯人的恶习和认识进行锻造，包括教育管理制度，刑罚执行制度，直接的知识、观念普及制度，即"厥惟使犯人多有接触，如读书写字就是接触之一。但是专靠读书习字的教育是不够的，必要有娱乐、演讲、讨论、讲道等，以多其接触。故社会化的程序，是用课室、职业、训练、娱乐、宗教、图书、聚会、自治及作业……"。③ 当然，读书、习字等实践是教育，但更需要其他相关效能措施加以配合，以图犯人的革新及革新效率。那么，为了实现对犯人教育改造进行催化，提高教

---

① 严景耀：《北平监狱教诲与教育》，《社会学界》，1930年第4期。
② 兰洁：《监狱法学》，北京：中国政法大学出版社，1996年，第146页。
③ 严景耀：《北平监狱教诲与教育》，《社会学界》，1930年第4期。

育效率与质量，就需要用系统的教育改造制度协同配合。

从制度的产生来看，哈耶克认为：制度的产生是来自遵守制度者获得的成功，而遵守之前并非是先验地明知这种结果，而是在社会关系中所展露的遵守该制度的人群更好地生活了下来。因此，制度是指导和规避不良行动的指南。"制度化是组织和程序获取价值观和稳定性的一种进程。"① 任何制度都是代表着一定的社会阶级，制度内在所蕴含的逻辑理路和价值取向决定着制度的生命。因此，从这个意义上来说，将教育改造内容和对犯人社会回归的追求融入制度设计，严格地管理，将纪律意识渗透犯人内心；详细的规则、严格的时间表，为监狱犯人的思想和行为改造提供制度遵循，将是重要的教育改造举措。那些被赋予教育改造理念的制度成为引导、规制、劝诫监狱犯人的戒尺。"组织和程序的适应性越强，其制度化程度就越高；反之，适应性越差、越刻板，其制度化程度就越低。"② 制度化程度不仅是制度水平高低的反映，更是对教育改造效果的重大影响，实现高度的制度化是一项教育改造制度成绩的重要考核标准，形成制度体系的教育改造制度也将为犯人的教化改造提供有效引领和钳制。不得不赘述的是一切制度化的前提都是其内在的价值观念，为了实现犯人的良好社会性重塑，教育改造制度必须是一种能够带来犯人的思想顿悟、感情激发、让人醒悟、消弭憎恨的思想行为转化，正如我国监狱学家丙佳瑞所言：慈爱是刑法制度中的另外一种核心价值，同情能够激发犯人的积极、自觉改造。

也就是说：教育改造制度具有多样性、系统化。哈耶克关于制度的论述，归结起来便是要提高制度化的程度和复杂化，进而实现系统化，这里的复杂化强调的是充分建立起制度之间的互动关系，形成协同配合效应。因此，系统化的制度也就包含着能够对犯人起到直接与间接功用的制度。教育改造制度是教育改造方法的制度化，是对犯人不同教化方法的制度化，哲政教化既有直接的说教、说理、说服，又有间接的熏陶、启发与激励，能够在不动声

---

① [美] 塞缪尔·P. 亨廷顿：《变化社会中的政治秩序》，王冠华、刘为译，北京：三联书店，1989年，第12页。
② [美] 塞缪尔·P. 亨廷顿：《变化社会中的政治秩序》，王冠华、刘为译，北京：三联书店，1989年，第12页。

色之间引起犯人的思想扭转。只要能够对犯人施加直接或间接影响，有利于犯人幡然醒悟、改过自新的制度都属于教育改造制度。

三、教育改造的制度形态

1. 教育改造制度解构。基于教育改造的学理分析可知教育改造制度不仅仅包含教育改造的直接规范，也包括间接规范。可以按照学理分类划分为三种制度形态：

第一，直接的教育改造制度，包括思想、文化、物质等方面能够给犯人直接带来改造冲击的具体制度，它是教育改造制度的主体部分，也是最能代表某种教育改造特点的制度部分。它以直接的知识灌输改变犯人的人生观、世界观和价值观，甚至对犯人性格进行塑造和培养，能够最大限度、最大效率地带来犯人变化。

第二，具有间接教育功能的监狱管理制度，包括收监、分押分管、卫生、作息、劳动生产、武装警戒、内卫看管、发动和组织驻地周围群众协助监管，现代监狱十分重视对犯人的协同监管与协同教育改造。此外，监狱管理还包括通信、邮汇、会见亲属、医疗、财务保管、奖惩措施。以上监狱的管理制度不仅能够为监狱有效实施教育改造活动提供规则保障，而且还能起到强制性矫正的多种功能，从犯人犯罪心理来看，大多数犯人在社会中疏于心理管教，多养成懒散、桀骜不驯的习惯或者心理脆弱、性格怪癖、情绪管理不佳。对于犯人的教育改造首先需要犯人在监狱内能够服从安排，遵守训导规则为接下来更进一步的改造奠定基础。另外，良法才能善治，人本化的管理制度一样能够唤醒犯人潜在的悔过心，向直接的教育改造制度转化。

第三，刑罚意义上的假释、释放、减刑、监外执行等制度同样具有间接的教育改造功能。放置于监狱的教育改造目的来看，这种制度是由制度本身对犯人产生的心理影响，进而来起到教育改造的，属于间接制度范畴。当代监狱法学认为：刑罚执行是实现改造罪犯成为新人的前提，监狱作为对徒刑犯人进行刑罚执行的场所，是刑罚的程序延续，也是刑罚内容的具体落实。经过法院判决而没有执行的刑罚在事实上没有意义，既不能达到对受损法益的维护也不能对因反社会性而产生社会不能接纳行为的犯人的改造。监狱对罪犯执行刑罚，其目的具有鲜明的独特性，它不强调对犯人进行惩罚，而是以犯人的自新和成长为终极追求，它是在无产阶级政党领导无产阶级解放全人类的历史使命下，改造社会行动中的一个环节，是对人本身的最大关怀。因此，"刑罚执行对于把罪犯改造成为拥护社会主义的守法公民和建设社会主义的有用之才具有积极的作用"。[①] 狱政管理是指监狱在执行刑罚、惩罚和改造罪犯过程中，依据国家有关法律和监管法规的规定，对罪犯实施的行政监管活动。狱政管理作为我国监狱工作的一个重要组成部分，它始于对罪犯的刑罚执行，又终止于刑罚执行的完毕，贯穿于惩罚和改造罪犯的全过程，较之监狱的其他工作来说，它的范围更为宽泛，内容更为具体，渗透于罪犯生活、学习、生产劳动等方方面面。因此，笔者认为刑罚制度包括在教育改造制度范畴之内。

论及这里，有必要对以上三种教育改造制度的关系做进一步推导。马克思主义认为：主要矛盾的主要方面决定事物的属性。教育改造的本质属性就在于引起犯人幡然醒悟、激发潜在的羞耻心与不安感，实现改过自新，养成良好的生活习性，克服心理障碍，扭转认识上的误区、完善个人情绪控制能力，最终完成向社会的重新回归。直接的教育改造制度与间接的教育管理制度、刑罚制度都能够对犯人起到矫正的积极作用，具有改造犯人的功能价值。虽然三种制度间在程序阶段、使用主体、适用场域等存在明显的鸿沟，但是就本研究教育改造制度而言最大的迥异，在于引起犯人悔悟、改造的作用程度不同，因此这也是直接教育改造制度与其他改造制度本质上的区别，监狱管理制度与刑罚制度也可称其为间接的教育改造制度。但是，三者在不同情境下由于作用的发挥效能大小，在不同情势下能够相互转化。

2. 边区监狱教育改造的制度形态。陕甘宁边区高等法院监狱教育改造制度在无产阶级改造社会的时代话语之下产生的，它以不同于以往及世界上任何教育改造理论、实践而面世，在马克思主义中国化的历史演进中具有开创性贡献。它坚持将犯人是人作为改造犯人的中心，构建体系化、系统化、制度化的教育改造制度。在中国新民主主义革命中起到了团结社会力量、壮大

[①] 兰洁：《监狱法学》，北京：中国政法大学出版社，1996年，第171页。

斗争力量、获得人民群众支持的积极作用。究其制度本身可以探明，边区教育改造制度以直接教育改造制度为主、间接教育改造制度为辅，是相互配合、系统有机的制度体系。

第一，从边区高等法院监狱的狱政思想上，毛泽东多次论述犯人的改造问题，认为犯人是可以改造的，从而指引边区监狱坚持教育改造的狱政方针，以人的发展和革新为监狱一切活动的中心，从关心犯人的内心状况、了解犯人家庭情况等角度出发，改变传统社会对犯人的惩罚和歧视，第一次将犯人作为人的属性看待，体现了深厚的人文关怀和党领导下的政权的人民性。边区监狱在实践中注重说服教育，在边区的特殊环境下就是以开展识字教育、时政教育使犯人从思想觉悟上提升，增强犯人对社会发展趋势的认识；加强劳动教育，通过劳动教育纠正犯人好逸恶劳的恶习，使犯人养成遵守秩序的行为模式和习惯。这些措施的核心追求就是要重新锻造符合人民期望、满足人们需要、促进犯人能力发展、服务抗战的建设方向，并将这一思想体现在陕甘宁边区的政策文件中，作为指导边区监狱的基本原则。《陕甘宁边区施政纲领》《陕甘宁边区保障人权财权条例》等法律规范也规定了在逮捕、羁押犯人时的种种权限，使边区监狱的教育改造思想得以内蕴于制度之中。

第二，从边区高等法院监狱的教育内容上来说，边区监狱的教育可以分为三大板块。其一是政治教育，边区监狱以集体上课、上台演讲、单独谈话的方式开展思想教育，对犯人进行时事政治的学习，培育犯人马克思主义理论知识，使犯人明辨在新民主主义革命时局下的是非善恶；其二，文化教育，文化教育是边区改造社会、改造人的重要措施。文化作为提升认识、学习知识的途径，能够使边区人民理解人民政权属性和掌握理论知识，激发人民对边区的拥护热情。边区监狱开展文化教育同样立足于使犯人掌握革命理论与政策，更好地帮助犯人思想转变。边区监狱将不同学历的犯人进行分组，依据不同的文化程度实行不同的教育内容，锻炼犯人的文字表达能力和基本运算能力，开辟板报空间，设立图书馆，为犯人打通不断求得知识上进步的大门；其三，劳动教育，劳动教育是边区监狱新的创造，它不同于传统社会的劳动刑罚，亦与清末民国时期的学艺所相区别。边区监狱的劳动教育不在于惩罚，而在于帮助。劳动教育通过对犯人劳动任务、劳动技能、劳动竞赛的组织和教学活动能够激发犯人的劳动热情，端正对劳动的认识，在劳动中养成自力更生的习惯与能力，最终促使犯人思想转变。三种教育形式都以制度形式加以规范，相互配合，形成了教育改造的主体部分。依据教育改造制度的学理分析，可以得出这一制度内容是边区监狱直接教育改造制度的结论。

第三，边区监狱在对犯人进行三大教育之外，为了化解犯人的对抗情绪，十分注重从情感上争取犯人、感化犯人。自由是犯人的最大需要，边区监狱从人道主义出发创造性地建立了犯人自治制度。犯人自治是在一定范围内给予犯人在监狱内的自我组织、自我管理、自我教育的制度规范，通过犯人自治缓解了犯人内心的压抑，消除了思想包袱，缓和了犯人与犯人、犯人与监狱的紧张氛围。边区监狱创造性地发展了分红制度，该制度鼓励犯人积极参加劳动改造，使犯人在劳动中积蓄了劳动报酬，为犯人出狱后的生产生活积累一定的物质基础。监外执行、假释制度是对于表现良好犯人的鼓励措施，目的是为犯人提供尽快回归社会的希望，为在黑暗中彷徨的他们点亮一盏指路明灯，激发犯人燃起积极改造的决心。此外，边区监狱还充分保障犯人休息时间、实行严格的作息制度，提升监狱环境卫生、提高监狱医疗条件等等，在潜移默化中使犯人感受到监狱对自己的关怀，引起自觉的认罪悔罪意识。在犯人锒铛入狱后内心大多十分脆弱，恐惧感、羞耻感与外界歧视让他们自感将会受到万般折磨，而边区监狱的关心关怀让他们意外之余深受感动。随着羞耻感加深与对边区监狱的感恩自然会生发遵从监狱规则的心理，引起犯人的自觉改造。

这些制度虽然从学理上看属于监狱管理制度，但是从引起犯人内心感动和积极改造的功能上看，它与直接教育改造制度不同，它不直接对犯人实行说理教育，不以强制式的方法向犯人灌输新民主主义革命思想，不直接地改变犯人的内心认识和看法，而是注重通过一系列规则关心关怀犯人身心，使犯人在感动之余化解内心的抵触情绪，给犯人重新融入社会的希望，激发犯人通过遵守监狱规则实现自由的追求，调动了犯人改造的积极性。因此，与直接教育改造制度相比，它的作用和功能发挥是间接的，应属于间接的教育改造制度。

边区监狱创造性的发展改造理念，严格落实教育改造政策，系统构建教育改造制度，有效促进了犯人改过自新，为新民主主义革命政权培养了有用人才，书写了教育改造制度的辉煌一页。

第四章

教育改造制度的指导思想

共和国监狱制度的雏形：
陕甘宁边区高等法院监狱教育改造制度研究

自古以来中国狱政都把惩罚作为犯人应有的后果，通过残酷的肉刑以平息被侵犯的法益，并达到威慑效果，实现社会治乱。随着近代以来法治理念的革新，感化教育成了世界各国纷纷效仿的狱政理念，我国自清末就开始了对感化刑的理论探讨和实践，民国时期这种革新得到进一步发展。边区作为延安时期新民主主义革命的指挥中心，受马克思主义影响的中国共产党始终坚持人民至上的价值理念，对犯人同样不例外地认为是可以改造的，且改造后的犯人能够成为建设新社会的积极力量。同时，受苏联、苏区和清末以来监狱理念的影响，边区监狱形成了犯人不是凶神恶煞，仅仅是犯了错的人这一基本看法，决定了边区监狱对犯人的教育改造措施一切都是围绕这一基本立场展开。为了锻造犯人思想行为、使犯人能够重新融入社会，边区监狱将教育和劳动作为教育改造犯人的两个抓手，在劳动中教育、在管理中感化犯人，形成了指导边区监狱教育改造的基本思想。这一思想是对马克思主义科学理论的实践，是对传统腐朽狱政思想推陈出新的改造，是中国共产党根植中国革命实际的积极创造。

第一节 犯人也是人

"犯人也是人"就是把犯人当人看，在对犯人进行管教过程之中，以人的标准为基本考量和出发点。"犯人也是人"是边区对犯人的主要思想，也是边

• 第四章　教育改造制度的指导思想

区监狱教育改造制度的核心思想，正是在"犯人也是人"这一核心思想的指导下，才催生了边区监狱教育改造制度的辉煌。"犯人也是人"在今天看来是何其朴素的一句话，但是新民主主义革命背景之下却如同划破长空的闪电，带给乌黑的暗夜些许的光明。"犯人也是人"有着深厚的理论积淀和逻辑基础，它是由无产阶级改造主客观世界的世界观所决定，无产阶级就是要"冲决网罗"，推翻一切腐朽的制度与社会观念，以新的生产方式和政权组织形式重构社会秩序。无产阶级的阶级属性决定了，新秩序的重塑必须依靠人民民主专政，也必将是人民民主专政。那么，它内蕴的最深层次问题即：人民。在无产阶级革命过程中，既依靠人民又一切为人民服务，犯人也是人，便是无产阶级的人民性在犯人身上的生动体现。边区监狱把犯人当人看待，尊重犯人人格，在保护犯人的法律地位、促进犯人改过自新方面，取得了巨大的成绩，得到了国内广大群众的拥护和支持，得到了国内外关注中国新民主主义革命者的赞誉。

一、犯人也是人改造思想的由来

1937年毛泽东说："所谓被改造的客观世界，其中包括了一切反对改造的人们，他们的被改造，须要通过强迫的阶段，然后才能进入自觉的阶段。"① 毛泽东认为：无产阶级的历史任务就是要改造主客观世界，而改造世界最为主要的前提就是人的改造，马克思主义世界观是革命性的，是中国革命的指导思想，要想推进革命就不得不培育革命的人群，不得不让人民群众从思想上认同马克思主义，掌握马克思主义基本原理是推进革命的第一要务。但是，思想作为一个人的灵魂，最为机敏也最为顽固，思想一旦形成便具有稳固性，难以被轻易改变。中国共产党所领导的革命是一种全新的革命，但由于人的认识局限等主客观因素的限制，导致社会人群认识不尽相同，甚至走到了阻碍革命的一方，这就要求对人的思想加以改造，对于反改造的人群就要强制改造。大多犯人所具有的反社会性也促使他们成为反改造的人群，对犯人的

---

① 毛泽东：《毛泽东选集》（第一卷），北京：人民出版社，1991年，第296页。

共和国监狱制度的雏形：
陕甘宁边区高等法院监狱教育改造制度研究

改造自然成为党改造人的工作的一部分。

1937年全面抗战爆发后，革命形势发生了重大变化，日军一方面调动大量军队直接进攻边区，一方面引诱国人为其侵略活动服务。在紧迫的抗战环境中，出现了大量汉奸、土匪等破坏军队、破坏边区政权的行为，这些行为构成了边区在抗战时期的主要犯罪表现。与之相反的是由于人民群众分得了土地，劳动热情高涨，再加之边区实行新的婚姻制度，倡导婚姻自由主义，在人民生产生活方面的矛盾纠纷已经不多。如谢觉哉在1937年就曾指出："田土、婚姻、钱债、斗殴等诉讼，边区已不大有，因为这些诉讼的社会基础，发生了基础变化，反革命案及被反革命利用的土匪案，将占司法上的重要地位。"① 据统计，在1937年8月—1941年间，边区共发生各类刑事案件6759件，而汉奸、土匪等破坏军队、破坏边区政权性质的案件达1453件之多，可以说这一数量在主要以地权、婚姻、邻里矛盾为主要内容的中国传统乡土社会占比很大。在1938年—1943年间，边区全部审判机关（包括各县）审判的案件共有10112件，汉奸、土匪等破坏军队、破坏边区政权性质案件占到全部案件数的26%。抗日战争胜利、解放战争开始后，这一情况也并未发生根本改变，而且在1945年8月—1948年的3年中，出现了大量破坏边区稳定、危害边区政权的极端分子，包括汉奸、敌特等配合国民党进攻等案件。据统计，1949年7月，边区监所共有在押犯804名。1948年边区高等法院监狱犯人共有216人②，其中被判处投敌罪的就有19人，被判处破坏边区罪的犯人有12人，被判处反革命的犯人为36人，以上与反革命罪有关的几类犯人总计为67人，在边区高等法院监狱犯人总数中占比高达33.3%。这一数据反映出随着边区的成立，就始终面临着十分重大的政治斗争，大量为破坏边区的敌人肆意活动，对边区安全稳定构成了严重威胁。

"严厉地镇压汉奸。这个问题现在已到了极严重的程度。汉奸们横行无忌：在战区则援助敌人，在后方则肆行捣乱，并有装出抗日面貌反称爱国人

---

① 谢觉哉：《谢觉哉文集》，北京：人民出版社，1989年，第246页。
② 陕西省监狱管理局：《陕西省监狱志》，西安：陕西省监狱管理局，1998年，第58页。

第四章 教育改造制度的指导思想

民为汉奸而加以逮捕者。"① 汉奸的猖獗对新民主主义革命政权带来了很大威胁，有必要对他们进行逮捕。但是，党的人民性要求对待群众要"惩前毖后、治病救人"，对于犯了罪的人同样具有惩戒与宽大的一面。毛泽东强调：对于除奸政策要以坚决的手段对反动分子进行坚决打击，只有如此才能保卫来之不易的革命成果，但是多杀人则有害于革命的进行。另外，从民族抗战大局出发，为了团结有生力量、改造能够改造的反动力量成为形势所需。毛泽东指出，"但是我们的民族统一战线中已经存在着起破坏作用的奸细分子，这就是那些汉奸、托派、亲日派分子"，"共产党员必须明白，揭发和清除奸细，是和扩大和巩固民族统一战线不能分离的。只顾一方面，忘记另一方面，是完全错误的"②。《陕甘宁边区施政纲领》作为陕甘宁边区的宪法性纲领，明确："对于汉奸分子，除绝对坚决不愿悔改者，不问其过去行为如何，一律实行宽大政策，争取感化转变"③，体现了边区对人民甚至是敌人的宽大理念。1942年中共中央在解释何为宽大政策，如何运用宽大政策时说："只有那些真正表示悔改者，才应采取宽大政策，而对于一切曾有破坏行为，但是真正表示改悔确有证据者，我们则必须采取宽大政策。"④ 犯了罪的人自然在宽大与教育改造之列，对于反革命和破坏边区的犯罪者实行宽大政策，是边区对于民主、人权保障的践行，是犯人也是人思想在政策上的重要体现。

改造并不意味着压迫、奴役，虽然边区监狱对犯人也通过限制自由的办法，强制犯人接受改造，但是这种强制背后是通过思想引领促使犯人的自觉改造，这是中国共产党与以往政权的最大区别。反革命类的犯罪分子与无产阶级革命思想相去甚远，要彻底解决土匪汉奸并在此基础上再进一步使他们转化为革命力量，首要的就是解决他们的思想问题。"改造"与"反改造"

---

① 毛泽东：《毛泽东选集》（第二卷），北京：人民出版社，1991年，第376页。
② 毛泽东：《毛泽东选集》（第二卷），北京：人民出版社，1991年，第523页。
③ 吴永：《延安时期党的社会建设文献与研究·文献卷》（上），西安：陕西旅游出版社，2018年，279页。
④ 中央档案馆：《中共中央文件选集（1941—1942）》（第十三册），北京：中共中央党校出版社，1991年，第455—456页。

往往是相伴而生的，剔除思想的毒瘤并不容易，这就要对他们采取强制性的手段，而边区的强制性手段并不是回到以往社会的报复与惩罚的刑罚目的，而是通过思想教育，以教育措施唤醒犯人的内在良知，所谓：人性之善也，犹水之就下也。人无有不善，水无有不下，从而使犯人自觉进行改造，形成思想行动的自觉。

之所以强调思想引领，而非一味地强制训诫，正是在于犯人是人这一认识。"不准虐待犯人，犯人是人，不管他犯了弥天大罪，他总是个人，应该以人相待，只有把犯人当作人，犯人才会自视也是个人，可以接受对他裁判的教育。"① 犯人是人，无论犯人是犯了这样或那样的罪，但总归犯罪者是人，犯罪者和人不是对立的而是一体的，犯人经过思想教育和行为训练是能够成为普通的人，甚至能够成为无产阶级的一部分，成为革命的力量，这就需要法律将看待犯人的视角从惩罚、报复犯罪为主，转向犯罪者是能够去恶扬善的人，法律不在于惩罚而在于对人性的塑造，将人的行为纳入法制轨道之上。因此，对于犯人首先应看到是人的可变属性而不是对罪的惩罚属性。正如《陕甘宁边区施政纲领》明确规定的那样："……争取感化转变，给予政治上与生活上的出路"，争取感化是化朽为奇的重要路径，而具体方法就是在政治上给予活路，不是将犯人打倒而是给他们转变的机会，使他们在新民主主义革命理论的学习中，认清是非、拥护边区，进而投身革命，成为革命中的一员。

毛泽东同志认为：对于汉奸、敌人俘虏等反动分子要注重感化教育，使其成为革命力量，避免片面和扩大，即"……使之回心向善"。倘若实现犯人回心向善的方法仅仅是镇压，那么得到的必然是南辕北辙的结果，唯有从犯人思想上出发，给犯人思想上的引导，让他们理解革命真理，并注重感化犯人，才能使他们心生暖流，增强对革命政权的认同感和归属感。《陕甘宁边区宪法原则》中即有对犯人"采用感化主义"的规定：刑罚的目的并非专任于威吓、报复，更重要的目的所在是感化和教育，是使反动分子得到思想上的

---

① 艾绍润、高海深：《陕甘宁边区法律法规汇编》，西安：陕西人民出版社，2007年，第380页。

解放，回到为人民服务的正确道路上来。《陕甘宁边区宪法原则》作为解放战争时期陕甘宁边区的宪法文件，以宪法的形式要求对犯人采用感化教育，体现的是对犯人的思想确认。陕甘宁边区的这些思想、政策、文件是陕甘宁边区把犯人当人看的思想基础，深深浸润于陕甘宁边区高等法院教育改造的实践之中。

二、犯人是人的发展过程

由于传统社会不把犯人当人看的思想根深蒂固，这种传统糟粕也或多或少地影响着陕甘宁边区的监狱实践。在中国共产党教育改造思想确立的过程中，把犯人当人看是一种全新的思维方式，因此，对犯人是人思想的践行是不断发展、不断巩固的过程。这种发展过程非但不是边区监狱教育改造制度的失误，还恰恰说明了在对犯人教育改造过程中，改变思想的不仅仅是犯人也包括监狱工作者；恰恰说明党不仅有带领人民革命的气魄，更有刀刃向内开展自我革命的勇气和担当。就边区监狱犯人是人的教育改造思想，可以分为递进的三个阶段，即初步形成阶段（1937—1938）、快速发展阶段（1939—1942）和发展成熟阶段（1943—1950），总的来说这一历程是不断斗争不断巩固的，没有终点地一往无前。

1. 初步形成阶段（1937—1938）。毛泽东曾说：政策和策略是党的生命。在陕甘宁边区这一特殊的战争时期，由于体系化的制度规范建设不易，以及革命形势的不断变化，使政策成为指导边区革命的重要遵循，一切行动和建设都离不开政策的指导作用。在陕甘宁边区成立伊始，边区监狱工作者就开始了对边区司法建设的探索，在对人进行改造的过程中，法律政策同样为边区监狱的行动指南。1937年谢觉哉指出："今后边区教育是扩大这种精神：一，一切教育的中心是抗敌救亡，即国难教育。二，教育与生活合一。三，依靠大众在生活过程上对教育的热忱，教育方式不限于学校。"[①] 反映了边区在建立之初就确定了重视教育、普及教育的文化建设方针，依靠教育活动增强边区人民服务抗战的精神力量。随后，谢觉哉进一步指出：边区对犯人

[①] 谢觉哉：《谢觉哉文集》，北京：人民出版社，1989年，第244页。

共和国监狱制度的雏形：
陕甘宁边区高等法院监狱教育改造制度研究

"充分采取感化主义，不采取报复主义，但为着保护革命利益，对顽强的反革命分子，仍允许采用严厉办法。"① 边区扩大这种精神的核心旨归在于抗敌救亡，即国难教育。在抗战时期，甚至是在1947年之前共产党与占统治地位的国民党相比还处于弱小地位，金冲及提出："而1947年在这个历史进程中有它特殊的地位。正是在这一年，中国大地上发生了一个历史性的转折：20年来在中国占统治地位的国民党从优势转变为劣势，在内战战场上从进攻转变为被动挨打，由强者变成弱者；反过来，中国共产党却从劣势转变为优势，在战场上从防御转变为进攻，由弱者变成强者。双方力量对比在一年内发生的这种巨大变化直接影响并支配着此后中国的走向。"② 为此，要想壮大抗战力量就需要汇集一切抗战的积极因素，教育边区民众、团结边区民众自然成了共产党的重要选择。犯人是人，同样能够成为积极的抗战力量，但是在这一时期边区监狱对犯人的改造思想还处于相对起步的阶段，强调对犯人的感化教育，同时又强调对顽固分子的严厉打击，这充分说明此时的教育改造制度主要诉诸感化，对犯人的严厉打击虽然与宽大与镇压相结合的刑事政策相一致，然而是在宽大与镇压的政策之中。毛泽东还强调给犯人在政治上以出路，区分首从和对首要的镇压。因此，此时教育改造还未上升为以三大教育为基础，以感化教育为辅助的系统性的教育改造制度。

此外，谢觉哉在表述上使用的是"感化"一词；1938年，担任陕甘宁边区高等法院代院长的雷经天指出：边区对于犯人，完全采取感化教育的方法，争取犯人回转到我们的方面来。雷经天依然使用的是"感化"这一传统词，他的这段论述同样说明了此时的教育改造思想更多的是以感化为主，"改善感化院的设备，从生活上教育上给罪犯身心上以根本的改造"。③ 也就是从犯人生活待遇上关心和关怀，实现感化教育。如果稍加留意就会发现随着边区教育改造实践的进一步发展，措辞上逐渐由"教育感化"向"教育改造"转变，通过这一转变能够从侧面说明陕甘宁边区的教育改造思想，是在基本延续苏维埃及其他时期教育感化思想的基础上不断发展的，这一时期也成了边

---

① 谢觉哉：《谢觉哉文集》，北京：人民出版社，1989年，第246—247页。
② 金冲及：《转折年代：中国·1947》，北京：三联书店，2017年，第1页。
③ 谢觉哉：《谢觉哉文集》，北京：人民出版社，1989年，第247页。

·第四章 教育改造制度的指导思想

区教育改造制度由延续向创新发展的奠基。

事实上，由于在这一阶段教育改造思想未能走向成熟，且大多数司法工作者并未具备系统的法学训练，即便是作为边区高等法院院长的雷经天，法学素养也都十分薄弱。林伯渠曾在司法工作检讨会议上说："在法律观点上，雷经天同志闹革命久些，他不懂得这些东西，没有法律观点……"，雷经天过于强调法律的政治属性，缺乏法律专业知识，更勿论其他一般司法工作人员。闹革命的思维阻碍着教育改造制度的深入发展，大多数普通司法工作人员都认为对于破坏革命的顽固分子就应该使用严厉的办法予以惩戒，而不是施行柔性的感化教育，甚至在边区监狱建立以后，还出现了监狱看管人员说：没有惩罚就没法对犯人进行管教。因此，这一时期的教育改造不仅仅是对犯人进行的教育措施，也是司法工作人员的不断自我革命。在实践中，边区高等法院看守所也确实出现了工作上的严重偏差，为了防止犯人逃跑和逃跑后便于抓捕，看守所命令犯人穿半蓝半红的两色裤，将犯人头发剪去头顶部分，仅剩两边的阴阳头等歧视犯人的制度，这显示了司法工作人员旧思想观念严重。1948年高等法院在对监狱近年来的做法进行总结时说，虽然该做法易于防控犯人逃跑和易于抓捕，但对犯人是不够尊重的，1939年便得到了改正。随着边区监狱建设的进一步深入，掀开了制度化发展教育改造的新局面，

2. 快速发展阶段（1939—1942）。正是由于第一阶段对犯人不尊重的状况较为严重，从而与边区革命政策发生了抵触，也为新的教育改造制度建设提出了迫切任务。在边区政府、法院和监狱的努力下教育改造思想逐渐得到普遍认可和遵循。由于边区专门的司法人员奇缺，教育改造思想未能在监狱工作人员的思想深处扎根，因此难以满足教育改造犯人的实践需要。"对于知识分子的干部，我们也极为注意，这些知识分子在边区做司法工作的以前固然很少，就是现在也没有几个，但我们曾经很努力的在抗大、陕公及其他方面吸收一些知识分子来担负工作，他们也能够给边区的司法工作以相当的帮助。"① 为此，加紧对司法工作者进行培育就成了当务之急。

---

① 《高等法院：两年半来陕甘宁边区司法工作》（1940年2月），陕西省档案馆，全宗号15，分卷号156。

共和国监狱制度的雏形：
陕甘宁边区高等法院监狱教育改造制度研究

1939年边区高等法院对司法工作人员展开了培训工作，重点培训对象是基层司法工作人员，包括裁判员、书记员、检察员、看守员，此种培训是一种短期式的训练，每次培训三个月，以求快速实现司法工作能力的提升。主要培训内容包括三个部分：首先，是有关法律概论、民法、刑法、审判、检察等实体法、诉讼法的科目。其次，是有关边区司法政策、法令等原则性和政治性的内容。再次，是有关以公文、统计法、法医学等为主要内容的辅助性法律的科目，其中看守规范就包括其中。边区高等法院监狱的工作人员，以在职学习为主，每天集体学习两小时。边区的司法训练班从1939年7月开始，到1942年之后随着边区高等院校的建设，高层次法律人才教育也得到发展，如陕北公学等学校就是以法律为主要建设学科，边区对司法工作人员的培训也逐渐由学校进行司法人才的专门教育。其间，司法培训班开展的3期培训中，共培训学员63人，虽然这些学员文化水平有限，但学习非常用功，在毕业检测中大都取得了优异成绩，部分学员毕业后被留在高等法院任职。高等法院通过短期培训班，尤其是将边区政策法令与看守所看守规范纳入培训课程，为监狱的教育改造工作储备了人才，转变了监狱工作人员对待犯人思想，推动了犯人是人思想的深度发展。

此外，1939年林伯渠在总结政府工作时指出："对一般犯人更多注意政治教育和感化，使他们改邪归正，禁止对犯人施行虐待手段或虐待犯人。""改善了犯人的生活待遇，犯人的饮食、卫生各方面，也都和一般的工作人员一样，而且可以自己阅读书报，学习写作，举行各种问题的自由讨论，出版书报。"① 林伯渠在政府工作报告中反映了在1939年之前，边区监狱已经十分注重对犯人进行教育感化，但正如上文所说，这一时期仍然以教育感化为主要抓手，而在犯人改造过程中出现了诸多事与愿违的情况。

此时，边区对犯人的认识与第一阶段的对比中已经发生了一些变化，边区监狱明确反对惩办和报复，确实难以教育改造的不可救药者，才会施加惩

---

① 陕西省档案馆、陕西省社会科学院：《陕甘宁边区政府文件选编》（第一辑），西安：陕西人民教育出版社，2013年，第94页。

戒。1941年5月1日，林伯渠再一次谈到监所管理工作的经验时指出："犯人之所以甘为犯人，主要由于社会不把他当人，要恢复他的人格，必自尊重他是一个'人'始。"①这说明陕甘宁边区在教育改造犯人时已经取得了一定成果，即"犯人之所以甘为犯人"是在于"尊重他是一个人'始'"，从思想上将犯人当成人来看待，反对不把犯人当人看的思想认识，并且探索出了将犯人当人看的实现方法，那便是主动尊重犯人人格，并将这种义务上升为社会责任。

犯人是人的教育改造思想作为边区监狱对待犯人的指导思想，被真正应用于司法实践，使犯人得到心理慰藉，使犯人是人的这一思想有了诉诸方向。1941年10月，雷经天在司法工作报告中提出："犯人虽然犯了错误，既不是死刑，我们则希望他们好好转变错误，将来成为一个完善的公民，因此，就要尊重他们的人格。"②，以尊重犯人人格为主攻方向的狱政思想得到进一步重视。1941年11月，这一思想得到了更高权威的确认，《陕甘宁边区施政纲领》在边区第二届参议会得到通过，其中第七条明确规定：对于犯罪分子"争取感化转变，给以政治上与生活上之出路，不得加以杀害、侮辱、强迫自首或强迫其写悔过书。对于一切阴谋破坏边区分子，例如叛徒分子反共分子等，其处置办法仿此"。这一思想是对前期教育感化思想的进一步完善，其突出特点在于对叛徒分子反共分子等也不再将惩罚镇压作为他们的唯一归宿，而是将具有严重犯罪性质的汉奸、叛徒纳入教育改造的范畴之中，仿照一般犯罪分子的处理办法给予教育改造。这就说明，犯人是人的思想不再局限于对一般犯罪分子，汉奸、叛徒一样是人，一样是可以教育改造的对象。

《陕甘宁边区保障人权财权条例》是一部充分体现犯人是人思想的法律规范，该条例对公权力进行了约束，要求对待犯人要讲证据、重程序，而不得随意对犯人进行逮捕和惩罚。经过四年的工作实践，进一步丰富和发展了这一指导思想。这一时期陆续制订了《陕甘宁边区高等法院监狱管理规则》《陕

---

① 中华人民共和国司法部编：《中国监狱史料汇编》（下册），北京：群众出版社，1988年，第377页。
② 艾绍润：《陕甘宁边区审判史》，西安：陕西人民出版社，2007年，第162页。

甘宁边区高等法院在押人犯服役奖惩办法》《高等法院监狱人犯保外服役暂行办法》《陕甘宁边区高等法院组织条例》《陕甘宁边区高等法院对各县司法工作的指示》。

3. 发展成熟阶段（1943—1950）。随着陕甘宁边区高等法院建立而确立的犯人是人的教育改造思想得到不断深化和贯彻，这一思想也为以后边区教育改造制度奠定了思想基础，使一切监狱管理都围绕这一思想而展开。1942年监狱正式成立，党鸿魁、赵生英先后担任典狱长，严格地把犯人当人看，特别是党鸿魁对待犯人以朋友和邻居看待，经常性地帮助犯人解决生活及家属的生产生活等问题。党鸿魁把边区在劳动中施行的奖励制度创造性地发展为分红制度，进一步为犯人储备了出狱后生产生活的资金基础，得到犯人的热情拥护，在此背景下犯人逃跑不再是一个问题，很多犯人都表示要安心改造，从而在1943年创造了粮食生产增加512石的佳绩。1949年，马锡五在对赵生英的工作报告批示中提道："把犯人看成人，是一件很重要的思想问题。"进一步揭示了边区对犯人的尊重，把犯人当人看不是摆花瓶，而是一项关系着边区法制建设成败的重要问题，反映着边区法制建设的文明程度，同时也是边区实行教育感化的思想基础，没有把犯人当人看的思想前提，教育改造犯人则无从谈起，没有教育改造犯人边区革命将面临着社会稳定的极大压力，和物质极度贫乏的被动局面，最终不利于边区政权的稳固和革命的胜利。在尊重犯人是人的思想指导下，边区的监狱不再像是个监狱而像劳动公社，监狱的犯人不再被认为是耻辱的人，而是正常人。有的犯人甚至说："边区的监狱是个学校，犯罪的人受到法律保护，而国民党的监狱和我们的监狱比较起来，真是差到天上了，在法律上犯罪的人哪有法律保护呢？"[1] 1945年10月，在边区第二届司法会议上，王子宜基于前期的教育改造实践指出："要解决对犯人的观点。什么叫犯人？就是普通的人犯了法。但'犯'字下面还是个'人'字，因此说，犯人也是人，我们司法工作者，不能把犯人不当人看待。假如不当人看待，这个观点就是错误的。……因之，我们司法工作者，是要

---

[1]《陕甘宁边区监狱工作报告》（1940年1月）。

以治病救人的态度,把人家头上戴的那个'犯'字帽子脱掉,经过教育改造以后,能继续在社会上做一个有用的人,我们的责任就算尽到了。"

如前文所述,犯人是人的教育改造思想由发生到发展并非是线性的延续,而是在不断斗争基础上的深化,这一时期在原确立的犯人是人思想情况下,得到继续贯彻,犯人在本质上并非独立的个体而是社会群体的一员,唯一特殊之处就在于与社会需求的背离,这就要加以教育,从思想上扭转认识误区和行为动向。1949年马锡五在对下属法院的批答中提出:"把犯人看成人,是一件很重要的思想问题"①,在这一阶段陕甘宁边区制定了《陕甘宁边区监狱守法规则》(1945年),该规则主要以监狱的管理制度为主要内容,其中蕴含着尊重犯人人格尊严,加紧思想改造的制度规范,是犯人是人的教育改造思想的发展延续。

陕甘宁边区自看守所成立之后就出现了犯人是人的思想,但是在监狱未成立之前这一思想还处于萌芽阶段,特别是1939年以后,这一思想逐渐通过制度得以确认,是犯人是人思想被广泛认同的制度基础。将犯人看作是人这样做,使犯人重新做人的自尊心受到启发和保护,感到有出路、有奔头,增强了改恶从善的信心和勇气,为教育改造犯人奠定了坚实的基础。在犯人是人思想发展演变的过程中并非一帆风顺,而是在出现偏差情况下不断坚持斗争的结果,经历了从犯人是人思想理念的提出形成,到犯人是人的制度化发展等阶段。无论如何,犯人是人思想始终作为边区监狱教育改造工作的指导思想,推动边区监狱教育改造实践的不断发展完善,创造了属于边区监狱的辉煌。

三、 犯人是人的思想内容

《论语·为政》:"道之以德,齐之以礼,有耻且格。"中国自古以来就认为人有知耻之心,则能自我检点而归于正道,这就说明犯人是人的首要前提

---

① 杨永华、方克勤:《陕甘宁边区法制史稿·诉讼狱政篇》,北京:法律出版社,1987年,第250页。

共和国监狱制度的雏形：
陕甘宁边区高等法院监狱教育改造制度研究

是尊重犯人人格，使犯人在监狱改造过程中能够感受到自尊心，受到尊重。教育改造犯人以道德感化为要义，对犯人的观念与认识进行改造与重塑。"一切犯罪行为的产生，都是由支配他们的人生观、世界观、道德观所决定的，而人生观和世界观的转变是一个根本的转变，属于思想领域的问题，必须用思想教育去解决。"① 人格尊严是一个"人"所应受到社会或其他人最起码的尊重，是一个人所应有的最起码的社会地位。犯人因犯了社会秩序被剥夺了自由，但未丧失做人的资格；陕甘宁边区在法律政策上强调给犯人在政治上留出路，虽然受到刑罚处罚，但并非是把犯人单纯看作阶级敌人，而仍具有公民资格，是犯了罪的公民，是可以改造的人民。罪犯的人格尊严是罪犯作为独立的人和一个公民所应享有的最起码的社会地位，是受宪法和法律保护的基本权利。享有人格尊严是罪犯作为"人"最起码应该受到的对待，是罪犯的最基本人权，任何人不得侮辱和侵犯罪犯的人格尊严。

边区监所在狱政制度建设过程中，坚持教育改造的狱政思想，发扬党的优良作风，在教育中进行改造，在改造中接受教育，形成了具有中国特色的人民民主政权监所工作的优良传统，形成了党鸿奎教育改造经验。他在实践中真正做到尊重犯人，对犯人实行人道主义改造，因此受到陕甘宁边区政府表彰。党鸿奎同志于1943年开始担任边区监狱典狱长，在工作中他坚决反对惩罚虐待犯人，而是要"用尽所有的力量，改造犯人"，把"边区的监狱变成学校"②。从犯人是人的角度出发关心犯人的生活，全过程关怀犯人身心，既从思想上关心犯人又对犯人释放后及家属的生产生活进行帮助，是对犯人的"扶上马，送一程"，解决罪犯的后顾之忧，保障他们可以安心接受改造。许多被监管人员在获释时说："我再犯法，没脸见典狱长。"③

1. 坚持以说服教育方式改造犯人。保障犯人人格尊严是保障罪犯人权的

---

① 夏宗素：《犯罪矫正与康复》，北京：中国人民公安大学出版社，2005年，第121页。
② 西南政法学院函授部：《中国新民主主义革命时期法制建设资料选编》（第四册），西南政法学院函授部内部资料，1982年，第219页。
③ 张希坡、韩延龙：《中国革命法制史》，北京：中国社会科学出版社，2007年，第492页。

· 第四章 教育改造制度的指导思想

最低要求，这是对犯人社会属性的深刻把握，也正是从犯人是人的本质属性出发对犯人的人格审视。罪犯人权是罪犯作为"人"所享有或应享有的权利，是不能让予和被任意剥夺的，把犯人当作"人"来尊重，首先必须认识到罪犯作为人所具有的自然和社会两重属性。这决定了犯人作为社会的人，与普通的社会人在根本上并无两样，而唯一的区别在于犯人不同程度地违背了社会守则，表现出背离社会秩序的一面，但无论如何犯人在与社会的互动中，都是具有内在价值的独立体，都有人格尊严，都渴望在与他人交往中得到尊重，人格不受侮辱。况且"一箪食，一豆羹，得之则生，弗得则死。呼尔而与之，行道之人弗受；蹴尔而与之，乞人不屑也"。渴望被尊重的人性表明侮辱只会加重社会仇视，并不能带来教化服从。因此，人格尊严是罪犯是社会的人应享有的基本人权，尊重他人人格，维护人的尊严，是在任何时候、任何场合，对任何人都必须重视的问题，也是尊重和保障罪犯人权的最低要求。监狱对待罪犯应符合道德规范的要求，在道义上尊重和保护罪犯作为人应享有的各项基本人权。监狱在改造罪犯的过程中，保障罪犯人权，首先要做到的是对罪犯人格尊严的尊重，并将之贯穿于监狱所有工作中去。

边区监狱正是沿着这一思路践行了教育改造制度，创造性地形成了以说服教育为主的教育改造思想。由于边区监狱在设立之初，特别是1942年之前边区看守所时期在狱政建设上尚缺乏统一的思想认识，传统监狱的管理思想仍然根深蒂固，绝大多数监狱管理人员仅是凭借着抗日积极性对犯人进行管理。在边区监狱正式诞生后，在党的领导下和司法管理人员的不断努力下，形成了说服教育为主，坚持以理服人的思想原则。特别是在党鸿奎担任典狱长后，批评和改正了以惩罚和报复为中心的狱政思想，他认为：对犯人绝对不能打骂用刑，要从思想上教育他们。监狱管理者是对边区政府管理职权的具体行使，是代表政府对犯人进行管理的群体，在本质上监所人员与犯人是一样的，都是边区的组成部分，拥有平等的民主权利。因此决定了监狱管理工作者并没有权力惩罚报复被关押的罪犯。他在工作中坚决反对捆绑、体罚、戴手铐等方式管教犯人，粗暴的、旧式的改造方式不是新民主主义改造世界、改造犯人的道路，为人民谋幸福的党的宗旨使命要求边区必然要在尊重犯人基础上，对犯人进行思想引导、革命理论普及，理论普及在边区监狱往往是通过集体上课和个别谈话来实现，注重理论灌输和思想说服。特别是党鸿奎坚持从思想上给犯人做工作，以个别谈话、主旨宣讲、自由谈论等方式纠正犯人思想偏差，打通思想郁结，传导正确观念，以理服人，使犯人真正认识到自身的错误，转变犯罪思想，在不知不觉中培育犯人自我改造的自觉，最终成为新民主主义的革命新人。例如一张姓犯人，在劳动中弄坏了锄头，担心受到处罚，企图逃跑而被捆绑关押。党鸿奎不仅反对和制止了对该犯人的捆绑行为，并对该犯人进行思想工作，开导他积极守法，争取早日释放。以对犯人进行谈话的方式，开导犯人思想情绪，纠正认识误区，促使犯人积极改造也成为边区的一项重要的教育改造制度措施。

2. 以关心犯人生活为抓手，温暖犯人心灵，助推犯人改造。人道主义是在尊重人格的基础上，给予犯人一个正常人的待遇，尊重和培养他们的自尊心，养成良好的社会习性。陕甘宁边区历来重视对犯人的权利保障和人道主义帮助。长期以来，在监狱工作实践中，新民主主义革命原则贯穿了监狱教育改造实践的全过程，成为改造罪犯的基本遵循，并在改造罪犯过程中发挥了巨大作用，也正因如此才创造了边区监狱教育改造制度的独特性和优越性。边区地处纵横交错的黄土高原，土壤贫瘠、自然灾害频发，雨季洪水横流，导致每年受灾人数大量存在，据1940年数据显示，边区27个县当中11个县遭遇寒灾，人数占到三分之一；而17个县又遭遇洪水灾害。当年总受灾人数达603988人，死亡和失踪达21人。致使边区群众处在艰苦的生活环境之中，边区为了扩大劳动生产组织了一系列义务耕田对，帮助抗属和缺乏劳动力的人民进行耕种。帮扶危困方面以固临、神府为例：1938至1939年的两年间"固临代耕了三万九千九百六十三亩，神府代耕了一万零二十八亩。这种代耕工作究竟需要怎样大的人力呢？据安定南区部分乡的调查，在一千四百五十五响（一等于三亩）抗属土地，只有四百二十五个农民代耕。平均每个农民需要耕种三响半，而每响地须要九个人工和四个牛工才能耕好。这样看来，平均每个农民每年至少须有一个月的义务劳动去做优待工作，并且有的还要带耕牛及耕具，这不能不是边区人民一宗对抗战的巨大贡献，也是各级政府一项巨大的组织动员工作。"① 生活、医疗条件对于边区监狱而言同样无法保障,而且,这种帮助对因犯人犯了边区法律而被关押的家庭而言是可望不可及的,这样造成的问题在于犯人被看押于监狱,犯人家庭便失去一个劳力,犯人家庭生活更加陷入窘境。

党鸿奎从全过程教育改造的观念出发,在平时的工作中坚持对待犯人进行说服教育,由于监所人员拥挤,通风及卫生条件都有限,非常容易感染疫病,因此他经常教育犯人注意卫生,防止疫病,对于患病犯人及时进行治疗。消除犯人对监所工作人员的戒备心理和对抗情绪,真正做到关心犯人,尊重犯人。更为重要的是积极了解犯人家庭生活的具体情况,对面临困难的犯人,给予一定程度的帮助,以解燃眉之急,化解后顾之忧。对于犯人家属,他也热心关怀,犯人的子女教育方面给予很大帮助,为带入监狱的犯人子女解决读书问题,由边区法院承担读书费用,其中一位受到这种帮助的犯人郭某说:"一辈子也没想到,人犯了罪,孩子还能上学,天下只有共产党才能做得到呀!我再不好好务正生产,真该死!"②。从而为犯人树立了改造信心和服务社会的决心,增强了对党的认同感。党鸿奎还在教育改造过程中向犯人讲解边区法律政策和革命形势,提升犯人的政治觉悟;教育犯人学习识字、算术等实用的文化知识;教育犯人劳动技能,使犯人能够在出狱后自食其力;实行男女分管分押,尊重男女平等和女性犯人尊严;实行分红政策,对劳动犯人给予物质回馈。这些举措在思想上提高了犯人的认识和觉悟,在行动上提升了犯人的生存技能,在物质上为犯人储备了出狱后的生产资料,在心理上有力地感化了犯人,使犯人对党和政府、对边区和人民充满了感激和感情,犯人树立了积极改过罪行,回报党和政府关怀的决心。

3. 安置刑满释放人员,激励犯人改造。犯人虽然是由于违背社会秩序而被国家以强制手段改造其思想行为的一种否定评价,但对犯人进行教育改造

---

① 陕西省档案馆、陕西省社会科学院:《陕甘宁边区政府文件选编》(第一辑),西安:陕西人民教育出版社,2013年,第80页。
② 西南政法学院函授部:《中国新民主主义革命时期法制建设资料选编》(第四册),西南政法学院函授部内部资料,1982年,第337页。

共和国监狱制度的雏形:
陕甘宁边区高等法院监狱教育改造制度研究

的一个最终命题是使犯人在身心上去恶存善,养成具有良好的生活习惯,积极生活态度的社会新人,除去罪大恶极与社会所不容的犯人之外,绝大多数犯人的归宿仍然是社会。社会对强烈违背秩序的人进行改造,对经过良好改造、能够认罪悔过、遵守社会规则的犯人并不关闭大门,把犯人改造成为守法公民,成为对社会有益的人,并最终回归社会,重新融入生产生活关系也是社会对犯人的良好期待。这在于除罪大恶极且不愿悔过者为社会所不容之外,犯人并非是社会的麻烦制造者,改造成功的犯人有着良好的生活习惯和追求,完全可以成为一个对社会有用的人,能够推动社会的发展。

边区监狱的教育改造制度正是视罪犯为平等的人,认为罪犯是有价值、有希望、有作为的群体,犯人只要能够改邪归正与其他人没什么区别。边区监狱一个关键的认识就是边区从来没有将犯人当作是一个没希望的群体,而是对犯人的未来和出路抱有一般革命群众的期待,是将犯人当作社会特殊一隅内的一环,是剔除犯人身上病灶的医院,是增加物质财富、养成劳动习惯和纪律意识的工厂,是教育犯人如何融入社会的学校。王子宜十分形象地指出:犯人从监狱出来就"等于从学校内毕了业,受过了教育,不再有犯罪的行为,我们的目的就算达到了"[①]。1945年11月,王子宜在陕甘宁边区第二届司法工作会议上指出:"我们司法工作者,是要以治病救人的态度,把人家头上戴的那个'犯'字帽子脱掉,经过教育改造以后,能继续在社会上做一个有用的人。我们的责任就算尽到了。"[②] 因此,监狱对犯人进行专门治疗和教育就是暂时的。

犯人是有希望的群体,是能够为社会重新接受的群体,那么,在犯人出狱重新踏入社会后解决犯人生产生活问题,减少犯人融入的壁垒自然成为对犯人进行教育改造的重要内容和完整逻辑。边区监狱教育改造很大的目的就在于让犯人走出监狱,回归社会。为了这一目的就需要让犯人不能与社会脱

[①] 北大法律评论编委会:《北大法律评论》(第3卷·第2辑),北京:法律出版社,2001年,第51页。

[②] 王明迪、郭成伟:《中国狱政法律问题研究》,北京:中国政法大学出版社,1995年,第173页。

节，教育改造就需要与犯人出狱后的社会需要相适应，使犯人具有良好的思想认识、劳动习惯和物质财富。为了粉碎敌人对边区政权的封锁，解决粮食生产问题，边区掀起全民大生产运动，各机关、各单位、各团队都担负了生产任务，甚至毛泽东等中央领导成员都自己动手开荒种田，践行艰苦奋斗、自力更生的生产浪潮，在这一过程中边区监狱犯人并未被排除在生产之外，而是作为大生产主体的一环，同样开展了开荒种田运动，在劳动中注重思想教育和劳动纪律培育，不但为边区抗战增加了粮食，也为自己积累了物质财富，为犯人出狱后奠定了基础。"刑满出狱者要求留在狱中这个家"，对于那些不愿离开的获释人员，边区教育竭尽所能，设法提供帮助，组织他们参加生产，保障他们的基本生活；边区在教育改造实践中，广泛实行外役，由于遵守监狱规则被执行外役的犯人，据统计，1940 年高法看守所羁押犯人 201 人，外役者 79 人；1948 年下半年，监狱羁押犯人 216 名，外役者 71 人。对于在所役地生产积极、表现良好的犯人，在犯人刑满到期后经当地村组织申请，允许犯人落户该村生产生活，在边区监狱教育改造实践中不乏这种案例；对于无家可归的犯人边区监狱还创造性地建立了由犯人组合而成的新村，由犯人组合新的集体，独立开荒辟地，发展生产。许多犯人在刑满释放后能够通过多种途径重新投入社会生活，积极地投身边区经济建设，用实际行动洗刷自己的罪行。

第二节　在生产、生活中注重教育改造犯人

一、寓教于生产

　　寓教于生产是边区进行教育改造犯人的重要教育内容，开创了我国劳动改造人犯的先河。虽以劳动作为对犯罪之人的一种惩罚古之有之，清末之后得到了更大的发展，但从本质上而言有着极大的不同。边区监狱的寓教于生产目的是为改造犯人恶习，生产是转变人心的一种手段，是获取生产发展的一种方式，是支援边区抗战获得革命胜利的奋斗。1939 年 1 月初，毛泽东于边区第一届参议会上讲话时强调边区军民应该"发展生产，自力更生"，掀起

共和国监狱制度的雏形：
陕甘宁边区高等法院监狱教育改造制度研究

了边区军民进行轰轰烈烈的大生产运动。林伯渠指出当前的任务是："扩大生产运动，成为目前重要战斗任务之一。"边区大生产运动虽然是在国民党政权加大对边区封锁力度，导致边区出现严重物质短缺的背景下进行的，但边区监狱却结合物资短缺和战争环境，创造性地发展出寓教于生产的劳动改造制度，顺应了边区发展现状。1939年2月，边区高等法院为响应中央号召，发布通令：要求监狱"利用已判决人犯的劳动力，另一方面给犯人表现转变的机会，因此，使全边区各县已判决人犯，均一致参加生产工作，凡已判决的人犯，应在严密看管之下，使其参加生产，并随时注意加紧教育"。从通令来看参加生产的劳动力主要对已判决犯人，这样生产劳动既可以作为对侵犯法益人的约束，又保障了未决犯人的人身权利，同时保障了司法秩序。在边区抗战时期是全民皆兵的时期，全体民众都有拥护边区政权的责任，因此犯人作为犯罪的人，进行劳动生产同样是在支援抗战，同样是立功表现的机会。随时加紧教育是边区寓教于生产的核心，在生产中进行思想觉悟斗争，开展懒散恶习斗争，"无恒产者无恒心。苟无恒心，放僻邪侈，无不为己"①。

边区监狱寓教于生产原则具体包含三个方面。第一，反对方面的经济目的。边区实行教育和劳动生产实践中逐渐认识到，只有合理分配教育、劳动时间，划分教育、劳动主次才能真正体现生产劳动不是惩罚，而是教育。在教育和生产环节上，以教育为主，将追求经济利益放在次要位置。1941年，边区政府秘书处指出："对于犯人，应是教育，是争取。"1945年，王子宜同样强调："对犯人的教育，是监所工作的中心，而教育是以实际改造其思想为主。"② 也就是说："生产是为了教育，管理也是为了教育，进行思想的感化教育，是监狱看守所工作的中心一环。"③ 并明确规定生产和教育的时间分配：既二流子犯人，思想教育改造应该占到有效时间的25%，其他犯罪类型的犯人教育改造时间应该占据有效时间的40%。第二，将生产与教育、生产与守法相结合。边区监狱犯人多数来自普通工农群众，教育程度普遍较低，

---

① 《孟子·滕文公上》，西安：三秦出版社，2008年，第62页。
② 《在边区第二届司法会议上的报告》（1945年12月29日），转引自张晋藩：《中国法律史》，北京：法律出版社，1995年，第641页。
③ 王志亮：《中国监狱史》，北京：中国政法大学出版社，2017年，第320页。

对马克思阶级理论了解不足,大部分人尚未对人民主权和国民党政权的区别具有明晰的认识。监狱将生产与教育相结合,在生产劳动中随时对犯人进行政治教育,传播马克思主义理论和当前中国形势,即人民群众投身新民主主义革命才能获得自身解放的现实,从而使犯人认清了革命方向,激发了犯人的革命精神。由于犯人精神上获得了洗涤,劳动热情高涨。另外,在向犯人传播革命火种的同时注重对犯罪理论的宣传,使犯人对遵守监狱规则和劳动有了正确认识,促使犯人改变以往不劳而获、游手好闲的传统生活习性,树立劳动光荣观念,在劳动中生产,在劳动中改造,在劳动中支援人民主权。第三,坚持对犯人进行艰苦奋斗,自力更生教育。自力更生是边区的优良传统,监狱作为社会组成的一份子,监狱的建设贯穿了这一原则。边区土壤贫瘠,遇上天灾人祸便民不聊生,加之国民党的经济封锁和军事对抗造成物质紧缺,提倡自力更生是发展生产、创造生产力的必要手段,更为重要的是艰苦奋斗是中华民族的精神血脉,是得以安居乐业的重要手段,衣食足而知礼节,而贫穷带来的是极端的人性沦丧和社会动荡。

长期贫困与动荡促使一部分人民不得以铤而走险走上犯罪的道路,以至边区土匪横生,烟毒猖獗,巫婆神汉众多,二流子人群广泛。所谓二流子是:不务正业而专事于坑蒙拐骗的人。据调查,1937 年的延安市总人口大概为 3000 人,而不务正业的二流子人群既占了延安市人口的 16%,即有 500 百人左右。改造二流子类犯人争取他们则成了边区稳定社会、发展生产的突出问题,1942 年边区政府发起了大规模的二流子改造运动,虽然单纯的二流子改造并不属于监狱的任务,而是由边区党政机关和区乡干部等组织负责,但是由二流子转变为犯罪的犯人在监狱并不少见。因此,监狱通过有组织地强制劳动以达到使犯人形成劳动认识和劳动习惯则具有强烈的人文精神和战略眼光。1942 年《边区司法纪要》记载:"边区监所生产教育的目的是改正轻视劳动的观念,锻炼思想意识,消除犯罪邪念,提高生产技能,获得谋生手段。"[1] 监狱以自力更生、艰苦奋斗精神教育犯人并不仅仅是以纯粹的经济利

---

[1] 杨永华、方克勤:《陕甘宁边区法制史稿·诉讼狱政篇》,北京:法律出版社,1987 年,第 325 页。

益为目的的，而是立足于改造新人，促使犯人养成劳动习惯，在出狱之后拥有一技之长，能够自觉走上安居乐业的道路，不再重新犯罪。据统计，在1944年到1945年的上半年期间边区监狱，"盗窃罪发生259件，其中累犯仅占16件，赌博罪136件，累犯仅2件"①。说明了教育改造制度对犯人产生的积极效应。

二、寓教于生活

监狱教育改造实为对罪囚思想意识和道德观念的改良与重塑。犯人犯罪动机不一而足，是由支配犯人的人生观、世界观、道德观等单一或综合要素所决定。现代犯罪学认为，犯人之所以犯罪是在一定心理因素支配下发生的。犯人改造重在治心。由于人性及利益纠葛，正如马雅可夫斯基所称："当社会把你逼到走投无路的时候，不要忘了，你身后还有一条路，那就是犯罪，记住，这并不可耻。"②且刑罚的局限性导致刑罚不足以畏其意，杀不足以服其心。凡放佚为非、作奸犯科者，何莫非一念之差，而遂成大恶，即何不可一念之转，而复为至善矣。孙雄认为：教化能够刺触犯人的不良心理，能够引起犯人思想行为转变，"犯罪入狱，不仅身体绝无痛苦之可言，且足衣足食，有医有药，有教诲师为之恳切开导，有官长随时加以慰问，监狱之于犯人，几如家庭之于子弟，斗室独居，清夜自思，觉得我昔时之犯罪，妨害国家社会良多，我实负人，而今日国家社会，不仅不仇视我，且岁縻巨款，养我教我，待我如斯之厚，人非木石，爱国之心，自不禁油然而生矣"③。但如何构建教育改造制度呢？

现代社会治理讲究矛盾纠纷多元化解，多元主体协商治理，正是源于社会矛盾成因的复杂性与多元性，犯人犯罪在犯罪主体、犯罪心理、犯罪诉求

---

① 杨永华、方克勤：《陕甘宁边区法制史稿·诉讼狱政篇》，北京：法律出版社，1987年，第329页。
② 孙江：《传媒法与法治新闻研究》（2017年卷），北京：中国政法大学出版社，2018年，第25页。
③ 孙雄：《监狱学》，上海：商务印书馆，1936年，第8页。

亦是多种动因的结合，相对应的要求监狱教育改造制度也应该是以教育感化为中心的多种手段的共同作用。孟子认为"教亦多术"，所谓"君子之所以教者五：有如时雨化之者，有成德者，有达财者，有答问者，有私淑艾者"①。反映出不同的教化方法对人性化育和品性培植的熏陶滋养作用，多种教化手段相互配合，方可相得益彰。张东平认为：民国时期的教育感化可以分为教诲与教育两种，教诲着重于国民道德的熏陶，教育则着重于知识之灌输与技能之训练。②

聚焦于边区监狱教育改造制度而言，边区的教育改造制度主要由三部分构成，即直接的教育工作改造制度、监狱管理制度和刑罚意义上的释放、假释、减刑、监外执行等制度。这里边区直接的教育改造制度既有教诲之意又有知识灌输和技能训练，而监狱管理制度和刑罚意义上的释放、假释、减刑、监外执行等制度则主要是教诲功用，是通过人道主义管理，引起犯人思虑，进而产生羞耻之心，是以国家人民花费巨甚"厚待"于我，而我却伤害国家社会巨大的悔恨之心，从而上升为：人非木石，爱国之心，自不禁油然而生矣。陕甘宁边区将犯人的日常管理和生产生活管理作为促使犯人改过的重要方面，这些规则具体体现在《陕甘宁边区施政纲领》《陕甘宁边区保障人权财权条例》《陕甘宁边区监狱管理规则》《陕甘宁边区看守所规则》《在所人犯财物保管规则》《陕甘宁边区监狱劳动生产第一所（工业）奖惩办法》和《陕甘宁边区高等法院在押人犯服役奖惩暂行办法》以及大量政策文件和"批答"中。这些文件法令创造了犯人自治管理规则，劳动规则、卫生规则、分管分押规则、财务保管规则、探视规则、奖惩规则、自治规则、外役规则等一批能够激发犯人生产生活热情、促使犯人感动转变、鼓励犯人改过自新的监狱管理规则，使监狱管理规则浸入教育改造制度范畴，起到了极大的教育改造犯人作用。

例如：第一，《陕甘宁边区监狱劳动生产第一所（工业）奖惩办法》和

---

① 杨伯峻：《孟子译注》，北京：中华书局，2005年，第320页。
② 张东平：《近代中国监狱的教育感化研究》，北京：中国法制出版社，2012年，第107页。

共和国监狱制度的雏形：
陕甘宁边区高等法院监狱教育改造制度研究

《陕甘宁边区高等法院在押人犯服役奖惩暂行办法》等文件把犯人的改造表现与一定的奖惩相联系，对表现良好的犯人进行公开表扬或者发放奖品，为了进一步激发犯人的动力，这一制度经党鸿奎进一步完善发展出奖金制，这一制度变犯人的被动生产为主动生产，既提升犯人改造热情又激发了犯人的生产效率。第二，马克思主义认为无产阶级对社会的改造是彻底的改造，而与改造客观世界相比主观世界的改造是第一位的，思想的彻底改造是革命的前提条件，与直接的知识灌输相比自觉的思想是内因，外因必须通过内因起作用。因此，对于犯人的改造必须通过思想斗争，正确方法便是在自由的环境下以自治为抓手。在边区场域下，要彻底改造犯人，使犯人能够重新成为新民主主义革命新人，就不仅要求犯人改变为传统意义上的守法顺民，更重要的是要成为能够适应新的社会环境的人民。因为，边区政权是为人民群众利益奋斗的民主政权，党领导人民建立的是人民当家作主的民主国家，为此就必须使犯人能够在民主的氛围中开展工作，就需要将监狱改造成新民主主义社会的图景，并按照新民主主义理念形塑犯人。使"犯人在不违反守法规则下，过着一定的民主生活"①。《陕甘宁边区监狱管理规则》对犯人自治事项进行了一系列规定，对犯人日常生产生活在民主有序框架下开展自我管理、自我教育、自我服务。可以说寓教于管理制度是边区监狱教育改造制度思想的一个重要维度。

---

① 中华人民共和国司法部编：《中国监狱史料汇编》（下册），北京：群众出版社，1988年，第304页。

第五章

教育改造制度的适用对象及程序

共和国监狱制度的雏形:
陕甘宁边区高等法院监狱教育改造制度研究

1945年,王子宜在边区第二届司法会议上对边区司法状况进行总结时指出:"执行这个刑事政策——教育改造主义,法庭上仅有一半,其他一半留在监所内执行,两面配合,两面夹攻,才能把政策贯彻得好。"① 可以看出,边区对犯人的教育改造并非单纯诉诸监狱,而是将教育改造犯人的职责放置于刑事审判和监狱之中。为此,边区监狱教育改造制度并非仅在监狱内运用,监狱是刑罚执行的末端,是对犯人集中进行改造的场所,是最为重要的教育改造环节。教育改造制度的作用逻辑决定了其必须是一种能够带来犯人的思想顿悟、感情激发、让人醒悟、消弭憎恨、思想行为转变的制度措施。从这个意义上讲,具有慈爱因素的刑罚制度也是一种教育改造制度,至少刑罚与监狱教育改造制度存在着重要联系。

首先,从犯罪学上看,教育改造不局限于传统的说教教育,而是立足于人的社会属性,从社会学角度下观察社会环境对人的促进作用。一般认为无论是人与人直接的知识、伦理、情感影响还是能够起到犯人自省、感动的制度性本身都属于教育改造范畴。监狱与刑罚关系密切,是对犯人进行否定评价的制度规范,刑罚的指导思想决定刑罚的性质,直接关系犯人法律意义上的行为后果。它是徒刑犯人的前置程序,能够在很大程度上奠定犯人是否愿

---

① 杨永华、方克勤:《陕甘宁边区法制史稿·诉讼狱政篇》,北京:法律出版社,1987年,第266页。

意改造的思想基础，且宽仁的刑罚本身便具有引起犯人激荡情感的作用。因此，教育改造不仅只是监狱的职责定位，也存在于能够激发犯人悔悟向善的刑罚措施之中。

其次，从监狱法学角度来看，监狱法学认为狭义的监狱法仅指监狱的管理与改造法规。广义的监狱法是包括刑罚与狭义监狱法的刑罚体系，刑罚与改造之间关系紧密，良法蕴含着人权保障、公平正义和人道主义精神，即便是法律体系中最为刚性和严厉的刑法制度，依然能够包含着慈爱与宽容。刑法特别是刑罚制度是对犯人进行惩罚的制度措施，是犯人之所以为犯人的法律评价，经刑罚宣示需承担在监禁责任的人，是边区监狱教育改造制度的适用对象。监狱法学是建立在监狱立法和监狱执行刑罚、惩罚和改造罪犯丰富实践经验的基础之上。审判是刑罚的应用与否的过程，而监狱是对犯人刑罚的执行，是刑罚的结果和归宿。因此，刑罚制度与监狱教育改造制度既有区别又有联系，二者是程序的前后串联，是对同一对象之程序上的衔接，这种串联与衔接具有紧密性。

边区依据刑法对犯罪嫌疑人的审判需要遵循教育改造的刑事政策，监狱管教犯人是教育改造的又一方面。为此，从陕甘宁边区刑罚体系角度入手，分析边区监狱教育改造制度的适用对象实为恰当。

教育改造制度在"法庭"[①]与监狱领域具有内在联系。边区对犯人的教育改造并非仅由监狱来完成，而是十分注重宽大的刑罚制度对犯人教育改造产生的积极影响，是将刑罚与监狱作为教育改造的两个方面、两种手段。既然边区刑罚与监狱共同承担着对犯人的改造职责，那么，刑罚制度便具有了教育改造犯人的功能作用。一种功能作用的发挥是由一定的制度设计来体现的，教育改造主义的刑罚原则必然贯穿于刑罚制度始终，指导刑罚制度对犯人改造功能的发挥，这样便决定了刑罚制度必然具有某些措施来体现这种原则。为此，从教育改造的理念出发，在法庭与监狱之间便产生了一座以教育改造为主体的桥梁，沟通法庭与监狱，使法庭与监狱产生有机联系。

---

① 奉行教育改造主义的边区刑罚制度在诉讼与裁判环节就已经着手对犯人进行感化教育。

共和国监狱制度的雏形：
陕甘宁边区高等法院监狱教育改造制度研究

毛泽东指出："所谓被改造的客观世界，其中包括了一切反对改造的人们。"① 无产阶级的诞生，就是来改造这个世界的，承担改造全人类的历史使命，把所有人都改造成为对社会有用的人。犯人是要改造的，犯人是可以改造的，但是如何改造却需要革命实践中的具体创造。陕甘宁边区教育改造制度是在边区革命实践的历史环境下的创造，它以尊重犯人人格、寓教于生产、寓教于管理为重要指导思想，从而产生了以三大教育为主、以监狱管理规则为间接的教育改造规则。这种教育改造制度的产生不仅仅是马克思主义与毛泽东思想的科学指导，也是由于边区犯人的性质所决定的。刑罚制度中的种类是监狱犯人的来源，它决定了犯人所犯之罪的严重程度，对边区秩序的破坏程度。这种程度上的划分首先是由刑罚制度中教育改造原则进行评判，根据犯人的主观恶性即犯人是否能够被教育改造和客观要素给予犯人一定的评判；其次经过刑罚判决后的犯人一部分进入监狱，进入监狱后的犯人再次接受监狱的评判，其评判标准是是否接受监狱的管理制度，是否能够从思想行为上积极纠正以往过失，监狱通过自己的一定措施帮助犯人进行转化，对于能够有效转化的犯人给予一定的奖励和宽大对待。在边区特殊的革命环境中，可拯救性一般被认为是对人民政权的认同程度和对人民的认同程度，为了使这种认定具有可操作性，边区往往根据犯人所犯之罪的类别、犯人的成分、犯人的悔罪表现等方面来评判。

那么，在法庭与监狱对犯人接续评价的过程中，法庭对犯人的认定很大程度上影响着犯人的思想认识，不同的法庭认定带来犯人对边区法律甚至是对边区政权的不同认识，或是感激或是憎恨。宽大与镇压相结合的刑罚政策产生的主要考虑因素，就是对认为具有可改造性的犯人，给予改造机会，甚至极端严重的犯人，只要被边区认为该人具有可改造的价值和空间，就会被判处较轻的刑种和刑期，被法庭认定为具有可改造性的犯人给予宽大处理，一部分犯人进入监狱接受系统教育。倘若较轻的罪被认为不具有可改造性，受成分及犯罪恶性的影响，某些犯人有时也给予较为严重的刑种和刑期，但

---

① 辛国恩：《毛泽东改造罪犯理论研究》，北京：人民出版社，2006年，第296页。

这种认定在边区一般来说较为少见。因此，被判处何种刑罚会给犯人带来不同的思想认识，重罪轻罚的犯人往往能够对边区政权产生好感，内心充满感激，到达监狱后会自觉认识到自己的罪行，积极投入监狱的教育改造实践。虽然，轻罪重罚在边区较为少见，对于严重犯罪者又不能悔改、不愿悔改的犯人直接判处死刑，但某些因汉奸罪、破坏边区罪被投入监狱的犯人，却被监狱管理者所不能接受，无疑影响着教育改造制度的适用，特别是监狱建立初期出现了不人道对待犯人的现象，使教育改造制度在适用对象上呈现出一些变化。

总之，犯人在进入监狱之前的刑罚裁判影响着犯人的教育改造，同时犯人侵犯的法益、恶性、成分也影响着监狱对犯人的不同看法，影响教育改造制度的适用。

第一节　有利于犯人接受教育改造的刑罚制度

一、宽大与镇压相结合的刑罚政策

《陕甘宁边区刑法总、分则草案》第一章第二条明确规定了刑罚的目的，即：巩固民主政权及维持法律秩序；教育人犯转变恶习，不致再犯罪，驯化为社会共同生活关系的善良分子；教育大众，使社会上意识薄弱之人，有所观感与警觉，从而减少社会上犯罪事件。① 边区适用刑罚的主要目的，就是通过必要的惩治和适当的教育，来争取和感化违法犯罪分子。中共中央早在1937年抗战工作指示中就提出了要坚决与汉奸分子、卖国贼做斗争，要耐心用一切方法去争取他们，让他们加入到抗战中的具体要求。中央社会部根据已有锄奸工作原则性指示的基础上，在1940年9月又发出了锄奸政策与工作的具体化指示，明确强调：要反对乱捉、乱杀、乱打、乱罚的"左"倾观

---

① 艾绍润、高海深：《陕甘宁边区法律法规汇编》，西安：陕西人民出版社，2007年，第104页。

共和国监狱制度的雏形：
陕甘宁边区高等法院监狱教育改造制度研究

念。① 在锄奸工作中首先坚持党多数进行联合，一起打击少数奸特犯罪，其次要认清目前边区最重要的打击对象是日寇，其次要采取灵活的方针策略，各个击破区别处理。要以不松懈锄奸工作、不冤枉清白的同志为基本工作原则。

边区依据指示原则在指导边区政权建设的宪法性文件中，即1946年4月边区第三届参议会通过的《陕甘宁边区宪法原则》明确规定，边区为争取和教育多数，孤立和打击少数，一致对外，对刑事犯罪采取教育为主，惩罚为辅的方针政策。② 不仅如此，在1946年9月发出的《陕甘宁边区政府关于治安工作的指示信》中提到，对于汉奸特务要区分轻重，因被欺骗而尚未做出违反法律规定的人应当争取宽大，对实行不法行为还不愿悔改接受教育的犯人要向群众揭露，送至法院严格惩办。③

1942年，雷经天也强调在刑事方面，要保障革命秩序。对犯罪判处刑罚，要采取教育和争取相结合的方针，除了必须要判决死刑，以剥夺罪犯生命来给人民大众教育外，其他刑罚也要着重教育。另还应区分首要分子和胁从分子，不论哪种犯罪分子只要能真心悔过并改正者都对其采取宽大政策，只是在实施次序和刑罚考量上会优先考虑胁从分子，因为过去实践经验表明，胁从犯中真正悔过的可能性最大，人数也最多，可改造性较大。即要"对罪犯采取惩办与教育相结合的方式，改造他们重新做人"④。边区高等法院于1941年的司法工作指示中做了具体规定，刑罚的目的并非专任于威吓、报复，更重要的目的所在是感化和教育，是使反动分子得到思想上的解放，回到为人

---

① 中央档案馆：《中共中央文件选集》（第十二册），北京：中共中央党校出版社，1991年，第476页。
② 艾绍润、高海深：《陕甘宁边区法律法规汇编》，西安：陕西人民出版社，2007年，第9页。
③ 陕西省档案馆、陕西省社会科学院：《陕甘宁边区政府文件选编》（第十辑），北京：档案出版社，1991年，第253—255页。
④ 宋金寿、李忠全：《陕甘宁边区政权建设史》，西安：陕西人民出版社，1990年，第368页。

民服务的正确道路上①。

惩治与教育相结合的特殊原则就是要求边区在量刑时要意识到边区正处在革命的紧要关头，不论是一般民众还是犯罪分子，珍惜人力、争取革命力量是最重要的目标。对于犯罪不能只依据法律规定、犯罪情节来僵化的裁量刑罚，而是要尊重实际情况，灵活变通地运用刑罚手段，在司法实践过程中运用惩治与教育相结合的原则，将危险分子转化为革命力量，争取革命的每一份力量，既能缓和社会矛盾，又能够节约司法资源，不失为一种良策。

二、 情理法相结合的刑罚制度

边区提出的宽大镇压相结合、争取改造、教育感化、保障人民权利等多项刑事政策也都蕴含着情理之意，但对于何种案情可用不可用、如何用、怎么用等细节性问题却没有明确的规定和统一的标准，更多的是要求审判者在审理案件中，依据对党的方针政策的把握程度、法律原则的熟悉程度、社会伦理道德的了解程度等多方面的考量进行综合判断，加以定罪量刑。边区领导人也多次强调审判时要考虑人情和道理，才能合情合理地处理好案件，审判者应当更好地懂得情理，懂得讲道理的方式方法。在民事审判中，边区对区域内存在的风俗习惯进行甄别和梳理后，直接赋予了其事实上的法律效力，法官在审判民事案件时可以直接援用。但在刑事审判中，情理的运用多见于量刑阶段，情理被灵活地运用到了刑事案件的审判中，并成为影响裁量刑罚的重要因素。

如马得凌破坏边区一案。马得凌原为中共党员，后叛变革命残杀共产党员，破坏党组织，在边区进行特务活动，收买边区机关工作人员和战士，阻碍边区抗日工作，收集情报企图削弱抗战力量，摧毁边区，瓦解革命根据地，其行为与汉奸无异。马得凌做出的种种破坏抗日的行为可以说适用极刑都不为过，但是高等法院却仅判决了五年的有期徒刑，主要出于以下考量：一是

---

① 韩延龙、常兆儒：《中国新民主主义革命时期根据地法制文献选编》（第3卷），北京：中国社会科学出版社，1981年，第361页。

本着宽大政策的原则，对尚能挽救的犯罪者尽力帮助其改正悔悟。二是本着珍惜人力，团结抗战，巩固革命根据地的原则，未处以极刑。三是在审理过程中发现马得凌是因为特务政策的活动，因年少无知缺乏经验，导致自身失足落入特务的圈套做出与汉奸无异的种种行为。四是马得凌认罪态度诚恳，愿意悔过自新，为拯救失足青年，争取抗战力量，判处了较轻的刑罚。本案中对马得凌的量刑过程就是依据具体犯罪事实，及党的宽大政策与挽救落后理念，将马得凌作为犯了错的一般群众看待，从而在性质上将其与顽固的反动分子相区别，运用伦理道德和社会一般人观念的情理对马得凌施以积极的教育改造措施。

再如江波伤害致死一案。死者冯德胜于深夜肩荷平斧，手提铁火钩到延安大学总务处处长陈新窑外叩门，陈新因事外出不在，其妻彭英闻声追问何人，冯德胜不予应答，此时同院合住的栗中希欲开窑门询问，冯德胜用所持铁械猛撞窑门，栗中希因恐惧喊叫，同住窑内的江波闻声奔出窑外想查探究竟。冯德胜便用平斧攻击江波，江波一面阻挡一面躲避，慌乱中被冯德胜击伤手臂，两人扭打争夺平斧，江波力不能敌便向他人呼救，栗中希上前帮忙抱住冯德胜，江波顺利夺过平斧猛击，致使冯德胜重伤不治而死。本案依据《中华民国刑法》的规定：因现场过于激动愤怒而致人死亡的罪犯，可以判处五年以下徒刑。断案者认为江波应酌量减轻刑罚的理由有三：一是死者冯德胜深夜持械叩门，在听到询问后仍不出声应答反而猛撞窑门，又伤害上前询问之人江波，其行为本就具有过错。二则江波情急之下夺斧反击致冯德胜重伤死亡，是对不法侵害的正当防卫，依据国民政府法律第23条的但书，即防卫行为过当减轻或免除其刑的规定做了最终判决。三是本案件发生时间系深夜，江波义愤救人情况紧急又因黑夜不能辨别所持器械的性质，其情形尚可原恕，符合"犯罪之情状可悯恕者，得酌量减轻其刑"的规定，所以判处其徒刑一年，相应的对栗中希也减轻了刑罚并且适用了缓刑。

足以可见，审判者在严格适用法律条文的基础上，适当地在出于社会一般常识和人情道理对两人判处了较轻的刑罚。而情理在刑事方面的运用，不是将其直接作为定罪的法律依据，而是审判者行使裁量权时，严格依据法律规定定罪后，在量刑过程中依据情理，综合考量基础上做出最为合理合法的刑种和刑期。

三、区别对待、灵活多样的刑罚种类

陕甘宁边区的单行刑事条例中规定的刑罚种类有六种，基本构成了由主刑（死刑、有期徒刑、苦役、罚金）和从刑（褫夺公权和没收财产）的刑罚体系。但是，陕甘宁边区在一些刑事法规和司法实践过程中，还采取了"批评释放""驱逐出境"和"当庭训诫"的刑罚方法和惩处办法，"陕甘宁边区对于少数特殊案件，曾采用过'驱逐出境'的办法"①。特别需要阐述的是教育释放制度，教育释放虽无刑事条例明确规定，但在司法实践过程中常适用于轻微犯罪者或是有违法行为者，在短期的收押期间予以思想教育，对其进行改造转变后释放的特殊教育方式。如任子光过失杀人一案，任子光于4月22日跟随郑银明上山间狩猎，在归途中郑银明将自己的枪支交给任子光携带，任子光将枪挂在右肩，枪口向后，郑银明正好在任子光身后，任子光不知道枪内装有子弹，无意间挨触到了强制开关导致子弹发射，子弹正中郑银明心脏，致使郑银明死亡。任子光慌忙逃走，后被查处，经延安市地方法院刑事法庭审理，认为任子光误触枪支开关击毙郑银明系过失，且任子光年仅十二岁，尚未达责任年龄，判决在劳动生产所感化教育，经过教育很快释放。

由于教育释放并无一个具体的概念界限和明文规定，各地司法实践上的做法相对混乱。有些构成犯罪的行为但情节轻微不需要判刑的能够经教育释放，对于有些不构成犯罪或构成犯罪但应当依法免于刑事处分的行为，和被乱捕乱押的无罪者，多适用"教育释放"，可见边区审判者对教育释放的适用较为随意，但是在司法实践中教育释放一直被援用。

边区司法实践过程中，雷经天曾对边区第一届参议会到1941年间的刑事案件对犯人的处理做了统计：

---

① 张希坡、韩延龙：《中国革命法制史1921—1949》（上册），北京：中国社会科学出版社，1987年，第351页。

表 5—1　边区 1939 年 1 月—1941 年 10 月刑事案件判决刑期统计表①

序号	刑期统计	数量	占总数比重
1	死刑	146	占比 3.2%
2	五年以下有期徒刑	57	共占比 18.4%
3	四年以下有期徒刑	25	
4	三年以下有期徒刑	107	
5	二年以下有期徒刑	213	
6	一年以下有期徒刑	436	
7	半年以下苦役	1948	占比 42.7%
8	没收	112	占比 2.5%
9	罚金	310	占比 6.8%
10	驱逐出境	20	占比 0.4%
11	教育批评	1034	占比 26%
12	无罪释放	149	
13	其他	6	占比 0.01%
14	总计	4563 件	占比 100%

从统计数据中看，这三年来边区审判机关适用有期徒刑和苦役的数量之和占比超过 60%，而批评教育和无罪释放的适用占比也超过全部刑罚的四分之一，死刑占比却远远不到 10%。虽然批评教育和无罪释放并没能通过刑事法律、法规确定下来，但是在边区司法实践中，审判人员出于现实考虑适用这两种刑罚的情况较多。可见，边区不仅在刑事法律规范中规定了种类繁多的刑种，而且在适用上更为灵活多样，在法律条文规范之外，大量采用批评教育作为对罪轻或不构成犯罪者的处罚，体现了边区依据犯人犯罪情况不同，合理选择处罚措施的灵活性。同时，对教育释放的广泛运用正是教育改造思想指导下的产物，有利于对罪行较轻的犯人施以便于接受、操作简便的改造

---

① 韩延龙：《法律史论集》（第 5 卷），北京：法律出版社，2004 年，第 394 页。

工作。

四、 能否被教育改造是镇压与宽大的主要考量

　　边区刑罚的轻缓化也并非绝对。刑罚孰轻孰重则根据不同罪名而有一定变化，边区对特定犯罪的惩处较为严厉，尤其对于窃取革命成果、破坏边区秩序、造成恶劣社会影响的犯罪，都要科以严峻的刑罚。在吉思恭充当汉奸一案中，边区高等法院认为，吉思恭主动充当汉奸，出卖国家和人民利益，为一己之私甘做日本帝国主义的跑腿，危害边区威胁革命，特依国民政府军委会颁布的惩治汉奸的条例判处吉思恭死刑。可见，边区对汉奸案件的处理办法就是严惩不贷，适用极刑。诸如此类被严厉处刑的犯人还有：如罗志亭、王光胜犯汉奸罪被判处死刑，李清远触犯出卖祖国为敌做探罪被判处死刑，马得凌、贾丕显、雷鸣高触犯破坏边区罪被判处了徒刑的最高刑期，等等。

　　其次，注重镇压与宽大相结合。特别是在边区深入推行镇压与宽大相结合、感化教育和惩治相结合的刑事政策后，对政治性犯罪也会根据实际情况，具体案件具体分析，对犯人判处相对较轻的刑罚。对于被定为汉奸罪，但犯罪情节较轻且愿意悔改的犯人，判处了相对较轻的徒刑；对累犯、数罪并罚、情节恶劣的犯罪分子都判处了较重的刑罚，除此以外诸如保护边区、警示他人、巩固革命等也成为从重处罚的刑罚适用因素，这些情节有些反映出罪犯有着较大的社会危害性或者较高的人身危险性，有些则是出于边区革命的实际情况，再三权衡之下才决定从严处罚。以边区判例汇编中的刑事案件为例，在科处刑罚较重的案件判决书中常有"破坏边区土地法令，利用机会窃取土地革命利益，属有意破坏边区秩序，为维护革命利益给以严厉处罚""破坏边区经济，判处重刑以教育罪犯""情节恶劣，认为二审判决过轻，特加重刑罚""为了给虐待者之恫戒，保障人民之生命，予以罪犯较为严厉的处罚""为扫除烟毒，净化边区风气，保护人民利益，应对其严厉处罚""为严惩贪污（加重了刑罚），发展经济建设充实抗战力量，维护人民利益"等评语。

　　边区审判机关主要据汉奸犯的犯罪动机和犯罪目的、犯罪行为所处阶段、犯罪时的年龄、实施手段、所造成的不良后果和悔过表现综合考量后裁量刑

罚。量刑过程中，犯罪情节的轻重，从重、从轻、减轻、加重等情节的适用也都影响着刑罚适用效果。边区高等法院的档案中收集了自1938年始，为期3年的刑事案件判决书，其中对罪犯刑罚适用均有较为详尽的释法说理的过程，特别是对案件从宽处罚或是从严处罚，都有明确且合情合理的判决理由。一方面，边区对于年龄尚小的未成年人、从犯、自首者都能从宽处罚。如赵培元贪污公款一案，边区审判机关认为赵犯本罪无可恕，但由于犯人年龄尚小，缺乏一定的领导能力和工作经验，对其进行从宽处罚，只判处了徒刑二年，剥夺公权二年。还有柳春发、张天德、罗仲友、李光辉四人组织劫枪叛变释放犯人逃跑为匪一案，李光辉主动自首告发，获得减刑一年的从轻判决。

最后，边区在司法实践中，存在从死刑降至徒刑的案例，也有在法定刑的范围内从轻处罚的案例。除了法律中明文规定的从宽从严处罚的情节外，边区主要以罪犯的悔改程度高低，教育改造的可能性大小等等，作为镇压与宽大的主要考量因素。边区审判机关对诚心悔改、表现良好的犯人，一般会从轻处罚。如刘光前触犯纵放犯人、组织拖枪叛变为匪等多罪，边区审判机关经调查审理认为，刘光前虽纵放犯人，但未蓄意杀人为匪，尚可轻判轻罚，最终决定判处刘光前三年有期徒刑。朱有三触犯汉奸罪，审判机关念其做汉奸为时不久，作恶尚少，争取转变教育，又为积极响应宽大政策，判处其三年的徒刑，并处没收随身财物。为此，犯人的可改造性即主观恶性和是否具有悔悟之心往往对量刑起着重大作用。雷鸣高原为共产党员，但受到敌人利诱，进行了破坏革命的活动，但是念其尚有悔改之心，可教育改造，判处徒刑五年。又如马得凌破坏边区一案和吴占福杀人抢劫一案，边区认为本应处以死刑，但念其愿意悔改，尚能教育感化，为珍惜人力，最终只判处了五年的徒刑。张更太造谣贪污渎职一案，张更太故意破坏边区，损害领袖名誉，造谣贪污罪行严重本应处死，但为响应宽大政策，判处徒刑望其教育改正，判处徒刑三年。

五、 教育改造为本的刑罚目的

边区适用刑罚的主要目的，就是通过必要的惩治和适当的教育，来争取和感化违法犯罪分子。中共中央早在 1937 年抗战工作指示中就提出了要坚决与汉奸分子、卖国贼做斗争，要耐心用一切方法去争取他们，让他们加入抗战中的具体要求。中央社会部根据已有锄奸工作原则性指示的基础上，在 1940 年 9 月又发出了锄奸政策与工作的具体化指示，明确强调：要反对乱捉、乱杀、乱打、乱罚的"左"倾观念。① 在锄奸工作中首先坚持党多数进行联合一起打击少数奸特犯罪，其次要认清目前边区最重要的打击对象是日寇，其次要采取灵活的方针策略，各个击破区别处理。要以不松懈锄奸工作、不冤枉清白的同志为基本工作原则。

边区依据指示原则在指导边区政权建设的宪法性文件中，即 1946 年 3 月边区第三届参议会通过的《陕甘宁边区宪法原则》明确规定：边区为争取和教育多数，孤立和打击少数，一致对外，对刑事犯罪采取教育为主，惩罚为辅的方针政策。② 并在 1946 年 1 月《陕甘宁边区政府关于治安工作的指示信》中指示：对于汉奸特务要区分轻重，因被欺骗而尚未做出违反法律规定的人应当争取宽大处理，对实行不法行为还不愿悔改接受教育的犯人要向群众揭露，送至法院严格惩办。③

1942 年，雷经天也强调在刑事方面，要保障革命秩序。对犯罪判处刑罚，要采取教育和争取相结合的方针，除了必须要判决死刑，以剥夺罪犯生命来给人民大众教育外，其他刑罚也要着重教育。另还应区分首要分子和胁从分子，不论哪种犯罪分子只要能真心悔过并改正者都对其采取宽大政策，只是在实施次序和刑罚考量上会优先考虑胁从分子，因为过去实践经验表明，胁

---

① 中央档案馆：《中共中央文件选集》（第十二册），北京：中共中央党校出版社，1991 年，第 476 页。
② 艾绍润、高海深：《陕甘宁边区法律法规汇编》，西安：陕西人民出版社，2007 年，第 9 页。
③ 陕西省档案馆、陕西省社会科学院：《陕甘宁边区政府文件选编》（第十辑），北京：档案出版社，1991 年，第 253 页。

共和国监狱制度的雏形：
陕甘宁边区高等法院监狱教育改造制度研究

从犯中真正悔过的可能性最大，人数也最多，可改造性大。即要"对罪犯采取惩办与教育相结合的方式，改造他们重新做人"①。边区高等法院于1941年的司法工作指示中做了具体规定，刑罚的目的并非专任于威吓、报复，更重要的目的所在是感化和教育，是使反动分子得到思想上的解放，回到为人民革命的正确道路上。②

边区即使对罪行极为严重的犯罪分子执行死刑时，也禁止使用残酷的方式。对被判处死刑的犯罪分子在进行行刑时，要有监察员对行刑过程进行监督，行刑结束后要及时做好标志并将尸体掩埋。边区对于有期徒刑和苦役的处理，苦役一般交由乡政府执行，而有期徒刑一般在监狱执行，犯人除了要进行必要的劳动外，还要安排集体学习时间，时间长度一般以六小时的劳动和两小时的教育学习，特殊情况下可以依据犯人的身体状况稍作灵活调整。至于罚金和没收财产，边区监狱经综合考察认为被执行人家庭确实经济困难的，可以采取服劳役或是减免金额的变通方法。边区规定：在监狱执行的徒刑犯人执行一定刑期后，经过考察，监狱认为：犯人思想上进、积极改正错误，或者是在监狱内表现良好、态度端正，家庭贫困且难以为继的群众，不反对其释放的，可以采取外役、假释、提前释放、交乡执行或是取保释放等变通措施，以示对积极参与教育改造犯人的激励和对犯人人权的保障。如李锁子遗弃母亲一罪，李锁子被判处半年苦役，但因为其母亲年事已高，妻、幼无人抚养，属家庭困难，特准予具保假释，带罪侍母，并且在判决理由中警告如若再次将母亲遗弃，则予以重罚。事实上，判决理由中出现类似警告确属少见，又有陈德贵盗窃一案，该女盗枣一事属实，判处半月苦役，但因情节轻微且已经在押长达二十余天，故免予执行苦役，将其释放。

---

① 宋金寿、李忠全：《陕甘宁边区政权建设史》，西安：陕西人民出版社，1990年，第368页。
② 韩延龙、常兆儒：《中国新民主主义革命时期根据地法制文献选编》（第3卷），北京：中国社会科学出版社，1981年，第361页。

第二节　从刑罚种类看犯人类型

边区的刑罚体系在发展过程中，由于历史条件限制未能用成文法的形式将其明文规定下来，而是通过边区在刑事立法中所草拟、制定、颁布、实施的每一部刑事条例中体现出来，通过诸多单行刑事条例，我们已然能总结、提炼出边区刑罚体系的基本结构。刑罚体系不是每一刑罚种类简单地堆砌和叠加，而应该是各种刑罚种类之间彼此联系，又彼此相互作用的整体，是一个有机和谐、次序清晰的系统。边区对每一刑罚种类也有不同程度和不同方面的特别规定。总言之，边区基本上已经形成了主刑由死刑、有期徒刑、苦役和罚金构成，从刑由褫夺公权和没收财产构成的刑罚体系。

一、死刑

死刑是在抗战时期这一特殊背景下，对严重危害民族抗日战争的异己分子适用的刑罚，且在程序上十分审慎。雷经天在《陕甘宁边区的司法制度》中指出：边区的各级法院，认为犯罪分子确属故意违反边区法律，给边区的人民和整个社会，甚至是国家带来了伤害和损失的，这种犯罪分子已经不再对社会做出正面利益的贡献，反而极有可能阻碍边区的发展，像是汉奸、敌探和土匪等诸如此类严重危害边区秩序的犯人，应当判处死刑。

针对死刑的适用问题边区制定了相应的配套制度，如有权力执行死刑案件的各级审判机关，在案件已过上诉期限后，呈报边区政府审查、批准后才能够执行，在战争紧急的特殊情况下可以不经过政府审批而自行执行。[①] 1943 年 4 月 9 日，边区在关于死刑执行程序的一封指示信中明确规定：死刑的执行必须事先经过高等法院的审核、边府审委会批准的程序，例外情况如发生了在逮捕时反抗逃跑而被击毙，或另有其他法律规定了另行处置等紧急

---

① 陕西省档案馆、陕西省社会科学院：《陕甘宁边区政府文件选编》（第五辑），北京：档案出版社，2015 年，第 248 页。

情况，则可以不遵守以上的审核批准原则。对于群众一致认为应当判处死刑的罪犯案件，边区审判机关应当紧急给边区政府发电报告，由边区政府根据实际情况决定是否对犯人处以死刑。

特别注意的是，预谋杀人罪这一类刑事案件的处理结果，边区以适用死刑为原则，极少数案件中，若罪犯得到了谅解，可以不适用死刑。如收录于边区档案中的吴占福抢劫杀人一案，边区审判机关经过审理认为，被告吴占福起初当土匪抢劫，在抢劫后逃跑的途中又故意杀人，还劫取被杀之人的随身钱物，按法律规定应当处以极刑，但是死者韩方侯的家属，并未对吴占福进行追诉，而且吴占福的老母亲尚在人世，生活困苦仍需要赡养，且根据当时中央颁布的政策，边区正处于战争的关键时刻，须珍惜每一份人力，所以审判机关未判吴占福死刑，改判为有期徒刑五年。

二、有期徒刑

雷经天认为：对于罪犯应综合考察他的能力，是否还能自觉对社会做出贡献，如果这个罪犯尚有能感化挽救的一丝希望，审判机关就应当尽最大的能力帮助他及时改正错误，为他指明改过自新的方向和道路，为边区争取力量。基于此，对于能够自觉醒悟的犯人不仅不能使用最为残酷的极刑，也应当废除极为漫长的有期徒刑，尽量缩短服刑期限，让罪犯有更多的时间和精力为边区贡献一己之力。① 所以抗战初期边区将徒刑最高刑期定为五年，随着边区政府对刑罚制度的进一步完善，于1942年3月31日对徒刑最高刑期进行了调整，"边区之最高徒刑定为十年。因为有许多案子如果判处死刑殊觉太重，有失宽大之意，但如判刑五年又嫌太轻，影响人权财权之保障，故改定最高判刑为十年"②。为适应边区施政纲领颁布后的司法需要，边区认为原来规定最高徒刑为五年的做法不太能够做到宽严相济。譬如，在诸多刑事案件

---

① 西北五省区编纂领导小组、中央档案馆：《陕甘宁边区抗日民主根据地·文献卷》（下），北京：中共党史资料出版社，1990年，第369页。

② 陕西省档案馆、陕西省社会科学院：《陕甘宁边区政府文件选编》（第五辑），北京：档案出版社，2015年，第292页。

审判过程中，对犯人判处死刑，导致刑罚过重有违宽大政策的要求，对犯人判处五年又略显刑罚太轻，有失教育惩戒之意，故改为十年。

各厅处会长官及各专员县长：

查边区最高徒刑原为五年，为适应五一施政纲领公布后之政治需要，现经边区政府第十三次政务会议决定：

"边区之最高徒刑定为十年。因为有许多案子如果判处死刑殊觉太重，有失宽大之意，但如判刑五年又嫌太轻，影响人权财产权之保障，故改定最高徒刑为十年。"复经边区参议会常驻会第五次常务会通过在案，除命令最高法院遵照外，希即知照为要。

此令

主　席　林伯渠
副主席　李鼎铭①

此后不久，边区政府就最高刑期十年的合理性产生了质疑，认为长期斗争过程中，为制裁反革命分子的徒刑应当具有足够的伸缩性，所以提请将最高刑期提高至二十年，并阐述了三个理由：其一，量刑科处的悬殊不应过大，同案犯所适用的刑罚也应当相差不大。同一案件有数个罪犯，其犯罪情节轻重颇为相近或相似，但边区规定最高徒刑为十年，判处刑罚时首恶犯人判决了死刑，次要作恶者只能在最多十年或十年以下的范围内进行惩处，就导致刑罚刑期的间距过大，甚至是生刑和死刑的巨大差别，导致量刑时易出现刑罚适用畸轻畸重的问题。其二，教育与镇压同样重要。边区的环境较为复杂，各种潜伏分子、敌特分子、汉奸分子对边区的政权已经构成了极大威胁，首恶处死体现了罪行适当，但次要作恶者只能予以十年的徒刑来进行强制教育，以期在这段时间内彻底改造其本质，十年的时间可能并不十分充裕。其三，群众普遍认为最高刑期设为十年过低。以实施抢劫杀人与伤害、盗窃的实际处刑相较为例，抢劫杀人的首犯处以死刑，其次者十年徒刑，再次者九年、

---

① 艾绍润、高海深：《陕甘宁边区法律法规汇编》，西安：陕西人民出版社，2007年，第102页。

八年等，此者与实施伤害、盗窃的罪犯所判刑罚相差无几，易让群众对罪行轻重的认识产生模糊，认为杀人与盗窃、伤害的危害程度可以等同，既不利于保护群众人身安全，也不利于法律有效实施。① 但因为复杂的社会环境和战争背景，这一请示并未得到支持，陕甘宁边区有期徒刑的最高刑期仍以十年为准。

三、苦 役

苦役是指不拘禁犯人而令其服劳役，一般用于情节较轻之犯罪分子。在每个历史发展时期名称各不相同，又称为强迫劳动、苦役、劳役、拘留等，称谓不同含义也略有差异。边区认为之所以称之为苦役，是为了强调边区判苦役是不拘禁犯人的，限制轻微犯罪者的服役场所和地点可能会导致更多的问题发生，一来可能会导致轻微犯罪者在拘禁中染上其他不良恶习，二来拘禁使轻微犯罪者丢失颜面和体面，虽在拘禁中得到教育，但是折损了人格尊严，甚至可能会适得其反，取得不好的教育效果。权衡利弊得失，判处不拘禁但要服劳役更为有效，地点不限可灵活安排，刑期的长度规定为六个月，是一个比较合适的期限，也能取得更好的教育效果。

四、罚 金

罚金的目的不仅是为了让罪犯在经济上受到惩处和教育，而是通过强制性剥夺犯人的部分资金迫使犯人产生改造动力。在判处该刑罚时要在罚金的法定标准内，根据行为人的具体犯罪行为和实际经济情况酌情判处。罚金在具体适用上有多种形式，即并、选、专、易等几种，大多数形式在法律规范中有明文规定。判处徒刑或拘役要并处罚金，也有条文规定可以选科罚金，如边区对破坏金融的犯人，可以判处劳役，或科以罚金。总体来看边区主张少用罚金的，边区主张对犯罪之人适用刑罚的主要目的是教育和改造，具体

---

① 艾绍润、高海深：《陕甘宁边区法律法规汇编》，西安：陕西人民出版社，2007年，第134页。

的教育措施还是需要通过徒刑的执行才能收获更大的成效，财产的损失可能对于出身穷苦、家境困难的有罪之人是难以承受的，甚至有可能会为了缴纳罚金而做出偷窃抢劫的不法行为。对于经济状况较好的犯人缴纳的罚金金额数量是在承受范围内的，并不能使罪犯就此得到更深刻的经验教训，甚至可能会适得其反，让有钱人产生有钱能够赎免刑罚的不良思想，更不利于收到刑罚的教育效果。① 为此，边区还特别强调不能用金钱来赎买刑期，罚金的适用要按照案情的具体情况由负责机关决定，严格预防以罚金缴纳替代刑罚执行。

五、没收财产

主要是没收违禁品和犯罪所用、所得之物。没收财产的刑罚规定多散见于边区的单行条例内，如有关禁烟禁毒的法律规范中规定：对设立烟毒商店的犯罪人判处一年以下有期徒刑，并处没收其全部财产的刑罚。陕甘宁边区在惩治破坏金融法令的条例中规定，货币投机以牟利者其货币全部没收。又有禁烟禁毒的条例中规定，以营利为目的开设烟毒的买卖店面的犯人，要科处一年以上的徒刑，并处没收财产。

六、褫夺公权

褫夺公权是边区刑罚种类中的从刑之一。边区规定汉奸分子，或者是威胁到政权、剥削贫苦群众，压迫人民百姓，损害人民利益的犯罪分子，判处褫夺公权的刑罚。② 但陕甘宁边区制定的刑事法规中仅有少数规定有褫夺公权，边区制定的禁烟禁毒的相关条例中规定，犯本条例规定之罪，判决一年以上有期徒刑的罪犯剥夺其公权。同时期其他革命根据地规定的都比陕甘宁边区规定要具体一些，褫夺期限也各有不同。

---

① 《解放日报》于1941年10月20日刊登的《边区刑罚的特点》一文，对罚金的特点、实际意义以及适用方式等有详细说明。
② 西北五省区编纂领导小组、中央档案馆：《陕甘宁边区抗日民主根据地·文献卷》（下），北京：中共党史资料出版社，1990年，第346页。

此外还有批评教育、无罪释放、驱逐出境等刑罚类型。教育释放是边区由于司法资源紧张对轻微犯罪者的一种变通处罚措施，在司法实践中普遍使用的一种处罚措施，教育释放的前提是犯罪轻微和具有认罪、悔罪表现，犯罪分子经过一段时间的关押教育之后，如果能够认识到自己的错误，确实有悔改行为的，不再判处徒刑或者劳役，而是予以释放。在实践中当庭对犯人进行口头教育后予以释放的情况也多有发生。据统计，1938年至1939年，边区各级司法机关对罪犯训诫后即释放的达到785件，占33.4%。① 说明边区对轻微犯罪持宽大态度，有利于平息社会矛盾。驱逐出境是对某些特殊犯罪分子的惩罚，为了边区的社会秩序和安全稳定不允许这类犯人在边区境内活动，这类刑罚一般适用于政治犯。

表5—2　　　　1938—1943年延川县刑事案件审理情况表②

年份	汉奸	土匪	鸦片	公共危险	赌博	侵占	破坏	盗窃	违法乱纪	窝藏	伤害	妨害公务	妨害风化	诬告	破坏边区法令	和诱略诱	妨害自由	杀人	破坏金融	贪污
1938	4	40	32	9	8	3	8	18	3	5	3									
1939	13	14	26	3	6			12		14	3		10	2	1					
1940	2	6	52	4	3	2	8	18	19		4	15	4	2						
1941			22		19	4		2			2	2			1					
1942		5	75		18			6			14				2	1	1	3	5	3
1943年1—6月	1	6	34		6			3			3			1			3	1		2

综上可知，边区监狱犯人除暂时关押在监狱内的未决犯之外，主要来自犯了各种罪行而被判处有期徒刑的人。

---

① 《红色档案——延安时期文献档案汇编》编委会：《红色档案——延安时期文献档案汇编（陕甘宁边区政府文件选编）》（第三卷），西安：陕西人民出版社，2014年，第227页。

② 高海深、艾绍润：《陕甘宁边区审判史》，西安：陕西人民出版社，2007年，第84页。

•第五章 教育改造制度的适用对象及程序

第三节 监狱教育改造制度的适用

一、从犯人类型看教育改造制度的适用

陕甘宁边区由于是延安时期中国革命的策源地，是全国革命的政治中心。陕甘宁边区特殊的政治、军事、文化、地理特点造成了边区犯人的犯罪特点明显。边区的刑事案件类型不仅仅包括传统社会中的邻里、家庭纠纷案件，汉奸、土匪、特务等案件破坏边区安全稳定的案件在全部案件中占有相当比重，而且汉奸、土匪、特务等案件由于与政治、军事关系密切，随着时局变动又呈现出一定的阶段性和复杂性。边区监狱教育改造制度是对具有改造空间的犯人的全面改造，在对一般案件类型犯人的改造上遵循相对稳定的处理方法和政策，而对于破坏边区的敌对分子的改造就需要更加严格的甄别和区别对待。特别是受政治、军事因素影响，破坏边区的犯罪类型也不断变化，决定了对破坏边区犯罪的处置也发生着阶段性变化，同样，教育改造制度的适用边界也随之呈现出动态过程。

1. 抗日战争时期。全面抗战爆发后，为了打击中国的抗战力量，敌人疯狂侵扰边区稳定，刺探边区形势，以及紧张的抗战环境，造成大量的汉奸、土匪、特务、破坏边区政权犯罪，这类犯罪成为这一时期边区的主要犯罪。陕甘宁边区在1937年8月到1941年发生各类刑事案件共6759件，汉奸、土匪、特务、破坏边区政权案件有1453件。1938年到1939年间边区各级司法机关处理的各类普通刑事案件达2349件。1941年12月到1942年2月的3个月间，陕甘宁边区高等法院共处理各类案件67件，其中结案45件。1942年3月到1942年9月的6个月间，陕甘宁边区高等法院原有未审结与新受理案件共167件。1938年到1943年，陕甘宁边区各类审判机关共审理案件10112件，而汉奸和破坏边区案占全部刑事案件的26%。从这一数据可以看出这一时期陕甘宁边区矛盾复杂、严重，案件数量大，其中具有边区政权性质的敌人犯罪占比很大。

但是，一个很值得注意的问题是：数据显示1938年到1943年，在陕甘宁边区各类审判机关共审理案件10112件中占比26%的汉奸和破坏边区案，

共和国监狱制度的雏形：
陕甘宁边区高等法院监狱教育改造制度研究

从边区的司法制度看，或许会带来大量的徒刑和死刑犯。此外，1938年边区高等法院共判决徒刑犯人194人，全边区共判处徒刑案件560人，而此时整个边区对已决和未决犯的收押情况却是："1941年年底各县混合收押计有未决犯168名，已决犯170名，甚至高法看守所也收押未决犯92名。"也就是说暂时发挥监狱功能的边区高等法院看守所收押未决犯92名，收押的已决犯数量虽然不得而知，但是从"1944年高等法院监狱共看押119名犯人"①，且1942—1946年共释放犯人276名的情况可以说明，除去边区监狱（看守所）之外，其他收押单位收押的犯人数量也并不庞大。

除去以上严重犯罪案件外，又有以窃盗、伤害、烟毒、贪污渎职、逃跑为主要案件类型的普通刑事案件。陕甘宁边区由于严厉打击大烟、贪污腐败、无所事事的赌博、偷窃等行为，因此烟毒、杀伤、贪污、赌博、侵占、妨碍个人、妨害公务、伪钞、伤害风化等犯罪案件也是边区的主要犯罪构成。据统计，1937到1938年，陕甘宁边区共处理烟毒案525件，杀伤案135件，赌博案187件，侵占案39件，较其他案件数量最少，妨害个人案134件。其中1938年陕甘宁边区判处了946名犯人，判处教育释放的为302人；半年以上1年以下有期徒刑的犯人为199人；1年以上2年以下有期徒刑的犯人为186人；2年以上3年以下有期徒刑的犯人为86人；3年以上4年以下有期徒刑的犯人为36人；4年以上5年以下有期徒刑的犯人为31人；5年以上有期刑期的犯人为22人；死刑84人，占总人数的8.88%，总体来看死刑犯人占比不大。对于严重犯罪案件，如：王光胜汉奸案。王光胜曾参加革命两年多，后叛变革命，受汉奸指示，7次于饮水中投毒，为敌机指示轰炸目标，诱使青年充当汉奸，进行汉奸宣传；诬蔑八路军，为敌刺探消息；还企图窃取文件、公章后逃跑。1940年11月边区高等法院判决：该犯虽年仅18岁，但其破坏计划组织得相当周密且又非偶然受汉奸欺骗利诱，所以依照国民政府修正惩治汉奸条例，以汉奸罪判处王光胜死刑。即便是仅有18岁，亦被判处死刑。②

---

① 薛梅卿、黄新明：《中国革命根据地狱制史》，北京：法律出版社，2011年，第50页。
② 汪世荣：《新中国司法制度的基石：陕甘宁边区高等法院（1937—1949）》，北京：商务印书馆，2018年，第192页。

边区 1944 年 1 月至 1945 年 9 月，1 年零 9 个月的命案统计 198 件，近一半案件与婚姻相关。

以上大量数据可以推导出陕甘宁边区刑事案件数量众多，其中相当一部分犯罪是破坏边区的严重犯罪。有趣的是大量普通刑事案件甚至是严重的汉奸和破坏边区案并未带来大量的徒刑犯人，那么，原因究竟何在？似乎合理的解释是被判处徒刑的犯人数量不足，而其他刑种多被运用。

首先，"《陕甘宁边区刑法总、分则草案》规定了许多轻缓的刑罚制度，包括不予处罚、减轻或免除其刑的情形、刑之易科、缓刑、治疗教育等。另外，从边区的司法实践看，在 1939 年到 1941 年审理的 4553 件刑事案件中，无罪释放 149 件，教育批评 1034 件，半年以下苦役 1948 件，轻刑案件占到总数的 3/4"①。即这些犯罪案件中被宽缓处理而免于牢狱之灾的占比较大，致使需要被送往监狱羁押的犯人数量不大。

其次，严重犯罪的犯人被判处了死刑。正如雷经天所说：犯罪分子确然是故意违反边区法律，给边区的人民和整个社会，甚至是国家带来了伤害和损失，这种犯罪分子已经不再对社会做出正面利益的贡献，反而极有可能阻碍边区的发展，像是汉奸、敌探和土匪等诸如此类严重危害边区秩序的犯人，应当判处死刑。但从边区 1939 年 1 月—1941 年 10 月刑事案件判决刑期统计表 5—1 中可知，1939 年 1 月到 1941 年 10 月的这一时期被判决死刑的犯人并不多，仅占全部刑事案件的 3.2%，1938 年虽然死刑犯占当年判处犯人总数的 8.88%，但依然可谓占比很少；而被判处苦役的犯人却占比十分巨大，说明雷经天认为的应对被判处死刑的犯罪分子并没有被大范围地判处死刑，而是被判处更长刑期（1942 年之后最高刑期由五年改为十年）；或者出于教育改造的治理目的和发展生产的需要对一般轻微犯罪，经批评教育而释放，1939 年教育批评 1034 件的案件数据已经给予这种支撑。

然而，无论如何大量严重刑事案件的存在且死刑判决得较少现实，必然使监狱存在众多因严重犯罪而锒铛入狱的犯人（结合边区司法政策，严重犯

---

① 马成：《陕甘宁边区法制史概论》，北京：高等教育出版社，2019 年，第 152 页。

共和国监狱制度的雏形：
陕甘宁边区高等法院监狱教育改造制度研究

罪案件被批评教育而释放的犯人应忽略不计）。如：刘文义汉奸案。刘文义在日寇特务机关受训一个月，受汉奸陈国秉指使，刺探军情，曾两次报告于汉奸周嘉荣。1942年3月11日边区高等法院判决：惟其本意尚非坚决不愿改悔者，以刘文义汉奸罪判处有期徒刑2年。① 因其愿意悔改便把极其严重的汉奸案，判为2年的有期徒刑。实践中，犯人数量不大的实际情况又为这一问题蒙上了迷雾，而无论如何边区监狱关押的犯人大多数为较为严重的刑事犯罪这一事实或无疑问。

2. 解放战争时期。解放战争时期边区重大刑事犯罪以反革命罪居多，但总体而言刑事案件以普通犯罪为主。1945年8月到1948年，对边区不满的少数异己分子、投机分子、变节分子和趁火打劫分子，配合国民党进攻，进行颠覆边区政权的活动。而且，边区高等法院案件审理量随着边区辖区的发展及各地局势的复杂化而呈上升趋势，再有便是由于边区的经济压力，对无所事事的二流子改造行动，将二流子类犯罪作为改造的重要一面。再加之经过抗日战争时期后，陕甘宁边区由于是中国革命的希望和模范区，吸引了大批外来人口，上千上万的知识青年涌向延安，大量贫难民来到延安。据统计，1937年至1945年边区移民、难民达到了63850户，266619人。因此，边区的人口激增，自然造成矛盾纠纷增多。

1947年7月至12月，陕甘宁边区高等法院半年内处理的案件数达到215件，审理完结的案件为182件，说明这一时期的案件总数在不断增加。在《陕甘宁边区监狱工作调查报告》的总结中提到，陕甘宁边区监狱人犯的犯罪类别及其犯罪原因为："自西安解放后，本监从七月二十二日起至九月十六日止，共接收已判决人犯共二百七十七人，根据我们的统计材料看来，这批人犯有如下几个特点：第一，以犯罪类别看抢劫犯最多占百分之五十三点九，其次是窃盗占百分之十三点三，毒品贩占百分之九，欺诈占百分之六点九，再其次是破坏金融占百分之五强，其他一般刑事犯罪占的比例很少。……

---

① 汪世荣：《新中国司法制度的基石：陕甘宁边区高等法院（1937—1949）》，北京：商务印书馆，2018年，第198页。

·第五章 教育改造制度的适用对象及程序

……第三,以犯罪人职业看,散兵游勇最多占百分之二十三强,其次是商人占百分之二十,手艺工人占百分之十九强,再其次是小贩、苦工、无业游民、农民……"。① 虽然这一时期仍然具有较多的严重犯罪案件,1948年边区监狱在押201人中,投敌、破坏边区、反革命的犯罪案件高达三分之一,使一些研究者认为,解放战争时期的反革命等严重犯人仍然是边区刑事案件的重要内容。其实不然,笔者认为抗日战争时期相比,解放时期犯人类型已经发生了重要改变,汉奸案件濒于绝迹,土匪等政治性案件日益减少,犯罪者的成分发生了重大变化,这一时期的犯人主要是以普通犯罪为主。

这一结论很重要的考虑因素是:1948年边区监狱在押201人中,投敌、破坏边区、反革命的犯罪案件高达三分之一,这一数据并不能说明在解放战争时期的犯罪情况。因为自边区1942年将有期徒刑最高刑期提升为10年之后,一部分严重犯罪的犯人被判处时间较长的刑期,一些在抗日战争时期入狱的犯人,此时犯人的刑期尚未届满,使其能够跨越抗日战争的阶段来到解放战争时期,这样就造成反革命等严重犯罪犯人在监狱中占有一定比例,真实情况的展现需要一个过程,随着时间的推移,犯人类型必然会有一个明显的转变。而如果仅从"高达三分之一"便断定犯罪情况不免有失偏颇。比如边区高等法院审理的一起杀人案:王占林与王凤英通奸后杀死王凤英之夫王春元逃跑,并利诱王占娃同行,途中与王凤英成为夫妻。1943年1月边区高等法院判决:王占林为杀死王春元之主犯,以杀人罪判处其死刑,褫夺公权终身,数罪并罚,执行死刑;王凤英帮助王占林杀害亲夫,后与王占林成婚并共同利诱王占娃出走,罪责难逃,惟其非杀人主谋,以帮助杀人罪判处徒刑8年,通奸罪判处徒刑1年,利诱罪判处徒刑3年,数罪并罚,执行徒刑10年。② 杀人案被认为是陕甘宁边区的严重案件,被判处八年的有期徒刑,自1943年起算,如果没有减刑期届满当在1951年。再比如马得凌破坏边区案:马得凌原为中共党员,后叛变革命参加反动组织,进行反共及"围剿"

---

① 张世斌:《陕甘宁边区高等法院史迹》,西安:陕西人民出版社,2006年,第74页。
② 榆林市中级人民法院:《榆林地区审判志》,西安:陕西人民出版社,1999年,第64页。

共和国监狱制度的雏形：
陕甘宁边区高等法院监狱教育改造制度研究

苏区活动，残杀共产党员，破坏党组织，又在边区组织情报网，侦察情报，在边区进行特务活动，收买边区机关工作人员和战士，阻碍边区抗日工作，收集情报，供给何绍南军政情报9次之多，收买落后分子意图瓦解革命根据地。1941年11月21日边区高等法院判决：马得凌之所为，罪大恶极，本应照惩治汉奸条例处以极刑，但为着团结抗战，本着侧重宽大的刑事政策，极力争取，以破坏边区罪判处马得凌徒刑5年。① 在没有减刑的情况下，罪大恶极的马得凌则要服刑到1946年才算刑期届满。

无怪乎王子宜代院长于1945年12月29日在边区第二届司法会议上指出："今天犯罪者的成分，什么人最多？工人农民最多。"② 而《陕甘宁边区监狱工作调查报告》恰好能够支持这一论断：以犯人的职业上看，散兵游勇最多占犯人总人数的23%，其次是商人占犯人总人数的20%，手艺工人占犯人总人数的19%，再其次是小贩、苦工、无业游民、农民……1949年5月，由于西安解放，边区高等法院由延安迁往西安，在两种治理形态更迭交替和敌对势力的蓄意侵扰情况下，一大批反革命分子十分活跃，但经新民主主义政权的治理，边区重大刑事案件以抢劫、盗窃、诈骗犯罪最多，犯人类型发生进一步转变，占人犯总数的74.3%。

3. 犯人类型影响教育改造制度的适用边界。"边区高等法院在案件审理中，首先凸显出革命时代法律的政治属性，其次以维护社会秩序的稳定、定分止争为己任。在刑事审判中，镇压敌对力量，维护革命秩序。在民事审判中，维护土地革命的成果，并充分运用了为民众所乐于接受的调解手段。"政治属性这一考虑因素放置于边区的刑罚与教育改造犯人过程中，严重影响着教育改造制度的适用。汉奸、土匪、特务、破坏边区政权犯罪是边区刑事犯罪中的主要犯罪。马锡五指出："新民主主义的法律，具有两种功能，一是保护以工农为主体及各阶层民主人民的利益为己任，二是作为反对与镇压地主、

---

① 汪世荣：《新中国司法制度的基石：陕甘宁边区高等法院（1937—1949）》，北京：商务印书馆，2018年，第197页。
② 王子宜：《在边区第二届司法会议上的总结报告》（1945年12月29日），陕西省档案馆，全宗号15。

买办官僚资产阶级的武器,"司法任务,是把政策的执行具体化"。司法是阶级的产物,就无产阶级法律而言,法律对人民实行民主,法律是保护人民群众合法权益的宣言书和守护者,对敌人实行专政。陕甘宁边区政治处于领导全民族抗战的紧迫环境中,处在领导人民反抗国民党军事独裁的紧迫环境中,面临种种风险挑战,需要对反动力量进行严厉打击。那就是对破坏边区等种种的行为做斗争,需要对汉奸、土匪、敌特等严重危害边区稳定局面的群体进行专政。因此,雷经天认为对于故意违反边区法律的犯罪分子,他们之所以有罪是因为给边区的人民和整个社会带来了损失,国家甚至因此也遭受一定程度的损害,这种犯罪分子已经不再对社会做出正面利益的贡献,反而极有可能阻碍边区的发展,是消极的社会力量,对于像汉奸、敌探和土匪等诸如此类严重危害边区秩序的犯人,应该判处死刑。

抗战时期。教育改造制度在具体实践中,由于边区刑罚以镇压与宽大相结合的刑事政策,罪犯的悔改程度高低,教育改造可能性大小等等,成为从宽量刑的判断情节。边区审判机关出于教育改造的考虑,或是罪犯诚心悔改、表现良好,一般会从轻处罚。如:刘光前触犯纵放犯人、组织拖枪叛变为匪等多罪,边区审判机关经调查审理认为,刘光前虽纵放犯人,但未蓄意杀人为匪,尚可轻判轻罚,最终决定判处刘光前三年有期徒刑。朱有三触犯汉奸罪,审判机关念其做汉奸为时不久,作恶尚少,争取转变教育,又为积极响应宽大政策,判处其三年的徒刑,并处没收随身财物,从而使一部分严重犯罪者进入监狱教育改造范围。边区司法制度厉行惩前毖后、治病救人的方针,在刑事案件中坚持镇压与宽大相结合,这在刑法中得到有效遵行。

正因如此,边区教育改造制度呈现的几个发展阶段的观点便得到诠释。虽然教育改造制度作为边区改造世界的一部分,但倘若进一步将这类犯人放置于具有尊重犯人人格、说服教育为主、严禁打骂,"就他们所过的教育生活来说,入监就是入学","像这里的犯人,使自由的人都感到惭愧","刑满出狱者要求留在狱中这个家"的教育改造制度框架之下,则监狱管理者的传统观念特别是在严重犯罪的犯人教育改造中,面临着思想上的抵触和行为上的背叛,使监狱出现一系列歧视犯人、惩罚犯人的教育改造现象。1937年,出

共和国监狱制度的雏形：
陕甘宁边区高等法院监狱教育改造制度研究

现了因裁判员使用肉刑、打骂犯人而被撤职的现象。在监狱（看守所）中也发生了因看守所管理犯人施用非刑办法而对看守所所长不满的情况，在监犯人王某因不满在监狱内遭受的不人道待遇，写信向边区政府主席林伯渠控告，边区政府交由谢觉哉副议长和边府罗迈秘书长对该事件进行查证。经过两人的调查查明，看守所所长宋代兴对犯人态度冷漠，常常用戴手铐、捆绳子、肩扛石头土块，不准犯人拉屎拉尿等等非人道主义手段，随意处罚犯人，造成了犯人的强烈不满，高等法院对该所长进行了严厉批评，责令改正不符合教育改造精神的行为。1941年雷经天指出："我们想做的工作很多，但实际上做的少。自高等法院以至各县都有这种现象"，"缺乏犯人教育"。① 所长领导下对犯人的随意惩罚，反映出教育改造制度在适用对象上，虽然将具有改造可能性的严重犯罪犯人纳入改造对象，但在实践中却并未真正将犯人当人看，随意惩罚、侮辱犯人从实质上来说是将严重犯罪犯人排除在监狱教育改造对象之外。

这种现象并不仅仅出现在边区成立伊始，并不是由于政权建设尚未得到有效展开，教育改造制度还处于草创阶段，而造成的偶然事件。无独有偶，在边区各项制度得到极大完善的1945年，仍然存在着惩罚、侮辱犯人的现象。延安市地方法院看守所所长杨某某，在看押管理犯人的过程中，虽然在教育改造方面做出了一定成绩，但是对待犯人时仍然用严厉的、非人道的手段予以惩罚，在看守过程中发生了随意让犯人罚站、举石头、担尿盆、画花脸等有损犯人人格的行为，甚至对犯人财物如水笔、手表、皮衣进行侵占，严重侵犯了犯人的合法权益，有违教育改造宗旨。事件查明后，边区高等法院给予看守所所长杨某某撤职的处分。高等法院代院长王子宜批评更是反问：这是教育改造吗？这违背了我们的政策。杨永华、方克勤认为：陕甘宁边区反对不尊重犯人人格，反对打骂体罚犯人的斗争，绝不仅是两种监所管理方法之争，而是对待犯人的根本态度之争。这反映着陕甘宁边区在教育改造过程中，对严重犯罪犯人人格的不尊重，对以人道的教育改造方法实施教育的

---

① 韩延龙：《法律史论集》（第5卷），北京：法律出版社，2004年，第403页。

· 第五章　教育改造制度的适用对象及程序

不情愿。说明以尊重犯人人格为指导思想和前提的教育改造制度，在抗战时期的实践中，教育改造制度的适用范围存在着表达与实践的背离，对严重犯罪犯人的教育改造未能妥善遵行。虽然，上述两例反面事例并不能完全反应这种结论，且延安市地方法院看守所所长杨某某一例与边区监狱关涉不大，但不可否认一定程度上反映出了这种背离。

解放战争时期。随着抗战的胜利，边区社会矛盾发生转型，严重犯罪类型的犯人逐渐减少，普通犯罪类型的犯人占比增加，以抢劫、盗窃、诈骗犯罪最多，犯人类型发生进一步转变，占人犯总数的74.3%。除刑期未满的严重犯罪类型犯人外，犯人基本来自普通犯罪。这一转变背后透露的是犯人多来自人民内部，是可以教育的人民，是可以团结的积极力量。王子宜在1945年12月，针对当时犯人成分最多的已经是工人农民的现状，强调：这表示我们对民众的教育还不够，没有使他们懂得今天的政权是自己的，应如何使其出狱之后，等于从学校内毕了业，受过了教育，不再有犯罪行为，我们的目的就算达到了。法律是为政治服务的，政治需要什么法律，我们就制定什么法律，为了团结人民、为了壮大革命力量，就必须加紧对犯人进行改造。从犯人的成分到犯人对自己的政权认识不深刻，说明工农组成的犯人群体是违背了社会秩序的人民，是需要教育改造的对象，是教育改造制度的最主要对象。雷经天所说的：极有可能阻碍边区发展的，消极的社会力量基本不存在。因此，在人民内部"需要一种伟大的仁爱感情作用"使犯人改过自新，回归社会。

为了改变前期在教育改造犯人过程中出现的种种偏差，进一步强化教育改造的实效，提高教育改造的定位，使通过人道教育、知识文化教育、思想教育、劳动教育，辅之于情理感化的教育改造理念更深刻地融入边区监狱管理者的灵魂深处和行为准则。1946年4月，为了强化教育改造理念，陕甘宁边区第三届参议会通过了《陕甘宁边区宪法原则》，其中在其司法部分明确规定了"对犯人采取感化主义"，使教育改造理念空前的上升到宪法高度，成为指导边区司法始终的纲领性原则。另外，任子光过失杀人一案中，任子光年仅十二岁，尚未达责任年龄，判决在劳动生产所感化教育，可以看出边区对教育改造制度的充分适用。

二、从刑罚执行看教育改造制度的适用

刑罚执行就是执行机关以审判机关做出的判决为标准，依照规范化的程序，对罪犯所应受到的刑罚付诸实践的活动。边区刑罚执行的基本原则：一是犯人在监所进行教育改造后，要考察犯人思想和行为是否得到了纠正，考察教育改造的程度。二是执行并不完全遵循判决的刑期长短，如果符合一定条件，可以选择适当的方法处理。

边区刑事法律规定，徒刑犯在执行至一定刑期后，经过考察，监押机关认为犯人思想上进、积极改正错误，或者是在监狱内表现良好、态度端正，家庭贫困难以为继且群众又不反对其释放的，可以采取外役、假释、提前释放、交乡执行或是取保释放等措施。如李锁子遗弃母亲一罪，李锁子被判处半年苦役，但念其母亲年事已高，妻幼无人抚养，特准予具保假释，带罪侍母，并且在判决理由中强调如若再次遗弃，则予以重罚。又有陈德贵盗窃一案，该女盗枣一事属实，判处半月苦役，但因情节轻微且已经在押长达二十余天，故免予执行苦役，将其释放。

陕甘宁边区最常判决的刑罚种类是徒刑和苦役。监狱（看守所）则是执行徒刑和苦役的专门场所。但由于机构建设的滞后性，边区在相当长的一段时间内，刑事犯人一般都拘押在各县保安科所属的拘留所中，统一由保安科进行监管，后随着边区的建设不断对边区监所机构进行完善。发展过程中边区最基本的组织形式是看守所和监狱。边区看守所共有两级，边区高等法院看守所和各县看守所。边区高等法院成立初期就建立了看守所，用以关押已决犯和未决犯。1939年《陕甘宁边区高等法院组织条例》正式地确立了看守所的法律地位。后来，边区高等法院开始建立劳动生产所，便于组织已决犯进行生产劳动，1942年经边区政府决定，将劳动生产总所改为了边区监狱，看守所成了专门关押未决犯的场所。边区的监狱也分为两级，一级是边区高等法院监狱，另一级则是行政督察专员公署高等法院分庭监狱，但分庭监狱由于关押人数少、集体教育无法展开，存续时间较短，1945年就取消设置了，

分庭的犯人都归县司法处看守所进行关押。总体而言边区的监所虽然有一定的组织和规模，但是由于革命环境与条件限制，发展并不完善。

边区的监狱（看守所）设置决定了监所的主要职权，明确了关押和管教的范围。边区监所初建阶段的羁押和监管职权模糊，直到1938年9月后，边区开始区分刑期长短，进行分级关押。在边区成立后的最初十年间，边区监狱（看守所）实行了两级和三级管理的不同规定，两级是监所和看守所管教，三级则是在此基础上，增加了分监。边区的人民犯了罪，由边区各级监狱和看守所执行，高等法院为此发出通令，做出原则性规定：刑期在三年以下的罪犯，由各县自行管教，三年以上者一律送由高等法院集中管教。分监组建后将判处六个月苦役以上的犯人交由分监，六个月以下劳役的犯人则留给县看守所或是保外执行；刑期在六个月以上三年以下的犯人也交由分监负责收押。1946年，分监撤销后各县将判处两年以上的犯人，延属分区则是规定被判决一年以上的犯人送至高等法院监狱，其他依旧留给各县的看守所。

边区监狱、监所和看守所其本质都是执行刑罚的司法机关，是惩罚犯人的工具，一般执行徒刑、苦役等需要关押一段时间的刑罚。但边区监所的重心在于教育和改造犯人，边区主张寓教于劳动之中，希望罪犯通过劳动生产，能培养良好的劳动习惯，能够掌握一定的生存技能。边区对犯罪的人惩罚很轻，徒刑的刑期一般也较短，犯人在监所关押期间还可以参加学习、劳动。边区监所禁止监管人员对犯人进行辱骂、殴打，主要以不带械具为原则，除非有试图逃跑或是自杀的犯人，应当施加械具。如果犯人违反了监规，必须要对其给予适当的处罚，但一般采取教育、批评或是罚做一定时间的劳动方式。

边区在监内执行徒刑。服役期间犯人要进行学习和劳作，被判处徒刑的人若身有恶疾、心智丧失、七月身孕、产后未足月而不能执行苦役或是徒刑的犯人，可依据具体情况将犯人安置在合适场所进行诊治，待以上情形消失后再恢复执行。早期，边区曾规定，凡是机关部队的人员犯罪，如果所判处刑期在一年以下，一律将其送回原机关部队执行，并要分配劳动工作。

苦役一般采取"交乡执行"的制度，将已经判处了刑罚的犯人拘束在监狱里考察一段时间，在条件允许的情况下，将犯人交给乡政府执行，不用再关押在监狱里。凡是群众身份且刑期在一年以下的犯人，各机关部队如果需要苦役，可将此类犯人分别派送至各机关部队做劳动工作，否则将其遣回各区乡，由各区乡政府执行，可令其帮助抗日军属或工作人员家属劳动，自己家庭若是存在生产困难的情况，酌情允许犯人为自家生产劳动一段时间。后期，边区则规定科处苦役要么交区乡执行，要么由原单位执行。这种执行方式在抗战局势紧张之时有效地教育和改造了犯罪分子，但相应地也暴露出了许多弊端，如执行过程中无专门执行机关进行监管，有失慎重；村内人事调动频繁，交接时手续不够健全，难免让一些冥顽不灵、不愿悔改的罪犯分子投机取巧趁机蒙混逃出；有些犯罪分子在村内颇具地位和影响，出现区别对待的情况，失去了刑罚原有的惩治意义，甚至会阻碍刑罚最终目的的实现，不利于树立法律威严。

减刑是重要的刑罚执行制度，减刑是对正在服刑中的犯罪分子，根据其在服刑中的改造程度和悔过表现，符合减刑条件的经法定程序，可以适当减轻其原判刑罚。边区时期有个别案例实行过减刑，如柳春发等四人组织劫枪叛变释放犯人逃跑为匪一案，边区审理机关认为告发人李光辉虽受到柳春发的煽动，但是尚能被法院对犯人之教育所感动，自动告发致得破此案，据此对李光辉减刑一年。边区即使对罪行极为严重的犯罪分子执行死刑时，也禁止使用残酷的方式，一般使用枪决，行刑时要有监察员对行刑过程进行监督，行刑结束后要及时做好标志将尸体掩埋。

边区政府的教育改造，站在犯人切身利益的角度上考虑问题，反对绝对的惩办主义，从根本上推行感化教育，减少犯人痛苦，唤醒本性与良知，使其去恶从善。

三、从假释与外役看教育改造制度的适用

边区实行的假释制度和外役制度，是刑罚执行过程中，促使犯人改造进步的特殊制度，也是边区监狱教育改造制度的重要组成部分。这一制度本身贯穿于刑罚审判与监狱教育改造实践之中，是刑法、刑罚制度与教育改造制度衔接最为紧密的制度措施。

• 第五章　教育改造制度的适用对象及程序

国民政府还于1935年4月1日公布了《中华民国刑法施行法》，大致是关于罚金、褫夺公权、缓刑假释、易科监禁、减刑和行刑权时效的一些规定。自此，南京国民政府的刑罚制度，首先在民国刑法中被确定了下来，颁布的相关特别刑事法规不断对其进行补充。南京国民政府时期制定颁布的刑事特别法主要有：1927年颁布的《惩治盗匪暂行条例》、1928年颁布的《惩治绑匪条例》，1944年颁布的《惩治盗匪条例》，1928年颁布的《禁烟法》，1936年颁布的《禁烟治罪暂行条例》，1946年颁布的《禁烟禁毒治罪条例》，1927年颁布的《惩治土豪劣绅条例》，1928年颁布的《暂行反革命治罪法》《共产党人自首法》《处理逆产条例》，1931年颁布的《危害民国紧急治罪法》《政治犯大赦条例》，1937年颁布的《惩治汉奸条例》，1947年颁布的《戡乱时期危害国家紧急治罪条例》，1935年颁布的《妨害国币惩治暂行条例》，1940年颁布的《查禁敌货条例》，1941年颁布的《非常时期违反粮食管理治罪暂行条例》，1942年颁布的《妨害国家总动员惩罚暂行条例》，1943年颁布的《惩治贪污条例》，1928年颁布的《暂行特种刑事诬告治罪法》《罚金罚爰提高标准条例》等，其种类和数量极为庞大复杂，就刑罚方面的特点来看，部分特别法与刑法典中类似或相同的犯罪行为相较重刑化趋势明显，运用死刑的情形增加，其具体内容不再过多赘述。

边区假释制度一定程度上参照了民国法律，但更多的是一种崭新创造，主要是针对在监所服刑的犯人，在刑期未满时有条件地释放，恢复其自由和权利，令其回到特定机关或是自己家进行生产的制度。边区自建立就开始实行假释制度，边区认为，实行假释制度一来可以鼓励罪犯转变错误思想，有助于犯人进步，二来能够顾及犯人家庭，对家庭困难者予以相应保护，有利于维持边区生产，三则符合边区教育改造的理念。边区高等法院曾在第五号通令中明确规定了假释的条件，林伯渠在1939年的报告中也系统阐述了假释条件，1945年制定了假释条例。

实行假释的基本条件大致包括：已执行了一定刑期，在监所思想进步，表现良好，自觉主动改正错误，有悔改之心并经考察危害社会可能性较小的犯人，在服刑过程中受到监所的教育效果良好，家庭贫困或生产困难。但边区也不是对所有犯人都适用假释制度,边区规定假释制度不得适用于政治性犯罪,若确有必要适用假释的,必须是犯人表现突出且有特殊困难者,在呈报边区高等法院批准后,方可假释。

边区的外役制度采取了两种形式,一种是保外服役,另一种是调外服役。两者间的区别在于是否脱离监所的直接管理。保外服役是指将在押犯人派遣到制定机关单位从事相应的劳动生产工作,犯人有一定的人身自由和实施某些社会活动自由,外役期间计入刑期,服役结束即刑期执行完毕。边区1945年制定的《陕甘宁边区监所保外服役人犯暂行办法》中规定,依法保外服役者要满足两种条件方可外役,一是犯人所判刑期已执行了二分之一以上,二是在监所中表现良好,积极改正错误,才能适用外役制度。保外服役需经过几道手续,先由监所犯人大会讨论决定,监所呈请边区高等法院审查批准,可实行保外服役,外役期间若犯人有违反规定或企图逃跑等行为,由外役执行处或是监所撤销保外服役。外役期间若表现良好经过考核还可减刑释放。对于保外服役的犯人则由服役地区的单位和监所共同负责管理,高等法院也可定期派遣人员督促检查。另一种是调外服役,主要工作地是监狱下属生产部门,相比保外服役,调外服役的条件并不苛责,但对于犯人的自由权限制较大。

第六章

教育改造制度内容

共和国监狱制度的雏形：
陕甘宁边区高等法院监狱教育改造制度研究

监狱教育改造案例：

张永秀，是子洲月牙树台人（边境上），今年三十四岁，他从小就是个×劳动，十岁上开始给人×羊，直到十八岁时，才和别人伙种庄稼。

1941年阴历8月12日，张永秀驮了一袋黄米去石×（友区）出卖，准备给外甥女置些嫁妆，不料刚到石×，就被国民党军抓去当兵，到那里，他和其他被抓去的人，都没有任何自由，一天除放×次封外，整天都在密里关着，至于饭食，每天两顿小米稀汤，并且还得抢着吃，不然，吃一碗就没有了，他说："一次有人没吃上饭，问了一下队长，就挨了几个响亮耳光。"

谁能受得了呢？尤其张永秀家中，还有六十岁的老父和老母，靠他养活，当然他×家，比别人还要着急。后来队伍开到衡山一带，对他们的监视放松了一些，一天趁放哨的机会，他就撂枪偷跑出来。

跑到那里去呢？成了问题。回家吗？怕被捉定，不回吗？生活没有办法。正在这时结识了地痞冯世明，在冯的唆使下，两人在小庙×抢了一个小贩，得布八丈，颜料六两，边币九十元，和一些零星货物。九月间，他投入了国民党保安十二团，专门扰乱边区边境的阎锡年部，从此，抢劫更厉害了，会拉定边×草峁刘姓和安定孙姓的票，十一月间，青阳岔则××又抢了一个脚夫。以后不断行劫，直到1943年4月，这股土匪被肃清，张永秀才被子长涧峪岔游击队捉定。

张永秀被解到子长司法处时，他以为这次一定不会活了。所以在审讯期间，饭都不肯多吃，看到旁人在一起说话，也疑来疑去，每遇提审，更是怕的全身发抖。但是，司法处只判了他五年徒刑。

从宣判的那一天起，他的心才稍稍平下了。进了监狱，管理监狱的同志又向他解释：你原来是庄户人，并不是生来就为非作歹的，你犯罪，并不光你自己要负责任，拉×你的那些×人，也有责任。现在，你好像害了病的人，我们作监狱工作的就像是医生，我们的责任就是要治好你的病。谁的病好的快，我们就让谁先出去，当医生的人，总不愿××长期害病的，这点你要×下。经过这样的解释，张永秀的情绪更好些了。后来他又亲眼看到，张明珠比他的案情还重，由于转变的彻底，转变的快，司法当局给他减了两年刑期，并提前释放了，还有些转变好的，也陆续假释或保出去了。在监狱内没转变好的人，谁真正有一点进步，也及得到发动×表扬。这许多事实，对张永秀说来，都起了很大的教育作用。

监狱工作者对张永秀的关心，更使他很感激。他说："我到这不久，有一次因打窑不小心把脚伤了，医生和典狱长马上来看我，给我医治、我真想不到。"他说到监狱内日常生活时说："我们在监狱的人，好像在学校一样，一天有八点钟的劳作，早晚都是学习时间，典狱长看守员和其他人员对我们可好哩，不打不骂，还时常来到密×看看，和我们说说。可和气的结实。遇到什么事情，他们都先说明道理，然后才叫大家做，比如生产计划吧，都是我们自己按身体的强弱订出来的。"他又说："过年时，院部给了我们十万元的过年费，会三次餐，我们自己也演了秧歌，还看了别处两次秧歌哩！"

张永秀表现的很积极。比如生产吧，他在农场割草时，一个人能顶两个，旁人休息，他不休息；给交际处打窑，他推的土车比谁都大，比谁都推的快，不论做个什么，总肯卖力气。后来，参加新兴纺纱厂（犯人组成）做工，他不仅对工具、原料非常爱护，就拿分红的数目（每月可分两万五到三万元）来看，他的成绩也很可观。所以他的生产情绪非常之高，常要求工余加工，张厂长为了不损其身体健康，会劝说过几次。他不仅自己肯努力生产，同时还能劝说别的犯人，一次他对一个二流子说："你想想，自己想吃好的，又不想做活，这思想对不对，如果每个人都像你这样，那儿有吃的呢？在守法中

共和国监狱制度的雏形：
陕甘宁边区高等法院监狱教育改造制度研究

间，应该切切实实生产，不光是为了分几万块钱的红利，更要紧的是锻炼自己的劳动习惯。将来出去吗？也不会再像以前那二流子，这个见了讨厌，那个见了瞧不起。"经他这样多次的劝导，那个犯人也渐渐生产了。

张永秀初到监狱，双手×不了个八字，但他不好好学习，老是说自己年龄大了。以后，思想转变了，他积极起来，不论早晚学习时间，抓的都很紧张，一个字总是写来写去。犯人苏振君说："他学一字一句，非弄熟了，不肯放下。"除公家每月发学习纸外，张永秀自己还拿生产所得的钱买纸学习，今年一月份，他就买了两千多元的纸。他说："我以前解不下学习的好处，所以提起学习，头就疼，现在感觉有味道了。所以，一月份，我就学会了一百二十个字，连以前学的，已有四百个字了。"

去年十二月底，监狱总结生产工作与选举监所劳动英雄时，犯人公认张永秀的劳动和学习积极，有经常性，进步很快，所以，在一百一十个人中，有九十八人推选他当英雄。同时，司法当局也给他减了五个月的刑期，他高兴的说："边区政府过去宽大了我，在监狱内又把我选为英雄，这真是那一朝代也没有过的事。"①

监狱教育改造制度源于犯人是可以被改造的思想认识，这一犯人改造思想有着深厚的认识基础，1934年毛泽东指出："苏维埃的监狱对于死刑以外的罪犯是采取感化主义，即是用共产主义精神与劳动纪律去教育犯人，改变犯人犯罪的性质。"② 犯人之所以能够被改造是因为人是历史的、社会的产物，犯人犯罪由一定社会条件所造成。毛泽东认为，用共产主义信仰这一伟大目标，能够激励犯人追求新生，而这是一个强制性过程，需要劳动纪律加以引导，通过改变犯人犯罪本质便能够实现犯人转变。边区监狱在科学理论、政策指导下，在长期的改造犯人实践中发展出了以政治教育提升犯人思想认识、增进犯人德性，激发奋发意志；以文化教育启发犯人理性，增强犯人生活能

---

① 霍一禾：《从一个匪犯的转变看边区的监所工作》《解放日报》，1946年5月24日，第4版。
② 彭小奇：《毛泽东教育思想研究·卷2·毛泽东中央苏区教育实践与教育思想研究》，湘潭：湘潭大学出版社，2013年，第244页。

力，推动犯人自主思考；以劳动教育培育犯人一定的规则意识，培养遵守法则、纪律的行为习惯，在劳动技能学习中，实现生活、生产技能提高；并在具有浓厚人道主义管理规则的辅助下，化解犯人的仇视情绪、抹平犯人接受教育改造过程中的心理障碍，引导犯人弃恶从善的自觉，实现犯人以良好姿态重新进入社会，成为新社会的有生力量。边区监狱认为，监狱内的一切设施和活动都是为了教育犯人，从而形成了直接作用与间接影响相互配合的制度内容。因此，边区监狱的教育改造制度的内容丰富、体系系统、机制健全。

第一节　两种制度形态的关系

所谓两种制度形态是指：边区监狱教育改造制度的两种制度形态即直接教育改造和间接教育改造。前文曾分析认为，"教育使命并不严格地区分犯罪、流浪甚至贫穷；在各种社会不良分子中教育的缺乏导致社会技能的缺乏。实现改造的目标需要严格的纪律，因为监狱规则和既定的习惯都将把社会的责任灌输给犯人"①。而犯人犯罪的多因性，说明实现教育改造就需要多头并举，单纯的一种教育改造方法难以应对错综复杂的犯罪源头，也就是说需要以比之社会群体更为严格、更为丰富的直接或者间接引导改造，这种灌输或者说教化需要通过监狱规则建立了一套秩序来校正犯人的恶习和情容，包括教育管理制度、刑罚执行制度、直接的知识、观念普及制度。孔子养国子以道，乃教之六艺：一曰五礼，二曰六乐，三曰五射，四曰五驭，五曰六书，六曰九数，孔子教育弟子通五经贯六艺，弟子三千而身怀六艺者七十二人；孟子认为"教亦多术"，所谓"君子之所以教者五：有如时雨化之者，有成德者，有达财者，有答问者，有私淑艾者"。反映出不同的教化方法对人性化育和品性培植的熏陶滋养作用，多种教化手段相互配合，方可相得益彰。对犯人而言"厥惟使犯人多有接触，如读书写字就是接触之一。但是专靠读书习字的教育是不够的，必要有娱乐、演讲、讨论、讲道等，以多其接触。故社会化的程序，是用课室、职业、训练、娱乐、宗教、图书、聚会、自治及作

---

① 冯客：《近代中国的犯罪、惩罚与监狱》，南京：江苏人民出版社，2008年，第157页。

共和国监狱制度的雏形：
陕甘宁边区高等法院监狱教育改造制度研究

业…等"①。各种教育内容有着不同的教育影响，对人产生不同作用，在使犯人直接接受知识灌输之时，必不可少的是其教育内容的辅助，而通过一定方式实现犯人情感波动，使人幡然醒悟，则不仅很有必要还十分有效，正所谓人非木石，爱国之心，自不禁油然而生矣。因此，直接束缚犯人改造思想行为的直接教育改造制度以有效的知识灌输和行为培训，强制性地对犯人产生教育内容上的影响；通过间接调动犯人情绪，情感感化、意识激发、德行教化，使犯人醒悟的间接教育改造，如春风化雨一般，能够在潜移默化中引起犯人自我心灵上的转变。两种教育改造制度既有区别又有联系，既相互依靠又彼此界限分明，一项富有成效的教育改造制度必然是直接教育与间接改造的有机结合，一个犯人被有效改造是一系列直接间接教育改造制度相互作用的结合。

就陕甘宁边区教育改造制度的制度内容而言，边区教育改造制度正是分为直接的教育改造和间接的教育改造两部分，是直接与间接的共同作用，从而相得益彰。两种教育改造制度各有侧重，直接教育改造制度侧重于通过"三大教育"完成对犯人的思想洗礼、文化教养的提升和劳动技能的掌握。直接的教育改造核心内容是"三大教育"：教育改造、文化改造和劳动改造。三大改造是边区监狱推行教育改造制度的核心内容，是通过直接的教育方式转变犯人思想认识、提高文化修养和安心做人的有力武器，与教育感化相比更为直接有力。由于监狱犯人多是由汉奸特务及二流子犯罪犯人组成，因此犯人在思想上要么对人民政权怀揣敌视，如汉奸特务犯人作为国民党政权的爪牙，思想上瓦解和危害人民政权根深蒂固，而对人民政权的正当性了解不足，政治观念严重背离正确轨道，加紧对这一类犯人进行政治理论和思想政治的教育很有必要，边区本着"惩前毖后，治病救人"的法治方针和扩大统一战线获得更多数人对边区的支持积极争取犯人转变。而二流子犯罪犯人大多为边区当地的无业游民，缺乏文化素养，劳动观念和劳动技能，旧社会习气浓厚对人民政权的了解不足和立场不坚，施之于政治教育、文化教育和劳动教育，树立人民立场，掌握劳动技能是改造新人的必要方式。"三大教育"蕴含

---

① 严景耀：《北平监狱教诲与教育》，《社会学界，》1930 年第 4 期。

着丰富的政治、经济、文化、社会革命构想和重建社会秩序的重要形态，是对犯人如何回归社会、以何种姿态回归社会建设的重要追求，是对新民主主义社会人民群众的基本要求和良好期盼。依靠"三大教育"从思想认识上端正犯人对新民主主义革命政权的认识、增益对自身人民地位的认同、学习革命形势和革命方向；从文化修养上教育犯人掌握社会活动、参加社会生活的武器，从劳动技能上学习劳动知识、锻炼劳动技能、养成劳动习惯，为自身的生存发展奠定基础，实现自力更生、安居乐业；从思想认识到社会交往再到生活有着、安居乐业，是新民主主义革命改造人民群众的基本逻辑，也是转变为新民主主义社会新人生存、生活、发展的基本逻辑。

与直接教育改造制度相对应的便是间接的教育改造制度，间接教育改造制度是通过犯人自治、提高犯人生活待遇、假释、外役、生产奖励和卫生医疗等人道措施对犯人心理施加影响，扫除迷惑，安抚旧社会带给犯人的创伤，依靠良好的生活待遇和医疗卫生等管理规则引导犯人内心的积极力量，塑造恰当的行为模式，维护犯人尊严，唤醒犯人对人民政权的爱戴，进而积极改造，实现争取犯人改过自新的教育措施。间接教育改造并非不重要，具体来说间接教育改造制度具有两种重要价值：

首先，其是辅助于直接教育改造顺利实现的重要保障。灌输往往带有强制性，而强制性一般而言具有违背个人意愿的特征，监狱作为对刑罚执行的场所，它的管理、教育制度强制性较为显著，如果仅通过严格的制度规范对犯人实施管教则存在着激化犯人与监狱的对立风险。具有浓重人文情愫的良好辅助制度恰恰能够起到建立犯人与监狱的良性对话渠道、增进相互认同，起到缓和作用。

其次，其自身所内聚的感化效能能够具有独立教育改造犯人作用。现代罪犯理论认为，人之所以步入邪恶，大多数是存在人格和性格上的不健全，或者说自控能力不强，受环境因素影响较大，易怒暴躁等，进而导致对社会的仇视和生活的冷漠，好逸恶劳、难以自律。而一旦进入监狱大多数犯人内心则会产生不服从管教的焦虑、抑郁、易怒等情绪。一般认为导致犯罪的更深层次原因还是社会的、心里的。社会治理是一个大工程和长期工作，非经年累月无以建功；况且社会发展受制于文明程度影响，具有客观性。因此，

共和国监狱制度的雏形：
陕甘宁边区高等法院监狱教育改造制度研究

对于已经误入歧途的犯人而言，社会改造工程已经为时已晚，挽救失足则是监狱的现实问题，对犯人加强教育使其得到转变，以光明换于黑暗则成为现代监狱治理的重要课题。那么该如何治理？曰：无他，感化尔。管子云："摽然若秋云之远，动人心之悲；蔼然若夏之静云，乃及人之体；鸾然若皓月之静，动人意以怨；荡荡若流水，使人思之。人所生往，教之始也，身必服之。"说明了感化对人的作用。"感化"一词有三个方面的内容：一是使人逐渐发生向善的变化，而变化的产生存在于一定的行动，是过程性的；二是强调感化致人最终向善的结果，荡荡若流水，使人思之，塑造心理因素。三还强调用于感化的方法，是兼之于情感的潜移默化，以情感之、以情化之、以人心感化人心。由此观之感化重在方法，方法得当，必从善如流。基于社会的、心理的犯罪动因，如何以感化之方济穷途之人？普通大众与反社会人们的分别，在于普通大众能看出他自己行与社会的意义和结果，而后者则不能，且无社会同情，专顾自己而不能为他人着想，故第一要义是使之（犯人）了解社会，了解他与社会的关系，使他理解对社会应尽的责任，使他看见社会的意义与结果，而愿意尽他应尽的责任。惩治心灵，教化于人是以社会的接触诱导社会的融入，具体来看则是："这就是一方面去改变囚犯通常所有的态度，代替以前恶化的态度。换一句话说，就是要将反社会的态度变为社会化的态度。变更态度的方法，厥惟使犯人多有接触，如读书写字就是接触之一。"而实际上，监狱感化教育既要给予罪犯一定的自主性。"[1] 期犯人洗心革面成长为社会有用之人，仅靠文化教育无法实现，甚至仅是单纯的灌输"人性本善、从善如流以及思想政治教育"也难以企及目标，所以进行心灵感化必不可少。温情关怀的管理制度，以心比心、将心比心，以一定的宽容、包容、友善、关怀的行动为双方心灵铺就感情基础，进一步引导思想道德上的知和行的问题，"为被感化者构建醉人心扉的灼灼真情"[2]。"监狱工作者对张永秀的关心，更使他很感激。"从张永秀的转变来看，正是通过监狱管理者尊重犯

---

[1] 张东平：《近代中国监狱的感化教育研究》，《山西警官高等专科学校学报》，2010年第3期。

[2] 余国政：《关于感化及感化教育相关概念的辨析》，《湖北理工学院学报》（人文社会科学版），2015年第3期。

人、关心犯人生活，从而打开了犯人改造自我的通道。

第二节　直接的教育改造制度

边区监狱认为：对犯人进行随判随放或者单纯关押，法律就是去了教育人的功能，只有在监狱的严格管理下，在犯人日常生活和劳动中，用无产阶级革命理论、挖出犯人的根源。监狱作为司法之末端应承担起使犯人改过自新的使命，监狱的一切活动和设置都是为了教育犯人，而教育是改造犯人的前提要件，是帮助犯人进行转变的主要方法。边区监狱教育改造的方针是"服从总的监狱任务，进行有效的思想改造及劳动改造，使其认识罪行，悔改错误，逐步提高其政治觉悟，培养其劳动习惯，生产技能，使其成为一个好公民"①。因此，教育需要用严格的直接的方法迫使犯人从思想上、认识上和劳动纪律、劳动技能上进行提升，这种方式直接作用于犯人思想和行为，由这种教育方法而形成的制度是直接的教育改造制度。边区监狱的直接教育改造制度包括三大部分：政治教育、文化教育和劳动教育。

一、直接教育改造的制度原则

为了使这种教育改造制度得到有效贯彻，在教育改造制度实践过程中，边区监狱发展出了四种教育原则：

1. 犯人自己教育自己。形成犯人自己教育自己的原因有两个方面。一方面，边区受战争和环境影响，各组织工作人员缺乏，特别是具有司法背景的专门人员严重不足，造成工作人员任务繁重，无法对犯人进行细致管教。陕甘宁边区高等法院在成立时甚至没有专门的审判人员，1939 年颁布的《陕甘宁边区高等法院组织条例》才对高等法院的责权做出规定。在监狱编制方面，《陕甘宁边区高等法院组织条例》规定：看守所设有所长及看守员，初期仅有看守员 1 人，后逐渐增加至 3 人，造成监狱无法有效管理，甚至 1942 年雷经

---

① 杨永华、方克勤：《陕甘宁边区法制史稿·诉讼狱政篇》，北京：法律出版社，1987年，第 295 页。

共和国监狱制度的雏形：
陕甘宁边区高等法院监狱教育改造制度研究

天总结道：边区监狱登记制度不完善，有的刑期满了还未放，看守所长有一时期不知监所中有多少犯人。① 1946年，随着监狱设置进一步规范化，在人员配备上设有典狱长1人，增加典狱员3人，看守员增加至4人，监狱管理人员从而上升为8人。另一方面，监狱的教育改造方针要求对犯人进行一定程度的强制改造，从思想上根本扭转犯人认识。但这种强制性改造"不是拍桌子、骂人甚至用刑具而能办到的"②，需要对犯人做耐心引导，且犯人之间的互相帮助更容易使犯人从思想上接受。因此，边区监狱十分重视为犯人之间营造良好的互动环境，在犯人自治组织的框架内，开展批评与自我批评，以集体讨论使犯人自发反省思索，犯人表现好坏与奖惩由犯人集体讨论决定，从而建立起了犯人互相监督、互相学习的教育形式。1945年《边区司法工作报告》认为犯人自己教育自己优势明显：能够辅助监所内的管教工作；能够培养犯人自治能力和民主习惯；能够活跃犯人的生活；能够启发犯人对监所工作的改进意见；能够发扬犯人自我改造的积极性，因此，应该继续贯彻执行。

2. 以社会政策规范为教育焦点。林伯渠指出边区监狱的任务是："除监禁人犯外，最主要的还是对人犯的教育改造和劳动改造，改造人犯犯罪的思想习惯，使其认识新社会前途的光明，以便成为好的公民。"③ 犯人犯罪是多种因素造成的，而犯人最为重要的表现是其反社会性，是犯人与社会价值和社会规范相悖的倾向和品质，反社会性与亲社会性相反，反社会性被认为是一种破坏性的、恶的品质，并经行为外化为对社会规则的违背和侵害。更为致命的是个体的某些品质一旦形成便轻易无法改变，如若不通过科学、严格或是自觉醒悟的方法，犯人的反社会在监狱内会持续存在。④ 这也就是为什么会存在狱内犯罪的情况，而且狱中犯罪学已经逐步成为一门学科。因此，

---

① 《高等法院1942年工作计划、总结等》，陕西省档案馆，全宗号15，分卷号184。
② 杨永华、方克勤：《陕甘宁边区法制史稿·诉讼狱政篇》，北京：法律出版社，1987年，第296页。
③ 汪世荣：《新中国司法制度的基石：陕甘宁边区高等法院（1937—1949）》，北京：商务印书馆，2011年，第94页。
④ 兰洁：《监狱法学》，北京：中国政法大学出版社，1996年，第146页。

监狱的重要任务便是消除犯人的反社会倾向，最终成为对社会有用的人。正因如此，边区监狱在教育改造犯人的过程中，以边区社会政策规范为教育焦点，坚持将思想政治教育和犯人纪律生活结合起来。这种以社会政策规范为教育焦点的教育原则有两种体现：

一方面是监狱对犯人进行时事政治教导。就是根据革命各个时期的政治形势、敌人的残暴面目、我党的性质宗旨和革命理想教导犯人，使犯人充分认识边区政权的人民性，强化犯人的认同感和服务社会的理想追求，增强犯人的民族意识和阶级觉悟。如在抗日战争阶段，1937年8月25日毛泽东在《为动员一切力量争取抗战胜利而斗争》一文中指出："改变教育的旧制度、旧课程，实行以抗日救国为目标的新制度、新课程。"① 在监狱政治教育中让犯人学习《新民主主义论》《边区施政纲领》等党的理论政策，学习《新华日报》《解放日报》等刊发的时政文章。

另一方面犯人遵守法律法令是接受教育改造的重要表现。这种原则体现着以强制性手段迫使犯人改造反社会性的重要方式。毛泽东强调用劳动纪律教育犯人，就是要求犯人在遵守劳动纪律的基础上，学习边区的法律规范，养成在法律的轨道上行事的生活习惯，从而维护好边区社会秩序，稳定边区社会大局。在法制教育上，边区监狱首先通过制定一系列监狱规则来约束犯人日常行为，如《陕甘宁边区高等法院监狱管理规则》《陕甘宁边区监狱守法规则》《陕甘宁边区高等法院在押人犯服役奖惩办法》等，强制犯人形成良好的生活习惯，"每一犯人住宅均贴有如何遵守看守（拘留室）的规则，这也就是在拘留期中应遵守的规矩"②。此外，监狱还有针对性地对犯人开展一些法制专题讲座，教育犯人安心守法，使犯人能够深刻认识犯罪根源，克服对立情绪，争取早日改造成一名好公民。边区监狱重视典型的作用，讲述先进典型的事例，包括正反两个方面的典型，表扬先进、警醒顽劣，培育犯人的学习和批判精神；更为重要的是通过学习和掌握法律规则能够让犯人熟悉生活中哪些行为能够做，哪些行为不能做，从而在令行禁止中遵守边区秩序，并

---

① 毛泽东：《毛泽东选集》（第二卷），北京：人民出版社，1991年，第356页。
②《这里的犯人》，《解放日报》，1942年11月5日，第4版。

在学习中逐步养成规则意识，养成在规则中思考的思维模式，形成遵守法律的自觉。

3. "讨论与讲解相结合"的授课方式。陕甘宁边区属于传统乡土社会，文盲众多，群众认知能力有限。毛泽东指出："解放区的文化已经有了它的进步的方面，但是还有它的落后方面。解放区已有人民的新文化，但是还有广大的封建遗迹。在一百五十万人口的陕甘宁边区内，还有一百多万文盲，两千个巫神，迷信思想还在影响广大的群众。"① 那么，监狱也不例外，犯人大多为文盲，这就意味着犯人对监狱的教育接受程度有限。为了让犯人能够深刻理解讲授内容，提高教学效率，监狱充分发挥犯人讨论的功效，依靠先进带动落后的方法，由表现好的犯人讲授改造经验教训，以及在广泛交流中加深对教育内容的认识。为此，边区监狱在改造犯人的过程中"每上一次课，每讲一次话，每进行一次教育，都发动犯人进行集体讨论，已形成持之以恒的制度"②。边区将犯人编排为班组的形式，通过集体讨论和小组讨论，犯人互相监督，互相批评，促进犯人思想意识的转变并提高犯人的文化理论水平。讨论中，监狱教导人员会到场指导和进行最后的点评，不阻碍犯人的自由讨论，使犯人在热烈的思想激荡中，省思自身存在的问题，自我解剖，推动犯人开展积极的思想斗争。

但是，在这种教育中还逐渐演化出了"少而精"的教育原则。由于犯人的政治觉悟和理论素养有限，对于党的理论文件往往不能理解，使教育效果大打折扣，也给犯人带来了厌烦情绪。为此，1942年边区监狱学习毛泽东"少而精，简而明"的教育指示，对监狱教育进行了改革，要求讲授要突出重点简明扼要，教材要适当，避免旁征博引，过度发挥，用犯人听得懂的教学语言教育犯人。

4. 兼顾管理、教育和劳动。之所以说边区监狱教育改造制度是一个完整的教育体系，很大程度上是说边区监狱在良好管理规则的前提下兼顾了犯人的教育和劳动。教育是改造犯人、劳动也是改造犯人，而管理规则是一切教

---

① 毛泽东：《毛泽东选集》（第三卷），北京：人民出版社，1991年，第1011页。
② 杨永华、方克勤：《陕甘宁边区法制史稿·诉讼狱政篇》，北京：法律出版社，1987年，第298页。

育改造的制度保障。边区监狱践行以教育为主，教育和劳动相结合的教育原则。1942年《陕甘宁边区司法纪要》就边区监狱的教育改造的功能属性总结为："边区的监狱，固然是惩罚犯人的场所，同时，也是犯人的教育机关。"①需要对犯人在严格管理法前提下，开展教育。劳动是全边区革命人民的革命任务，为了解决边区因封锁和自然灾害造成的粮食问题，监狱犯人也在大生产之列，但犯人的生产劳动更多是被作为一种教育方法来执行的，并配合外役和生产奖励创造了劳动改造犯人的全新模式。1948年边区监狱提出了教育奖惩与生产结合的口号，这一口号容纳了教育、奖惩管理和生产劳动三重要素，体现了兼顾管理、教育和劳动的教育原则。

二、政治教育

政治教育是教育改造中最为主要的教育，是边区改造主观世界和客观世界的主要方面，是无产阶级改造人的思想在监狱领域内的具体体现。它强调对犯人进行思想改造，从犯人思想上去除传统的、封建的和落后的思想认识。在阶级社会里，犯人并不会置身于"阶级"之外。无产阶级的历史使命就是推翻资产阶级和资产阶级意识形态，通过以马克思主义的无产阶级专政理论重构犯人思想，形塑具有共产主义理想、具有革命精神的时代新人，使犯人真正成为符合无产阶级专政新社会需要的人民。因此，政治教育在监狱改造犯人中具有首要地位，是教育的重中之重，是无产阶级政权教育犯人成功与否的前提、方向与保障，正是这一内容的区别奠定了边区监狱教育改造与以往其他任何阶级政权改造犯人的根本区别，揭示了这一教育内容的浓重的政治色彩和阶级属性。同时，政治教育也是边区监狱教育改造制度的重要经验，经过不断地摸索和实践政治教育发展出了成熟的教育体系，在实践中起到了重要作用。一位在边区监狱经过政治教育后的犯人说："我过去，稀里糊涂，现在明白了，只有共产党才是真正为人民谋利益的。"② 这便是一系列政治教育活动带给犯人的思想转变，从思想认识高度打通犯人以往对无产阶级政权

---

① 张希坡、韩延龙：《中国革命法制史》，北京：中国社会科学出版社，2007年，第472页。
②《高等法院监狱犯人生活》《解放日报》，1945年1月16日，第4版。

的敌视,并从根本上认识中国共产党全心全意为人民服务的革命宗旨。具体来说:边区监狱的政治教育内嵌着两个相互关联的部分:政治理论教育和思想政治教育。

(一)政治理论教育。所谓政治理论教育是指:依靠马克思主义理论、无产阶级革命思想对犯人进行教育,使犯人充分认识无产阶级革命的本真,从思想深处加强犯人对边区政权的认识,起到动员效果。边区监狱通过政治理论教育向犯人传播无产阶级专政的人民属性,使犯人正视边区政权革命性质,认识无产阶级和自身的革命任务,并以对边区政权的认同促进犯人接受党的教育,悔悟自身行为对革命事业的损害,以此来完成理性自省,从而赋予犯人思想行动上改造的动力。

1. 边区监狱的政治教育指导思想。边区监狱依据犯人自管自教的原则,确定了"政治上加强无产阶级真理的灌输,提高犯人对犯罪行为的清醒认识,以求得彻底改造"① 的指导思想。首先,真理需要借助于传播才能被更广的人民所认识,况且无产阶级并不能自发地产生阶级理论认识,需要用教育的方法灌输。在边区监狱看来,犯人不过是犯了法的人,虽然在前期也曾因监狱管理人员认识上的误区,出现了不把犯人当人看的现象,但最终被得以纠正,确立了犯人也是人的教育改造思想。一旦把犯人当人看,就需要尊重犯人人格,就需要将犯人视为无产阶级革命团结的和动员的对象,经过改造便是无产阶级的革命队伍,因而,对犯人进行政治理论教育成为边区教育的指导思想,在此思想指导下边区展开了一系列教育内容,使无产阶级专政理论、共产党的革命理想、宗旨、大政方针和政策,以及抗日战争的策略与方法、国民党的反动本质和独裁实质在犯人思想中落地生根。其次,政治理论学习是挖掘犯人犯罪根源的重要途径。边区监狱的教育改造工作尤其注重阶级理论的传播,通过无产阶级理论实现犯人思想的修正,明白人民群众受压迫受剥削的事实和旧社会的黑暗,明白人民民主专政社会中人的使命与责任,在与自身犯罪行为的对比中,催生悔恨心理,痛定思痛改造错误的思想油然而生。共产党是人民的政党,是带领人民群众实现民主富强的人民的党,通过向犯人讲解党的奋斗历程,和全心全意为人民服务的理论和事迹,使犯人对

---

① 赵建学:《中国劳动法学总论》,西安:陕西人民出版社,1987年,第85页。

党充满感情，进行转化为自我改造的效能。

2. 多样的教育形式。教育方法与形式是教育效率甚至是成败的关键要素。孔子说"有教无类"，孟子云"教亦多术"，说明人具有多样性，但可以通过教育消除这些差别，关键是用什么样的教育方法和形式，多样的教育形式可以更高效率地对犯人进行教育改造。边区监狱在重视犯人政治教育的大背景下，为切实达到教育改造目的，创造性地发展出了多种教育形式，起到了良好效果。大体来看有以下几种：

第一，充分利用教学计划在教育中的积极作用。监狱的教学计划制订得较为详细，共分为月、季度和半年期三种按时间尺度开展的教育计划。三种教育计划从教育对象上来看又分为两个层次：针对全体犯人具有普遍教育意义的计划与针对个人具体的改造情况、罪行轻重和类型的具体教育计划。普遍教育计划的制订是由监狱通过召开犯人组、队长会议形式提出大体的教育方向，而最终确定则依照犯人自己管理自己的原则，由犯人大会自由讨论确定。"根据个人犯罪的原因，错误的根源，以确立自己改造、进步和奋斗之方向"①。由于犯人的犯罪性质、文化程度、出身情况、改造表现、思想情绪等方面的不同，为了在普遍教育之外，更有针对性地对某些犯人进行精细化教育，在普遍教育计划的基础上发动犯人自我管理，由犯人制订自己的改造计划。灵活多样学习改造计划的制订使监狱犯人的教育改造走上了严密规范的道路。

法律的生命在于执行。同理，犯人学习改造计划的制订在于严格执行，边区监狱为了切实执行犯人教育改造计划，监所领导和监狱工作人员还会定期检查课堂和讨论会的执行情况，了解进度和查找问题，组织犯人每月进行计划执行总结。还定期组织犯人考核，进一步检测犯人的教育改造情况，将检测成绩视为犯人整体改造效果的关键标准。

分组学习法。分组学习是对不同文化程度和政治理论水平犯人，以及对已决犯未决犯的一种教育方法，同样贯穿着自管自教的教育原则。虽然边区监狱不乏一些具有较高文化水平的汉奸特务等犯人，但大多数犯人仍为文盲，

---

① 杨永华、方克勤：《陕甘宁边区法制史稿·诉讼狱政篇》，北京：法律出版社，1987年，第300页。

显然不同文化水平犯人的教育方法应有区别。边区监狱针对这一情况实行了分组学习的教育方法，依据文化层次高低划分为甲乙丙三个学习小组。甲组犯人多由曾任职于机关和就职于部队的干部组成，他们具有一定的文化水平，对边区理论政策多有了解，对知识的接受能力高。显然，对待这类犯人就不适合与一般犯人共同学习，为了使教育方法符合这类犯人的实际情况，甲组又被称为"甲组讨论课"，一般不集中上课，而是以自学的形式开展讨论。因为，对边区政策较为熟悉，边区监狱还组织甲组再分组，对有兴趣和有能力者还细分为军事、哲学、时政的研究小组，讨论热点如《中国革命运动史》《新民主主义论》《新哲学》《列宁主义》《中国革命与中国共产党》《论政策》等。甲组除自学讨论外，还在教育活动中发挥骨干作用。乙组为稍有文化的犯人，丙组则完全由文盲组成，定期上课学习。

在教育时间上由于边区具有繁重的军事、生产和政治斗争任务，但基本上保障了犯人政治教育的时间。在1943年之前监狱的上课时间为每天平均两小时，早晨上课，晚上讨论；1943年以后为大力发展劳动生产而进行了精简，规定每周至少上课两次，每次上课时长至少为两小时，并加以明确规定，保障了教育改造的时间。

3. 丰富的教育内容。教育内容至关重要，什么样的教育内容决定教育改造出什么样的犯人。边区的革命性质决定边区监狱必须紧紧围绕政治理论教育，教导犯人革命思想，认清革命现实，调动革命积极性的相关理论，对犯人进行全面的理论灌输，形成了丰富的、系统化的教育内容体系。

第一，讲授国际国内政治形势，激发犯人的民族意识和阶级意识。犯人的犯罪行为和政治形势是密不可分的，国民党的渗透和破坏，日本帝国主义的侵略行径都极大地影响着边区的社会环境，大量的土匪汉奸及敌特势力的侵扰滋生着犯罪动因。二流子犯罪的产生根本原因在于边区群众的贫穷和封建落后，以及长期养成的懒惰习惯。边区监狱通过对政治形势的分析和阶级理论的灌输,"使犯人了解中国革命前途以及他个人应走的道路和努力的方向"①。通过教育很多犯人萌生了爱国热情和反蒋信念,纷纷购买救国公债及努力生产支援抗日、解放战争。犯人由此成为了抗战和革命的一支重要力量。

第二,讲授"争取、感化、治病救人"的法律精神,争取宽大并重新做人。边区的刑事政策和法律都明确指出:边区对待犯人应该是宽大的、争取的。如在《论政策》一文中毛泽东谈道:"对敌军、伪军、反共军的俘虏,除为群众所痛恶、非杀不可而又经过上级批准的人以外,应一律采取释放的政策。"《陕甘宁边区施政纲领》明确规定:"对于汉奸分子,除坚决不愿悔改者外,不问其过去行为如何,一律实行宽大政策,争取感化转变,给予政治上与生活上的出路,不得加以杀害、侮辱、强迫自首或强迫写悔过书,对于一切阴谋破坏边区分子,例如叛徒分子、反共分子等,其处置办法仿此。"宽大是为了争取失足者,教育群众,孤立、暴露、镇压敌人,缩小敌人的社会基础。而监狱犯人大多数对法律一无所知,甚至有些人认为自己犯罪是"跌了锅""遭了事"全赖自己的运气不佳,只好接受这样的惩罚罢了,而对犯罪的动因、危害和宽大政策没有足够的认识。因此,给予一般犯人法律上的教育,帮助其认识法律的界限和令行禁止才能争取犯人自我改造;对汉奸特务加紧宽大和政治上留出路的宣传有利于化解此类的犯人的对抗心理,实现教育改造目的。第三,加强人民政府的属性教育,帮助犯人认清人民政权为人民的宗旨和未来新社会的光明图景,为犯人树立生活的信心。由于边区政权是人民的政权,是以推翻三座大山为任务的,这对于深受旧社会荼毒的边区民众观念来说是全新的,使穷苦大众真正认识到新社会的优越,才能迸发出对人民政权由衷的爱戴和拥护。基于此监狱犯人自然也能够争取改造用实际行动支援边区,经过教育改造犯人说:"确实懂得了政府是为了犯人好,代表老百姓的利益,早知道是这样,我就不会去反对人民政府,做下这对不起人民的事。"

---

① 中华人民共和国司法部编:《中国监狱史料汇编》(下册),北京:群众出版社,1988年,第303页。

共和国监狱制度的雏形:
陕甘宁边区高等法院监狱教育改造制度研究

第三,讲授新民主主义革命和革命政权建设理论。毛泽东指出:"革命文化,对于人民大众,是革命的有力武器。革命文化,在革命前,是革命的思想准备。"① 中国共产党的成立是开天辟地的大事变,中国共产党自成立之日起就肩负着挽救危亡的民族命运,对数千年来不平等的社会存在进行根本变革。中国共产党是由无产阶级组成的先进政党,代表着最广大人民群众的根本利益,并以人民的利益为自己的根本利益。然而,由于边区民众地处偏低的乡土社会,对新民主主义革命没有深刻理解,认为中国共产党仍然是代表了上层社会的利益,对革命政权由人民当家作主的事实半信半疑,因此,使一部分人稀里糊涂地站在了人民的对立面,从事危害革命政权的活动。这一点从党兴办的高等教育的课程情况中可见一斑:"共同课程:马列主义基本原理、党的建设、苏维埃政权建设、游击战争、社会发展史、中国革命基本问题、世界革命史、政治经济学、工人运动、历史、地理、自然科学常识。"② "班主任讲,我们党是信马列主义的,世界上没有鬼神。鬼神是从古代奴隶主、封建地主阶级到近代资产阶级反动派欺骗人民、奴役人民的精神武器,穷人求神拜佛仍然受穷,只有打倒土豪劣绅才能翻身解放。老师把这些道理一摆,我们都口服心服。"③ 甚至党的领导同志,亲自担任授课教师,毛泽东、陈云、邓颖超等众多都曾作为教师向学生授课。毛泽东在抗大对师生演说:"你们在这里学习的时间很短,只有几个月,学不到很多东西,不像别的大学可以多学几年,但你们可以学一样东西,一样很重要的东西,就是学一个宗旨,这个宗旨也就是全国的全中华民族的宗旨——抗日救国。这是我们学校的总的方针,也是全国人民的要求。"④ 邓颖超同志曾经担任中国党史的教师,讲授"中共六届四中全会'调和'路线,同罗章龙右派的斗争和第六

---

① 毛泽东:《毛泽东选集》(第二卷),北京:人民出版社,1991年,第708页。
② 盖青:《1921—1949:中国共产党创建和领导的高等教育研究》(上),广州:广东教育出版社,2012年,第129页。
③ 盖青:《1921—1949:中国共产党创建和领导的高等教育研究》(上),广州:广东教育出版社,2012年,第130页。
④ 盖青:《1921—1949:中国共产党创建和领导的高等教育研究》(上),广州:广东教育出版社,2012年,第163页。

次全国党代表大会在莫斯科召开，大会前夕的历史背景，增强了我们对两条路线斗争的认识，极大地丰富了我们的党史知识……"①。能够进入高等教育的学生都是具备一定文化和政治常识的青年学生，在教育青年学生中仍然十分强调对党的相关理论的学习，说明学生对新民主主义革命理论的认识不深刻，更勿论大多以文盲组成的犯人。对犯人以简洁语言进行新民主主义理论和边区政权建设的教育，使犯人明白人民政权的优越性，从他们亲身的经历说明边区政权的人民民主本质，并通过与其他反动政权的对比，引导犯人明辨政治是非，切实看清反动政权的剥削、压迫本质，激起犯人对人民政权的感情和对反动政权的仇恨，立功赎罪，立志出狱后服务人民政权。有的犯人后悔地说："经过这段学习和我在监狱的亲身感受，确实懂得了政府是为了犯人改好，代表老百姓的利益，早知道是这样，我就不会去反对人民政府，做下这对不起人民的事。"②

4. 教育改造的教员。碍于边区严重缺乏专门受过法律训练的司法队伍，即便是边区高等法院院长，法律科班出身者都寥寥无几，甚至创造了适应边区法制特点，获得极大生命力的马锡五审判方式的马锡五同样不具备正规法律素养。又由于监狱管理人员配额过少，至1945年才到达8人，所以，犯人的政治学习教员就更无法保障。直到1943年高等法院曾下令设教员岗位1人，但并未得到很好地执行，实践中仍然是由犯人担任，直到1949年教员才由边区干部担任。基于此，边区政府灵活制定了"自管自教"的教育方针，由表现良好的犯人充任教员，组织学习。担任教育改造工作的教员大多数来自犯人学习小组中具有一定文化水平，深谙边区无产阶级专政理论的甲组犯人当中，除具备上述条件外还要求积极改造，思想认识先进。依靠犯人"自管自教"的方式进行犯人的教育改造，是犯人自我教育的生动实践，可以说这种教育改造模式是中国监狱制度文明史上的一大创举。

---

① 盖青：《1921—1949：中国共产党创建和领导的高等教育研究》（上），广州：广东教育出版社，2012年，第130页。
② 杨永华、方克勤：《陕甘宁边区法制史稿·诉讼狱政篇》，北京：法律出版社，1987年，第303页。

(二)思想政治教育。大体上讲政治理论教育和思想政治教育的教育内容具有相似性,都是以思想的改进与提升为教育核心,在关系上思想政治教育更像是政治理论教育的补充,这从1946年的课程改革中可以窥见,1946年之前两种课程并行不悖,之后则合二为一,统为政治理论教育。思想政治又有两种教育形式:集体思想政治教育和个别谈话教育。

集体思想政治教育与政治理论教育的自我管教模式不同,集体教育教员是由法院院长、典狱长等司法工作人员担任,在思想政治教育时间安排方面和政治理论教育课程协调配合,互相穿插。

1. 集体思想政治的教育内容。在教育内容上共分为五部分:

第一,通过心理疏导和解决生活难题,解决犯人的纠纷、疏通犯人对边区法律的不理解,安抚犯人心理,促使其遵守法律监狱规范,接受管教,尽力消除犯人因为犯罪被关押带来的悲观和仇恨。这是对犯人进行教育改造的先决条件,也是思想政治教育的首要内容。边区监狱十分关心犯人生活,注重与犯人打成一片。由于犯人在入监时对边区法律的政策不甚了解,或无可奈何消极应付,或态度强硬与监狱对抗,而这种心理态度十分不利于监狱的教育改造。因此,消除犯人和监所的对立情绪,使他们体会边区政府的关怀,明确法律制裁的目的,从而端正守法的态度显得尤为必要。监狱除向犯人讲解边区政策之外,还以解决他们个人和家庭的实际困难,减少其后顾之忧为突破口,以排除各种思想干扰。为切实做好关心犯人生活,监所要求工作人员首先要树立正确的态度,明确自己的职责是教育犯人,为改造犯人服务。这就要求监狱在与犯人互动时破除盛气凌人,以管教者自居的态度,尊重犯人人格,杜绝以刺激的口吻和谩骂的污秽语言,损伤他们的人格尊严和感情,从而消除犯人的恐惧心理,抚平犯人的对抗情绪。谢觉哉认为:解放区的法律和人监所工作人员是改造犯人的,不懂人情,就无法做好这一工作。实践中,监狱对于犯人自身和家属生活上的困难,总是以最大可能给予满足。如犯人的衣被鞋袜、日用品、劳动中受伤、发生疾病等困难,由监狱补充配给物品,及时医治犯人疾病。对于犯人家属的生活窘困,缺乏劳动力的问题,监狱以灵活的方式帮助家属解决困难,犯人刑期短则由乡代为执行徒刑,刑期长的犯人，允许家属迁在监狱附近居住，以便犯人能够对家属提供帮助。这一措施曾被家属广泛应用，甚至在监狱所在地的三十里铺新生了一个村庄，这个村庄便是由犯人家庭汇聚而成，而该村也有个响亮的名字"新民村"，该村经选举产生的村长是雷某某，其最初是边区监狱的一名犯人，由于家庭贫困遂接来家属在此居住逐渐而形成，在此之后不断被犯人和犯人家属效仿到此居住，发展至1947年该村已经是拥有了三十户人家的大村落。但是，监狱对于他们错误的不切合实际的要求，绝不迁就，并给以解释和批评教育。

第二，号召犯人端正学习态度，养成热爱学习的习惯，为犯人树立学习光荣的信念。大多数犯人之所以走上犯人的道路，主要是由于政治立场的错误，对人民政权的误解和敌视；而二流子犯罪动因则多是缺乏文化素养，旧社会恶心根深蒂固，监狱教育犯人只有加强学习才能纠正错误，先进思想，走上正确道路。边区监狱通过一系列监狱规则对犯人的日常生活和行为进行管教，如利用一定物质奖励犯人，充分利用假释、外役、减刑政策激励犯人，调动犯人学习热情，"经过一段守法时间，特别是参加了评功授奖大会之后，普遍表现转好，爱学习、能劳动"①。

第三，引导犯人进行思想斗争，提倡批评与自我批评的优良做法。"思想斗争是帮助犯人进行转变的最有效方法。"批评和自我批评是党的三大优良作风之一。边区监狱将这一作风充分运用到监狱教育改造制度之中，通过大小生活检讨会、批评斗争会、奖惩会以及《守法生活报》等反省与斗争专栏开展思想斗争，将犯人中间存在的坏思想、坏行为、坏现象、坏典型作为解剖对象，由犯人自己批评和自我批评，对表现良好的积极分子进行表扬和奖励，号召犯人向优秀典型学习。边区监狱的这种思想斗争是对具有典型，开展的批评和斗争，而非扩而大之对细枝末节纠缠不休。思想斗争往往伴随着一定烈度，特别是在监狱这样的场域，如果不能把控斗争过程，那么斗争便会向争斗的方向蔓延，边区监狱为了有效开展思想斗争，要求监狱管理人员全程

---

① 杨永华、方克勤：《陕甘宁边区法制史稿·诉讼狱政篇》，北京：法律出版社，1987年，第312页。

参与斗争过程,在会前会后做好犯人的思想工作,既要求批评者实事求是又要求被批评者虚心接受,使犯人互相监督,互相帮助,严格要求,共同进步。

第四,犯罪溯源教育。在边区监狱是把犯罪溯源教育作为政治教育,特别是思想政治教育的核心问题看待的。犯罪溯源教育是监狱思想政治教育的核心课程,实践也证明这个问题确实是犯人能否认识和改邪归正的关键。它将犯人的犯罪动机和马克思主义阶级力量相结合,揭露犯罪的根源,帮助犯人真正认识犯罪的原因,使犯人懂得自己为什么会犯罪,为犯人寻找产生犯罪的原动力,使犯人既认识到推翻三座大山和民族解放的阶级任务和自己犯罪对边区带来的不利影响,从而产生洗心革面的改造热情,明确改造的方向和途径,最终得以重新做人。然而,犯人犯罪是其反社会的品质等因素结合的产物,教育是一个长期过程,所谓百年育人正是说明改变使一个人转变既有行为模式,又有养成良好思想品质的艰难。犯人更是如此,并非一次上课,一次集体讨论或者说一次奖惩所能实现,需要反复不断地引导、争取、强制。有些犯人呈现出波动较大的改造表现,一度改造良好,却突然又消极改造,针对这种情况监狱管教人员,因势利导,总结由好变坏、由坏变好的经验,并将这种由个案汇集而成的改造经验,上升为一般的犯罪根源和教育改造难点的高度,用表现良好及经过反复又走上积极改造坦途上的事例作为典型,发动其他犯人,从根源和危害上加以分析和宣传。

如:某个犯人在前期因表现良好而被通过外役或者假释后,又因为犯罪行为被重新收归监狱,或者是因逃跑而被重新抓捕回来时,边区监狱往往会从这些正反两种事例中选出典型,作为分析犯罪原因和总结成功改造经验的素材,以具体事例教育引导犯人,查找自身问题。外役是对因犯人表现良好而被给予肯定的一种制度,在边区监狱曾大量使用,但如果在外役期间表现不好,则会被结束外役,重新收入监狱。1948年外役犯韩某某,因表现不规,被重新送回监所,引起广泛讨论。与他同时入监的王某,在此事上引起了激烈的思想斗争,悔恨自己不好好改造的行为他悔恨自己抗拒改造的错误。在痛改前非后,"前后判若两人"。边区监狱在总结他的思想行为后,认为与严厉的压服教育相比启发教育更能收到实效。

第五，教育犯人树立道德修养意识。监狱教育将为人忠诚和对革命的绝对忠诚作为个人道德的重要内容来教育，强调为人要不弄虚作假。在边区，监狱犯人大多存在着不良思想，在他们未彻底改造以前，这些思想意识时常在教育改造过程中浮现，一些犯人由于刑期未到，或者是思想认识尚未达到一定高度，而又渴求获得自由，在日常生活中便弄虚作假，这种现象的存在虽然难以避免，但却严重损害着对犯人教育改造的实际效用。为了使犯人得到真正教育，监狱便以诚实本分这一道德规范为突破口，一方面教导犯人待人真诚，为人诚信，为犯人将来以高尚的素质重新踏入社会做准备；另一方面教导犯人在监狱内严禁投机取巧，自觉积极接受监狱的教育改造，要求犯人要说老实话，办老实事，做老实人，以做一个品德高尚的人来要求自己。

集体的思想教育在监狱推行教育改造的过程中存在着明显的阶段性特征。1946年之后思想政治教育与政治理论教育合二为一，思想政治教育融入政治理论教育，教育内容更加侧重于通过政治理论改造犯人。

表现在教育内容上：

第一，从刑事、民事政策、法律精神等方面着手，着重以边区法律政策教导犯人遵守法律，如《陕甘宁边区施政纲领》；宣传边区刑事政策中的区分首从、宽大争取、给犯人在政治上留出路的法治理念，为犯人端正了思想认识。

第二，深刻揭露蒋介石集团反革命的黑暗历史以及其作为资本主义代言人的阶级本质。这一时期人民政权取得了抗日战争的胜利，与国民党的矛盾成为当前的主要矛盾，由于国民党的渗透和对反革命敌特分子的逮捕，此时监狱内来自国民党体系的犯人日益增多。这些犯人对蒋介石代表中国革命方向和对边区政权人民立场具有极大的错误认识，劳动人民出身的犯人，因长期受国民党反动宣传的影响，受其欺骗，对国民党反动本性缺乏认识，部分犯人对蒋介石集团抱有幻想，认为蒋介石集团是正统。从金冲及的回忆可以反映出当时状况：1945年幼稚期的自己，"把他们看作'国民政府'和'国军'，对他们的到来感到亲切和喜悦……也赶到静安寺街头，同市民们一起欢迎他的车队驶过，记得汤恩伯就站在一辆敞篷的吉普车上向两边行军礼。不久,蒋介石也到了上海,在跑马厅(现在的人民广场加上人民公园的原址)召开大会,作了演讲。自动去的市民总有几万人,乱哄哄的,没有什么秩序。他讲的话我一句也听不见,只是远远看到他讲话时不断挥动戴白手套的手臂,留下一个印象。这两次,我都是自发去的,并没有人动员和组织"①。因此,讲清蒋介石的反革命历史,彻底揭露他的伪装,打破犯人对蒋介石的个人迷信和对监狱教育改造的抗拒,打破犯人中的"蒋介石本人好,下边坏"的错误看法,增加对蒋介石反革命暴行和压迫人民群众的本质进行宣传,则显得势在必行。同时,还需要指明社会的黑暗现状和贫困局面正是蒋介石集团奉行的军事独裁统治,及国民党为大地主和大资本家服务的属性所造就的。明确"个人品质的低劣及思想行为作风的不佳,也是犯罪的原因"。通过这一阶段学习,使犯人认识到反动势力的人民敌人面目,破除了对蒋介石的迷信和幻想,懂得了造成犯罪的社会背景和主观心理,树立了改造自己的决心。

第三,加强对新民主主义理论的宣传教育。包括对马克思主义及毛泽东思想的学习,增强犯人对革命政权必胜的信心。通过对《中国革命与中国共产党》《论联合政府》等毛泽东相关著作的学习,使犯人清楚地看到边区政权的性质、形式,勾勒革命成功后新社会的蓝图,建立了犯人对未来社会的坚强信心,提高了政治觉悟。从而,自觉接受教育改造,自发决定为新社会努力奋斗。

2. 个别谈话教育。"犯人各自的错误和过去的生活,以及对错误的认识各有不同,因此,他们的思想也不是一致的"。犯人具有特殊性,每个人的改造情况都有其特点,普遍教育是针对犯人普遍存在问题的解决,却无法解决犯人的特殊情况,如果做"一刀切"式的教育,则是对教育改造实践的简单化处理,必然会招致效果偏离目标并产生不良后果的失灵现象。而个别谈话方式则是充分尊重差异的灵活应对方式。边区监狱监管人员在普遍教育之外,及时对有思想包袱和受了惩罚的犯人进行个别谈话,还动员组、队长以及表现优异者,对个别犯人的思想和改造态度中存在问题进行开导和讲解。在个

---

① 金冲及:《我是怎样参加地下党的》(上),《百年潮》,2021年第7期。

别谈话过程中，充分注重与犯人的谈话态度，用和善的语气与犯人谈话，对犯人加以劝导和安慰。谢觉哉说：共产党人不是不近人情的，司法工作人员也是讲究人情的。体现着犯人是人的教育改造思想，具有强烈的人文关怀和人道精神。就效果来看不少犯人"回到村中便当了干部民兵，劳动英雄，杀敌英雄，经监所任用当了法警和介绍到各机关团体作各种工作的人也不在少数"①。

三、文化教育

中国共产党领导的边区改造十分重视文化教育。陕甘宁边区的文化教育，除识字课之外大力开展思想政治教育，引导群众形成坚定的革命信念、抗战信心和对时局的正确认识，要使人民群众"懂得马克思列宁主义，有政治远见，有工作能力，富于牺牲精神，能独立解决问题，在困难中不动摇，忠心耿耿地为民族、为阶级、为党工作"②。随着陕甘宁边区教育政策的推行，建成了小学、初中、高中、大学、军校、党校等完善的"学校教育"体系，"学校教育"和夜校、冬学、识字班、读书社等教育形式相结合，丰富教育形式，从而教育了广大边区群众。"1937年边区的小学生数量大约为5600人，到1939年下半年猛增到22000人"③。同时，文化教育也是监狱教育改造的三大措施之一，且自边区高等法院看守所建立以来就将文化教育作为教育改造犯人的一环。1939年12月《陕甘宁边区高等法院看守所一年来各项工作总结》强调：文化教育"一方面能够提高其文化水平，对政治进步也有很大帮助，将来也能成一个有用的人，以效力于抗战；另一方面使其加紧学习，也能促

---

① 北京政法学院：《中华人民共和国审判法参考资料汇编》（第一辑），北京：北京政法学院出版社，1956年，第371页。
② 盖青：《1921—1949：中国共产党创建和领导的高等教育研究》（上），广州：广东教育出版社，2012年，第142页。
③ [美] 马克塞尔登：《革命中的中国：延安道路》，魏晓明、冯崇义译，北京：社会科学文献出版社，2002年，第255页。

共和国监狱制度的雏形：
陕甘宁边区高等法院监狱教育改造制度研究

使其意识的进步，也能够使其安心守法，不致在生活中感到苦闷而发生不良现象"①。边区监狱认为改造罪犯的方法，首先是思想、观念、心理、认识以及世界观、人生观的改造，简单地强制犯人参加生产，并不能消除其与社会的对立心理，消除其犯罪的根源。对犯人进行思想改造的方法，是监所管理者了解其犯罪的根源，有针对性地耐心说服教育，通过政治文化教育，转变其思想，激发其内心向善的动力。

边区监狱的文化教育旨在以文化教育推动犯人的思想进步，增加抗战力量，并以文化教育促进犯人的思想认识水平提升。边区将文化教育作为基础性教育，其目的在于：直接地提高犯人的文化水平，边区的落后状况导致群众多没有文化基础；犯人文化层次的提高带来的是政治上的实用，文化进步产生思想转变进而自觉接受改造，能够为边区革命贡献力量。文化教育还能够增添犯人生活中的乐趣，依靠文化滋润犯人心灵，带来心灵上和思想上的碰撞，激发学习意识和积极心态，实现犯人的守法与安心改造。边区政府是人民的政府，这个政府从为人民服务和带领人民获得解放的原则出发，对各种类型的监狱犯人实行普遍的文化教育，有教无类，彰显了边区政府与旧社会旧势力在宗旨上的本质区别。从边区的教育情况可以基本推断，边区监狱犯人文盲占据大多数，而边区司法干部认为文盲是导致愚昧、犯罪的根源，仅以单纯地关押和生产改造犯人则不能从根本上治病救人，要为抗战争取更多的拥护者和生力军就必须把犯人改造成守法和爱国公民。因此，文化教育是培育新人的工具，是改造犯人的有效路径。

监狱的文化教育内容丰富，包括基础识字、常识、读报和算术等。

（一）识字课：1941年《陕甘宁边区高等法院对各县司法工作的指示》："犯人每天必须要认字、读报及听课。"早在1937年看守所就通过发字条的方式，让犯人练习，所习文字来源于边区救亡室标语和监狱内部管理通告等材料，每月选取100个字作为犯人的学习内容，由学习组长和文化程度高的犯

---

① 杨永华、方克勤：《陕甘宁边区法制史稿·诉讼狱政篇》，北京：法律出版社，1987年，第322页。

人在劳作之余进行学习。1940年之后，识字课逐渐发展成熟，编造《识字课本》，课本内容主要是监狱守法规则和改造问题，并划分小组开始分组上课。由于犯人文化程度不同，文化程度高的可以不参加识字学习，而是以《社会科学读本》为学习内容。高等法院在对看守所的检测中发现："劳作队多数人每月识字20至30个，少数人能识字50至70个。未决犯多数人每月识字50至60个，少数人能识字90至120个。"① 1948年，文盲和半文盲已经是犯人中的少数。因此，在整体效果来看犯人文化水平获得了很大进步，"原本一字不识的犯人，住上半年，能够自己写信回家了"②。

（二）常识课：边区的封闭环境致使其尚处于封建落后之中，有必要推进科学和常识的普及。中国共产党领导边区的科学人员通过出版科学刊物、编辑科普读物、举办科普活动、推动科学教育等方式，有组织、有系统地推动自然科学大众化，最具代表性的是《科学园地》副刊和《卫生副刊》被隆重推出，徐特立对此给予了充分肯定："科学园地！在文化落后的西北，而且是当此世界大战时期，你的诞生是艰难的；而今你竟呱呱坠地了，无论将来成长的情形如何，只要能够诞生，总算是破天荒的一次。"③ 据统计，《科学园地》的《问答栏》栏目，共回答了群众提出的59个社会常识问题：诸如"种菜用那种肥料好"？等等。此外，还创办了许多新的科学刊物，如：八路军卫生处发行的《边区卫生》、军委总卫生部发行的《国防卫生》《科学季刊》《自然科学界》《科学小报》等。

犯人作为边区社会的组成部分，是革命的潜在力量，"倘若犯罪者的能力，还多少可以贡献于社会，社会对于他还抱有一点希望，法院则尽一切的力量挽救他，帮助他改正错误，给他指出一条自新的光明的道路，以便他将

---

① 西南政法学院函授部：《中国新民主主义革命时期法制建设资料选编》（第四册），西南政法学院函授部内部资料，1982年，第334页。
② 陕西省档案、陕西省社会科学院：《陕甘宁边区政府文件选编》（第三辑），西安：陕西人民教育出版社，2013年，第237页。
③《延安自然科学院史料》编辑委员会：《延安自然科学院史料》，北京：中共党史资料出版社、北京工业学院出版社，1986年，第54页。

来仍有为社会努力的机会，……刑满出狱要锻炼成为一个真正良好的公民"①。有必要对犯人普及社会常识，为日后犯人回归社会、服务社会积蓄人力。为了普及好社会常识，边区监狱常识课涉及面广，主要包含了卫生、破除迷信和人文法律。卫生常识多是以边区常见的疾病为学习内容，教导犯人如何预防和识别；破除迷信则是由于边区文化落后，民众多封建愚昧，巫婆神汉广布，为清除迷信的荼毒监狱加强科学常识的学习，边区以风雨雷电、宇宙知识以及地理常识破除犯人的迷信思想，讲述世界各国的分布、基本概况和人文风貌，建构起犯人科学的世界观。法律与边区每一个息息相关，尤其与犯人产生着紧密联系，监狱还开展了法律的普及教育，普及法律知识是挖掘犯人犯罪根源的一部分，也是使犯人遵守监狱规则，引导犯人成为守法公民的重要选择，法律常识以边区的现行法律法规和党的政策为讲习内容。常识课的学习常常在晚间以问答的形式举行，气氛轻松活泼，既是知识普及的过程也有着娱乐活动的功能。

以卫生常识教育为例：边区社会经济落后、文盲众多、迷信思想严重，不健康不科学的卫生习惯使这里流行病、传染病时常发生，痢疾、伤寒、斑疹、猩红热、天花、回归热等传染病，吐黄水病（克山病）及旧法接生导致的婴儿四六风（新生儿破伤风）等疾病都是边区的主要疾病，严重损坏了边区人民的人身健康。边区每年因以上疾病致死人数占总人口的6%左右。中共中央进驻延安前，延安每年因传染病致死者占总死亡率的47%。《解放日报》开辟的《急救常识》栏目，边区卫生处编写《妇婴卫生》《农村卫生》《传染病的防御与护理》都是专门向边区人民教育宣传卫生常识的应对手段，各种卫生小报、卫生画报也十分流行。1942年5月延安市举行了"卫生防疫运动周"，各级卫生部门不仅深入群众举行卫生清洁和卫生演讲。在这种大形势下，边区监狱边区卫生医疗工作，从提高犯人的科学认识、破除迷信思想、养成健康的生活习惯、减少病痛，激起犯人感化心理，增强改造动力出发，

---

① 西北五省区编纂领导小组、中央档案馆：《陕甘宁边区抗日民主根据地·文献卷》（下），中共党史资料出版社，1990年，第166页。

对犯人进行卫生常识教育。由于卫生常识的专业性，所以常识课教师由专门的医务人员担任，每周上一至二次课。监狱的卫生常识具有自己的授课特点，它是以实事求是原则就监狱犯人的疾病特点，自编教材作为主要讲解内容。在上课形式上，除了进行集体上课之外，也以墙报和报纸等代替集体上课，以实际有用为主要目的。卫生常识课的教学内容十分丰富、系统，不仅讲解具体的疾病问题，如：剃头、剪指甲、喝生水、苍蝇、细菌、晒太阳、吸烟等健康的影响；讲解疾病的起因，如：肠胃病的起因、冻疮的起因、疥疮的起因、伤风的起因、眼病的起因等，使犯人能够在生活中避免疾病侵袭；还对社会卫生情况进行总体概述，劝导犯人在守法中要讲究生活卫生。在边区监狱的努力下，犯人提高了对疾病的科学认识，破除了迷信思想，养成了生活卫生的好习惯，犯人身体状况得到极大改善。雷经天指出："老百姓在乡村中，不卫生的习惯。在看守所住了一个时期，都能够改变了。"①

（三）读报课：读报是犯人在掌握一定文字知识后，获取信息和科学理论知识的重要主要渠道。因此，独立阅读报纸的能力与习惯的培养是监狱文化教育的又一大教育方向，报纸是党和政府的喉舌，汇集了边区最新的发展形势和政策，在宣传教育和发动群众上具有特别的作用，是边区监狱政治教育所不可缺少的学习形式。当时的《解放日报》《新华日报》等边区自己创办的报纸都是阅读对象，尤其是对《解放日报》阅读，除了能获得党的理论政策外，还能掌握最新的时事政治，尤其《解放日报》的《科学园地》副刊介绍了大量实用知识，因此，该报纸也成了犯人获取科学常识的重要途径。为了配合监狱的教育改造相关问题，盘活奖惩激励措施，监狱还组织犯人自己创办了《守法生活报》等报纸，进行守法典型的事迹和个人感悟的宣传。1948年下半年，依托读报教育犯人文化知识的方式得到进一步加强，开始由阅读转向选取典型文章重点分析、学习。

（四）算术课。算术为日常生活中所不可缺少，边区在艰苦的战争环境中

---

① 杨永华、方克勤：《陕甘宁边区法制史稿·诉讼狱政篇》，北京：法律出版社，1987年，第371页。

开展的文化教育主要便是革命理论、识字和算术，为了增强犯人的生活能力，边区监狱集中教导犯人基本的加减乘除四则混合运算，其目的在于为犯人进行日常的基本运算打下基础，犯人出狱之后进行更好生活做准备。在算术课学习中，监狱会每月对犯人进行测验，以考察掌握程度，以此调动犯人的学习积极性。但，自解放战争开始后，为革命需要和边区社会稳定遭到破坏，该课程停止开设。

边区监狱的文化教育在不断探索和发展中取得了巨大的进步，不难得见监狱的文化教育已经颠覆了传统监狱的功能定位，监狱不再像是过去的监狱，它变成了一所学校，不仅教育犯人思想上的改造而且还以提高文化水平为重要内容，犯人尊监狱相当于坐学堂，为自我精神文化提升带来了极大的飞跃和良好体验。很多犯人在入监之前还是文盲，而刑期届满后已经脱胎换骨成了"文化人"，如一犯人"在入监狱时目不识丁，经过三年改造，能写会算，期满后当了高等法院安塞农场主任"①。

四、以劳动为核心的生活教育

马克思认为："正是在改造对象世界中，人才真正地证明自己是类存在物。"② 劳动创造了人本身，"劳动精神教育有利于促使热爱劳动、珍惜劳动成果的社会主流价值观内化为个体价值情感。"③ 而这种内化过程与教育相结合便能进一步创造人的发展，"教育同生产劳动相结合的教育制度和劳动制度，不仅是提高社会生产力的一种方法，而且是造就全面发展的人的唯一方法。"④ 中国共产党历来重视劳动教育，1921年8月，毛泽东就曾指出："为破除文弱之习惯，图脑力与体力之平均发展，并求知识与劳力两阶段之接近，

---

① 西南政法学院函授部：《中国新民主主义革命时期法制建设资料选编》（第四册），西南政法学院函授部内部资料，1982年，第337页。
② 《马克思恩格斯全集》（第42卷），北京：人民出版社，1979年，第97页。
③ 曾俊、吴龙仙：《马克思劳动观对劳动精神教育的建构意义》，《江苏海洋大学学报》（人文社会科学版），2021年第9期。
④ 《马克思恩格斯全集》（第23卷），北京：人民出版社，1972年，第530页。

应注意劳动。本大学为达劳动之目的，应有相当之设备，如艺园、印刷、铁工等。"① 在陕甘宁边区毛泽东号召普及教育，让劳动与教育充分结合。毛泽东还明确提出："人是可以改造的，就是政策和方法要正确才行。"从而创造性地将对人的改造理论应用于犯人的改造实践。1949年6月30日，毛泽东指出："对于反动阶级和反动派的人们，在他们的政权被推翻以后，只要他们不造反，不破坏，不捣乱，也给土地，给工作，让他们活下去，让他们在劳动中改造自己，成为新人。他们如果不愿意劳动，人民的国家就要强迫他们劳动。也对他们做宣传教育工作，并且做得很用心，很充分。"②

关于边区监狱的劳动改造图景，"第一、生活教育，又分两方面，一是日常生活教育，一是劳动生活教育。前一种是每天晚上开小组检讨会，定期开展自由演讲会，或管教者随时召集大家讲话，来改变犯人不良好的思想行为；后一种，是使犯人参加生产，如设有农场、菜园、板场、炭场、纺毛、畜牧等，以培养犯人劳动思想习惯，更打下了犯人出监后有生活技能的基础"③。劳动教育是边区监狱的三大教育之一，劳动教育是生活教育的一部分，目的是通过犯人劳动培育劳动技能，养成勤劳习惯、安心生产、遵纪守法，转变为社会新人。结合边区当时的社会、政治环境来看，一方面边区政权是人民的政权，保障人民权利和以教育感化方式挽救失足犯人是边区法制建设的重要方向；另一方面由于受制于国民党经济封锁和民族战争的影响，边区生活陷入了巨大的危机，动员全民自力更生，进行大生产运动成为了无人可以绕开的重要任务，自然监狱也不例外，而且监狱多是二流子犯罪犯人，他们"劳动下贱"的思想观念长期存在，对生产力毫无作用，因此通过劳动教育加速犯人由"无生产力作用"转变为生产力，成为了劳动力迅猛增长的最有效"武器"。边区监狱认为犯人之所以为犯人根本的问题在于旧社会遗留下剥削思想，不劳而获的思想带来行为上的投机取巧、坑蒙拐骗。

---

① 中共中央文献研究室：《毛泽东年谱（1893—1949）修订本》（上卷），北京：中央文献出版社，2013年，第84页。
② 毛泽东：《毛泽东选集》（第四卷），北京：人民出版社，1991年，1476—1477页。
③ 《高等法院监狱犯人生活》，《解放日报》，1945年1月16日，第4版。

共和国监狱制度的雏形：
陕甘宁边区高等法院监狱教育改造制度研究

边区监狱在 1949 年的工作总结中认为：对犯人进行劳动改造，是改造犯人最有效的方法之一。实践中，监狱从以上两个方面出发对犯人进行劳动认识、劳动观念和劳动技能三个方面的教育，使犯人努力生产，在劳动中自食其力，在劳动中保障边区粮食安全。1942 年《边区司法纪要》明确指出监狱劳动教育的出发点是："改正轻视劳动的观念，锻炼思想意识，消除犯罪邪念，提高生产技能，获得谋生手段。"① 在劳动目的上，对犯人的劳动改造具有改正犯人罪行、锻炼犯人生产技能和保障边区粮食安全等多种效用，但最为关键的是对犯人的思想和技能提升。在劳动内容上，自 1939 年开始监狱就开拓出了多项劳动生产作业，集中包括农业、手工业、作坊生产，根据犯人特点合理分配犯人从事不同的劳动项目。

（一）树立正确的劳动认识。树立正确的劳动认识是毛泽东劳动观点的重要一纬，通过教育手段树立劳动观念，端正劳动态度，改变轻视劳动的世俗偏见。② 劳动认识教育主要从两个方面着手。第一，对"劳动下贱"思想展开批评教育，劳动创造了人类社会，对劳动本身在社会发展中的重要地位进行普及。马克思主义政党是工农联盟的政党，而劳动群众必将是历史的主人，边区政权也是在无数劳动人民的艰苦奋斗中而来的，轻视劳动带来的是经济上的崩溃，劳动人民当家作主的新社会也将不复存在。因此，边区监狱犯人必须要树立劳动光荣的思想观念，摒除好逸恶劳的习惯，进而迸发正确的劳动认识和积极的劳动干劲。第二，碍于边区遭受经济封锁的现实和大生产运动的开展，监狱一方面加大对国民党政权代表大地主大资产阶级利益，妄图继续奴役劳动人民，以及日本军国主义的万恶罪行的说理，增加犯人对日本侵略、国民党政权的憎恨，建立正确的革命立场和时局认识，教导犯人不劳动对边区带来的紧迫性和危险。另一方面监狱在犯人对时局和人民政权有了清醒认识之后进行劳动的必要性认识教育。人民政权是反抗侵略、反抗剥削

---

① 杨永华、方克勤：《陕甘宁边区法制史稿·诉讼狱政篇》，北京：法律出版社，1987 年，第 325 页。
② 梅定国、同雪婷：《毛泽东生产劳动思想及其时代价值述论》，《毛泽东邓小平理论研究》，2021 年第 5 期。

的中坚力量，只有边区才能救中国。只有保证前线抗战，争取革命战争的胜利才能救民族，因此就要努力生产，就要和广大人民群众站在一起。1945年之后，由于民族矛盾消失阶级矛盾的尖锐，劳动认识教育也集中力量将发展生产与推翻最后一座反动统治大山结合起来，号召犯人提高觉悟，努力发展生产。

（二）树立正确的劳动态度。劳动认识教育强调对劳动本身的认识，纠正犯人劳动下贱的看法；而劳动态度教育则重在强调犯人的劳动是为谁劳动的问题。部分犯人认为开展劳动教育是在被政府惩罚苦工、为政府生产和为法院改善生活。因此，犯人在劳动过程中磨洋工、破坏生产工具、偷奸耍滑的现象严重。面对这种情况监狱运用劳动光荣，劳动人民是历史的创造者、是获得社会财富和社会地位重要途径的理论开展教育。监狱还经常性地开展生产劳动比赛，对积极生产和促使生产技术进步的犯人进行精神上、物质上的奖励。1943年党鸿魁出任监狱典狱长后逐步发展出了分红制度和奖金制度，使犯人在生产中也能得经济利益。监狱还定期要求增加督促和考核，对考核认定成绩突出的劳动英雄除精神、物质奖励外给予刑期上的减免和提前假释，鼓励犯人争做劳动英雄。在监狱一系列措施的带动下，激发了犯人对劳动的积极性，形成了争做劳动英雄之风。1946年3月，监狱部分犯人自发性地要求开展劳动竞赛，并立下增产计划"以2月为标准，保证增加产量10%"，"完成1300斤纺棉计划，并且要提高质量，中等纱不能超过10%"，以促进犯人积极参加劳动，强化劳动光荣的意识。监狱对破坏生产工具者则进行适当的处罚，"服役人员如不爱护工具，致工具有损坏时，得酌量情形命赔偿工具价格之一部或全部。此项赔偿的在其应得之奖金内扣除"。随着劳动教育的深入，犯人劳动的主人翁意识不断增强，涌现出了一大批爱护公物、热爱劳动的模范，受到边区政府、监狱的表扬与奖励。如：1944年，史某因成功救下冬季在野外出生的羊羔而获得监狱的高度赞扬和一定的物质奖励。1946年，"边区高等法院新兴纺纱厂周年纪念，该厂是以犯人组合而成，它的主要任务是改造和教育犯人，一年来出产棉纱八千二百三十斤，棉花一万二千六百二十斤，供应了难民厂织布的原料。会上张厂长的工作报告中，特别强调地说：'这些收获，是和每个人的思想转变分不开的。'如张云秀在守法和生产上，是大家公认的模范，赵有才、何彪、申世英等生产积极和对原料的爱护，也是大家所认可的。正因为如此，有些人就受到减刑奖励和提前释放。王院长和新任马院长在讲话中号召大家进一步从思想上认清犯罪根源，从实际劳动中改过自新，使自己真正变成一个边区良好的公民"①。

（三）提升劳动技能。毛泽东认为：在生产劳动实践中进行学习，总结劳动经验，能够提高自己的知识技能。监狱在端正犯人劳动认识和劳动观念、转变犯人对劳动轻视态度的同时，还积极教授犯人先进的劳动技能，并鼓励犯人在生产中发展生产技术，对生产技术的发展确有贡献者给予奖励。延安时期，犯人之所以走上犯罪道路与缺乏劳动技能、生活无着不无关系，因此，监狱将犯人掌握劳动技能作为劳动教育的重要一环，掌握劳动技能不仅是响应边区大生产运动、保卫边区革命成果的需要，还是对犯人出狱后能够自食其力安心生产的考虑。边区监狱的劳动技能教育主要体现在两大方面：首先是要求犯人对基本生产常识和技术的掌握。边区监狱通过安排监狱工作人员对犯人进行教导外，还通过犯人互帮互助使二流子犯人熟练进行独立生产。在技术上，不仅教导犯人农业生产技巧，还对纺线、缝制衣服、打铁、种菜、烧炭等手工艺技术进行教育，使犯人在出狱后不仅可以种地耕田、养家糊口，还可以进行副业的营生，从而增加生活收入。对更加先进的纺织机和印刷机等生产机器的使用，监狱则从监外聘请有经验的师傅进行教授。经过一系列的劳动知识教育，监狱许多犯人熟悉掌握了多项生产技能，实现了监狱生产力的飞跃。1945年，边区高等法院决定在监狱成立了纺织工厂，专门进行布匹的生产，"经过半年的过程，参加生产的犯人都学会了，……每人每月平均纺头等纱三十余斤"②，每人平均三十余斤的生产产能对于遭受经济封锁，发展相对落后的边区来说，无疑是极大的生产贡献，对抗战也具有十分重要的意义。其次，监狱号召犯人进行生产技术的革新，对实现技能进步者进行金

---

① 《劳动中改过自新，法院新兴厂周年纪念》，《解放日报》，1946年5月7日，第2版。
② 西南政法学院函授部：《中国新民主主义革命时期法制建设资料选编》（第四册），西南政法学院函授部内部资料，1982年，第338页。

钱上的奖励和刑期上的减免。"人犯服役对于劳动技术或者强度之提高及其他有关生产率增长之具体方式或者方法有所创造，使生产有特殊发展者，给予三千元以下一百元以上之特别奖金"①。

（四）劳动考核和奖惩。劳动是人的本能，但是对于犯人而言如果不建立调动机制，劳动积极性则难以保障。为此，边区的劳动教育贯彻犯人自管自教原则，生产计划由犯人自治组织具体实施；监狱管理人员只进行督促和检查，为了保障劳动任务的顺利完成，监狱设置了记工分的考核制度，每月召开生产会议进行总结，做到边生产边教育。但是，强制手段并非边区监狱教育改造制度之特色，为了营造活跃犯人劳动气氛，利用文娱节目、报纸媒介、组织竞赛的作用，鼓励犯人积极生产。具体措施为：第一，除了依托犯人自办的报纸《觉悟报》《守法生活报》《自新报》和墙报发表文章，宣讲劳动对于个人及边区的意义之外；第二，编制劳动歌曲和剧目，劳动中以口号、歌曲、节目等激发犯人的生产热情；第三，组织犯人之间或单位之间（组）的竞赛活动，根据召开总结评功大会情况，评选守法模范和劳动英雄，依据边区监狱的奖惩规则发放物质奖励。考核和奖惩制度使犯人在理解劳动意义、政权的人民属性、革命需要的基础上，以高涨的生产热情和轻松娱乐的心情自发投入劳动之中，从而为人民政权锻造了大批劳动者、创造了丰厚物质财富。从1942年《解放日报》的报道来看，在1941年的边区监狱农业生产共出粗粮四百余担，合细粮约二百担；副业中的砍柴每月能收入二千余元；在纺纱方面，每名犯人能纺纱两斤上下，月纺千斤，可收入三千余元；木厂铁匠产业月收入两千元左右，而制衣厂的产品可满足高等法院所有人的穿衣问题，不仅按期完成还大大超过了制定的生产任务。② 从1939年到1943年，高等法院监狱犯人创造的财富以小米折算，达到2146.57石。③

---

① 中华人民共和国司法部：《中国监狱史料汇编》（下册），北京：群众出版社，1988年，第256页。
②《高等法院犯人生产成绩优良生活改善》，《解放日报》，1942年1月1日，第4版。
③ 杨永华、方克勤：《陕甘宁边区法制史稿·诉讼狱政篇》，北京：法律出版社，1987年，第329页。

历史唯物主义将人的劳动视为人类世界产生、发展与繁荣的基础，人类在改造世界的过程中，在塑造人类社会的同时，也塑造了人类自身。劳动教育是历史唯物主义世界观教育的一个重要的组成部分，也是历史唯物主义世界观得以确立的重要基础。对于劳动精神教育的受教育者而言，强调劳动实践的世界观意义，不仅意味着对劳动概念的全新理解，同时也意味着对唯物主义世界观的重新认识与反思。① 边区监狱劳动教育改造犯人取得了巨大成效，不仅实现了物质上的增加，生产力的解放，更为重要的是在教育中改造犯人，在劳动中塑造犯人辛勤劳动的性格，端正了生产生活态度，为犯人找到了生存技能。劳动改造是反对单纯的经济利益的，是反对旧社会奴役式的压迫和剥削，是关心犯人自身成长的。因此，对边区抗战和边区社会稳定以及宣传和扩大统一战线起到了积极作用，犯人张小秀说："我过去当土匪抢劫老百姓，民主政府捉住我，不但没杀，还耐心教育。我现在学会了纺线，将来回家一定要好好劳动过光景。"② 犯人李树明抗战前在肤施县担任保安队队长，经常抢劫百姓，一次入户抢劫红军家属陈九儿，并将陈九儿绑走，途中将其杀害，1937年陈九儿母亲控告李树明，边区司法机关因李树明系拖枪投诚，遂从宽处理，判处李树明有期徒刑三年，在狱中李树明努力学习，积极改过，在狱中两个月就因为表现良好被假释，出狱后先在高等法院担任伙夫，后因任劳任怨担任伙夫班长。1939年在法院生产总结大会上，他被推选为劳动英雄，获得红绸奖旗一面。他说："我从这时就下定决心为革命奋斗到底。"之后又升任为安塞农场主任。③

五、三大教育的关系

以政治教育、文化教育和劳动教育为内构的三大教育是边区直接教育改

---

① 曾俊、吴龙仙：《马克思劳动观对劳动精神教育的建构意义》，《江苏海洋大学学报》（人文社会科学版），2021年第9期。
② 《以劳动改造犯人——高等法院犯人学会纺线，分红解决日用品》，《解放日报》，1946年3月25日，第2版。
③ 《高等法院监狱犯人生活》，《解放日报》，1945年1月16日，第4版。

造制度的总体样貌。三大教育在不断总结和实践的基础上逐渐发展而来，政治教育、文化教育和劳动教育互成犄角，落实边区的教育改造犯人思想。在三者的关系上，呈"三足鼎立"之势，缺一不可，但又有先后层次之分。这一判断的逻辑来自马克思主义认识论，来自于毛泽东关于思想认识方法的基本逻辑。毛泽东认为："人的正确思想是从哪里来的？是从天上掉下来的吗？不是。是自己头脑里固有的吗？不是。人的正确思想，只能从社会实践中来，只能从社会的生产斗争、阶级斗争和科学实验这三项实践中来。人们的社会存在，决定人们的思想。而代表先进阶级的正确思想，一旦被群众掌握，就会变成改造社会、改造世界的物质力量。"① 人对世界的科学认识来自实践，而科学理论一旦被人所认识就能迸发出无与伦比的力量。正因如此，对于犯人的教育改造毛泽东进一步强调，对于死刑以外的罪犯，"以教育改造为主""用共产主义的精神与劳动纪律去教育犯人，改变犯人犯罪的本质"②。边区要求监狱改造犯人"最主要的还是对人犯的教育改造和劳动改造，改造人犯犯罪的思想习惯，使其认识新社会前途的光明"。雷经天在 1938 年 8 月的《陕甘宁边区的司法制度》中指出："犯人日常的生活是有组织的劳动与学习。"③ 到此可以得出边区改造犯人的逻辑理路：改造犯人就是要用科学理论使犯人认识犯罪根源和改造自我的信念与途径；教育改造的归依是让犯人以良好姿态再次融入社会。科学理论在边区就是新民主主义革命理论和劳动教育。政治教育与劳动教育被认为是改造犯人的车之两轮和鸟之两翼，文化教育是两翼之连接。那么，让犯人认识到新民主主义社会的光明前途，便成为犯人自我革新、重新点燃生活激情的内心期盼。新民主主义革命的科学理论为什么能够给犯人带来这种转变？原因在于，数千年的黑暗社会，使犯人沦为阴暗、潮湿、残酷监狱的阶下囚，被社会所诋毁、被百姓所歧视，混乱的

---

① 毛泽东：《毛泽东文集》（第八卷），北京：人民出版社，1999 年，第 320 页。
② 陈少锋、朱文龙、谢志民：《中央苏区法制建设研究》，南昌：江西高校出版社，2017 年，第 196 页。
③ 西北五省区编纂领导小组、中央档案馆：《陕甘宁边区抗日民主根据地·文献卷（下）》，北京：中共党史资料出版社，1990 年，第 166 页。

共和国监狱制度的雏形：
陕甘宁边区高等法院监狱教育改造制度研究

狱政和依然黑暗如旧的社会，仿佛为犯人关闭了新生的大门，使犯人看不到美好生活的希望。

中国共产党以摧枯拉朽的力道，推动着传统社会制度、观念的崩塌，以实际行动展现全心全意为人民服务的革命宗旨，以慷慨的斗争保护人民的利益，以良法保障人民权益，使人民不仅仅看到了自己的希望，更看到了国家的希望。而犯人的这一转变前提是需要依靠教育改造为犯人"擦亮眼睛"，构筑犯人的理性认识。犯人具备改造自我的理性认识与方法途径之后，还要教育犯人生活技能，并用劳动的方法训练犯人守法意识，为踏上社会、适应社会提供必要准备。当然，文化教育作为社会存在沟通犯人的桥梁必不可少。

在边区的这一逻辑范式之下，首先，政治教育被第一个搬上犯人教育改造课程，毛泽东说："没有正确的政治观点，就等于没有灵魂。"1946年12月10日颁布实施《陕甘宁边区政府战时教育方案》指明的任务与方针是："向广大群众解释战争的性质及目的，使每个人都懂得蒋介石所发动的进攻解放区的内战，是想维护个人独裁，继续出卖祖国，进一步压榨人民的非正义的反动战争。"而我们所进行的武装抵抗，则是为保卫独立、和平、民主与维持维护全中国人民利益的正义的自卫战争。边区监狱教育更是以授课形式向犯人普及党的理论知识、前途命运，在思想转变的基础上再进行行为矫正。监狱管理者通过了解犯人犯罪根源，耐心说服，进行政治文化教育等，转变其思想，激发其内心向善的动力。经过教育之后，有犯人称边区高等法院监所为"医院"和"高等学校"，更有人说："吃水不忘打井人，我们比住了几年学校还强哩。"① 其次，文化教育是犯人接受政治教育的中间环节和获取新知的重要前体。延安时期，由于通信传播不够发达，共产党的政策和主张并不被所有人所熟知的，另有国民党与共产党针锋相对的丑化宣传，相当一部分反动势力对人民政权存在误解或者是没有坚定的人民立场。由于大多数人犯缺乏文化知识，边区监狱的很多犯人属于完全的文盲，目不识丁，封建愚

---

① 《边区监所一九四八年下半年月份工作报告及人犯统计表》，陕西省档案馆，全宗号15，分卷号519。

昧。"知识分子缺乏，文盲率高达 99%"①，在边区 150 万人口中，巫婆神汉竟超过 2000 人，教育犯人识字则成了首要问题。文化教育中也是以识字为基本内容，文化教育在三大教育中起着辅助政治教育和劳动教育的作用，因为没有基本的文化基础政治教育、扭转思想、劳动教育无从谈起。最后，劳动教育为犯人建立美好生活的信心，是面向犯人日后出狱实现美好追求的途径，尤为重要。边区监狱认为劳动是实现犯人出狱后安居乐业的必要技能，监狱犯人由于大多数缺乏劳动观念和技能，期满走入社会又是不稳定因素和犯罪根源，因此，对犯人的劳动教育极为重视，并认为政治教育和文化教育的好坏，是否有了深刻的反思和巨大的进步应该从劳动上反映出来。劳动是政治和文化教育的逻辑延续，劳动是转变思想能够重新做人的阶段成果，如果劳动上缺乏积极性就反向推导出思想观念上的不正确。

第三节　间接的教育改造制度

毛泽东在《论政策》中也指出：对罪犯坚持"以教育改造为主""感化主义"和"镇压与宽大相结合"的"管理、教育、生产"三结合的科学合理的改造手段。② 教育和生产是直接影响犯人、改造犯人的基本方式。任何制度都体现着阶级意志，为阶级服务的，以教育改造为指导思想的边区监狱管理规则，亦不可避免地氤氲着人道主义的感化元素。1939 年林伯渠说"对一般犯人，更多的注意政治教育和感化，使他们改邪归正"③，雷经天也说对待犯人，要让他们"得到真正的教育和改造"。为此，监狱内的一切设施和活动都是为了教育犯人，而不仅仅是三大教育。间接教育改造制度的作用原理是在边区监狱教育感化理念之下，所建立的一系列具有减缓犯人对抗情绪，引起犯人内心悔恨，并最终萌生自觉接受改造，改正不良恶习的制度规范。与

---

① 李维汉：《回忆与研究》（下），北京：中共党史资料出版社，1986 年，第 556 页。
② 王海鹏：《试论毛泽东改造罪犯思想》，《犯罪与改造研究》，2021 年第 5 期。
③ 林伯渠：《陕甘宁边区政府对边区第一届参议会的工作报告》《解放》，第一卷第 68 期。

共和国监狱制度的雏形：
陕甘宁边区高等法院监狱教育改造制度研究

直接教育改造相比间接教育改造既具有辅助性又有自身独立价值。边区监狱的教育改造制度一般体现在边区监狱颁布的犯人管理规则，及其他具有改造效果的法令政策之上。

一、间接教育改造制度类别

"监所管理制度是完成教育改造犯人任务的基本组织措施，是关系监所工作成败的重大问题"①。边区监狱是执行刑罚的场所，为了教育改造犯人，"在经济困难，条件非常艰苦的条件下，以尊重犯人的人格为改造的出发点，将对犯人的改造与旧社会的改造结合起来；在身体上、物质上给犯人以人道主义的待遇；以犯人回归社会为其目的，通过监狱的服刑改造把一个病态的犯人转变成为常态的社会人"②。这得益于边区教育改造的光辉思想，得益于在把犯人当人看为思想指导的人道主义治理规则。边区政府和高等法院十分重视边区犯人的管理工作，为了现实需要形成了一套内容严密、理念先进的犯人管理规则。展开来看，主要分为以下三类：

第一类，狱内犯人日常守法规则。如：《陕甘宁边区高等法院监狱管理规则》《陕甘宁边区监狱守法规则》《陕甘宁边区在所人犯财物保管规则》《陕甘宁边区高等法院看守所检查规则》《陕甘宁边区高等法院监所工作细则》《陕甘宁边区看守所规则》《延安市地方法院看守所在押人犯接见规则》《陕甘宁边区高等法院看守所参观规则》《陕甘宁边区高等法院监狱卫生规则》，主要对犯人的自治组织权责、监狱管理人员权责、探视和财物保管规则，犯人的卫生、作息、学习及犯人日常行为做出规定。这类规范是维护监狱秩序和犯人行为的基本准则，是实现依靠纪律规范养成犯人遵纪守法习惯的基本依据。这些制度将人道主义内嵌其中，如犯人自治制度、奖励分红制度及犯人物品应妥善保管，不得随意克扣，看守人的私生活不得指挥犯人去做，对

---

① 杨永华、方克勤：《陕甘宁边区法制史稿·诉讼狱政篇》，北京：法律出版社，1987年，第331页。
② 汪世荣：《新中国司法制度的基石：陕甘宁边区高等法院（1937—1949）》，北京：商务印书馆，2011年，第93页。

女犯人不得调笑,不得收受犯人的财物等规定,以一种让犯人耳目一新的规范切实保障犯人的基本权利,更为重要的是这些制度得到了严格执行。因此,这些制度是在历史上所没有过的创举。

第二类,狱外犯人管理规则。这类规则是对犯人外役、假释、监外执行、保外服役等行为的管理规范。如:《陕甘宁边区高等法院在押人犯服役奖惩办法》《陕甘宁边区高等法院监狱人犯保外服役暂行办法》《陕甘宁边区监外执行条例》等,主要对犯人监狱外教育改造或假释的条件和犯人权利保障进行了规制。《陕甘宁边区高等法院监狱人犯保外服役暂行办法》规定保外服役的条件是:"(甲)在守法中表现良好而无出逃之虞者。(乙)在边区有家庭关系者。"[1] 为犯人保外服役提供了制度保障并规定,对于刑期不满三个月,因工作等情况无保的犯人,可以免除具保的规定,进一步保障了特殊情况犯人的保外服役。监外执行是边区监狱为增加生产和为犯人提供较为自由的工作环境而制定的规范,"认为以在监外执行对其改造收效更大者,得经法院院长及首席检察官之核准,改为监外执行"[2]。边区监狱通过建立犯人出监的系列规范,使犯人看到了重获自由的曙光,能够强化犯人争取改造的决心,同时,这些制度本身使犯人认识到党和政府对自己的关心和耐心,有助于感化犯人。

第三类,犯人奖惩规则。关于犯人的奖惩规则在其他规则中多能见到,在零散规定之外,边区还制定了专门对表现良好犯人和犯人消极改造行为的规则,从而使犯人奖惩制度得到完善。如:《陕甘宁边区高等法院在押人犯服役奖惩暂行办法》《陕甘宁边区高等法院监狱劳动生产第一所(工业)奖惩办法》。《陕甘宁边区高等法院在押人犯服役奖惩暂行办法》第二条规定:"服役人犯具有下列优点者除依照监所规则奖励外,并与一定数量之奖金。(一)埋头苦干不偷懒者;(二)服从组织遵守纪律,不妨害他人工作,不讲坏话者;(三)不浪费或窃取材料及生产品者;(四)能积极提出关于增长生

---

[1] 中华人民共和国司法部:《中国监狱史料汇编》(下),北京:群众出版社,1988年,第261页。

[2] 中华人民共和国司法部:《中国监狱史料汇编》(下),北京:群众出版社,1988年,第263页。

产率之意见或方法，行之能收实效者。"① 并对犯人奖励之奖金额度规定了不等类别，对其他有生产贡献的犯人给予具体限度范围内的奖金奖励。对消极改造或其他不良行为的犯人，则给予批评、全体讨论斗争、停止或撤销奖金的惩戒。另要求在对犯人实施惩戒时，切勿使用粗暴之态度，应"按照循循善诱，诲人不倦之精神，尽量采用谈话说服批评等个别教育"。即便在惩罚犯人时也要贯彻尊重犯人的指导思想。

  边区监狱管理规则还包括：《在监人犯夫妇同居暂行办法》《释放人犯暂行办法》等规范，一并组成了边区监狱犯人的管理规则。此外，边区还存在大量有关犯人权利保护的政策法令。1940年边区政府、边区高等法院联合发布的《建立司法秩序，确定司法权限》规定：人民无私擅逮捕审问及处罚犯人的权利；社会组织不准捆绑、吊打、禁闭任何人犯；乡区政府可以逮捕之人犯，但应将证据解送上级政府或司法机关，不得拘留二十四小时以上；县政府裁判员不得使用刑讯。②《陕甘宁边区保障人权财权条例》也规定了犯人的权利保障。这些制度规范为犯人营造了充满人文关怀的改造环境，许多犯人在进入监狱后，身处饱含人道精神的日常管理制度网络之中，能够使犯人从这些最切身、最具体的生活琐事中，感受到党和边区政府的温暖。监狱"帮助解决实际困难，逢年过节改善生活，生病受到照顾，家属探亲受到热情招待而深深触动感情，进而良心受到正义的谴责，从此开始了由坏变好的转变"③。

  这些犯人管理规则体现了边区监狱工作的指导思想、工作方针、教育方法和工作态度，确定了监所管理教育的各种制度，起到了尊重犯人人格，维护犯人权益，平息犯人怨恨，调动犯人改造，催生犯人悔恨、悔罪心理，起

---

① 中华人民共和国司法部：《中国监狱史料汇编》（下），北京：群众出版社，1988年，第256页。
② 《1940边区政府、高等法院关于建立司法秩序、确立司法权限的联合训令》，陕西省档案馆，全宗号15，分卷号10。
③ 杨永华、方克勤：《陕甘宁边区法制史稿·诉讼狱政篇》，北京：法律出版社，1987年，第345页。

到了教育改造犯人的功效，反映了边区监狱教育改造制度的先进性。

二、犯人自治感化犯人

给予犯人一定的自治自由是犯人自主权的体现，为了发挥犯人的自我管理功能。在宽松的自由环境下对犯人心里产生影响，彻底地启发犯人内心情感、激发犯人对边区政府的拥护，就应该保障犯人的自治权利。《陕甘宁边区监狱管理规则》第二、第三条分别指出：在规定管理范围内，建立守法人的自治组织，其职责如下："'一、清洁卫生的管理督促；二、生产学习的任务保证；三、维持自治公约和所内的纪律规定；四、调解互相间的意见和争吵；五、召集生活检讨大会'，'看守人要领导、帮助守法人的自治组织'。"① 这样就以法律的形式为犯人自治创造了存在发展的法制环境，从条文可以看出犯人自治不仅仅是一句口号，犯人组织是犯人自治的核心和阵地，依靠犯人组织进行犯人的自我管理、自我生产、自我教育；在具体职责上包含了犯人的生活卫生、生产学习、遵法守纪、犯人矛盾化解和会议召集，可以说犯人生活的方方面面都有着犯人自治组织参与，能够切实保障犯人权利和发挥犯人参与监狱管理能动性并表征边区劳动人民的主人翁地位。犯人自治组织的组织形式上，表现为：组、队和救亡室（俱乐部）。

组、队自治。在边区看守所成立之日起，本着便于对犯人进行管理的原则，就进行了组、队的犯人自治模式，组即是将同一宿舍的犯人进行编排，每个宿舍为一个小组，每个小组设立正副组长两人，执行监狱的自治条例。由三个小组再结合形成一个队（分队），每个小分队设正副分队长两人，负责管辖各个小组组员。所有犯人的集合是为队，在犯人中产生队长一人。由于看守所时期，不仅关押了已决犯而且还对未决犯进行了集中收押，考虑到两种犯人的性质不同，劳动内容和量的不同，为了更加贴合实际，监狱于1940年打乱了原有已决犯和未决犯统一编组的模式，将已决犯和未决犯相分离，

---

① 中华人民共和国司法部：《中国监狱史料汇编》（下册），北京：群众出版社，1988年，第252页。

共和国监狱制度的雏形：
陕甘宁边区高等法院监狱教育改造制度研究

分别设立队，将已决犯和未决犯单独成队，已决犯队伍便是后来所称的劳作队。为了贯彻寓教于生产的方针，"一刻也离不开教育"，看守所重新选举产生了专门负责分管教育的学习组长，学习组长对自己所属的小组负责，履行自我教育职责。

1942年边区在劳作队的基础上设立了监狱，取消了分队的建制，增加了卫生组长，这样每个小组就形成了正副组长，学习组长和卫生组长组成的小组负责人，全面进行犯人自治。至此，队、组自治的制度建设也趋于成熟。"他还不是犯人，来管我"，为了避免犯人对分管自己的自治队组长的不满，及其造成的对抗情绪，监狱在队、组长的选任上实行广泛的民主选举。关于民主选举，大多数情况是由监狱提名两位候选人，由犯人选举确定，以此来保障自我选举、自我管理，消除不服管教的现象。选出的组长对本组犯人按照管理规则所赋予的自治权利进行组织劳动、学习，也就是由学习组长督促和检查本组犯人的学习情况；卫生组长照顾和反映组员的身体健康状况，带领和督促犯人养成良好的卫生习惯；正副组长负责犯人的思想政治教育和生产劳动，分配任务、召集会议，并负责学习、卫生组长的工作。队、组制度的产生和发展，反映了边区监狱对犯人所营造的宽松氛围，为犯人营造了放松身心，更加舒适度的监狱环境，有利于犯人在情感上对监狱的认同，进而增进犯人与监狱的情感联系。

救亡室。"俱乐部就是由犯人完全民主选举设立的"，救亡室又称俱乐部，顾名思义救亡室是为了团结边区民众，凝聚人心，争取抗日力量，实现抗战胜利而存在的，不仅监狱设立了以团结犯人激发犯人抗战热情，增强民族仇恨和抗战必将胜利的爱国情思，鼓励改造，努力生产的救亡室，而且边区大多数组织机构都有组建。1939年边区高等法院看守所成立救亡室，1945年日本投降，救亡室的救亡抗战目的得到实现，救亡室本身遂改为犯人自娱自乐、自学自新、陶冶情操的俱乐部。救亡室在性质上属于犯人自治的协调组织，在监狱章程下配合组、队的工作。在人员安排上，救亡室设主任1人，干事5人，主任为救亡室犯人自治的最高负责人，干事分别负责监狱的文化娱乐、政治教育、生活卫生和劳动生产。主任、干事由犯人大会选举监狱确定或监狱提名犯人选举确定两种选举方式产生。在实践中，除1942—1945年间采用第二种选举方式外，其余时间皆以犯人大会选举候选人，监狱最终确定主任、干事的方式产生，从而保障犯人自治的目的得到彰显，维护犯人的选举和自治权利。

救亡室作为犯人劳动生产、抗战救亡、自治娱乐的自治组织具体表现在：第一，在监狱的领导下，讨论监狱的教育、学习、生产计划，对需要改进或变更的计划、制度有权要求变更，监狱的各种计划不获得讨论通过则不能执行。第二，配合组、队工作，救亡室虽是犯人自治总的协调机构，但并非犯人自治的领导机构，在于组队的关系上是合作者而非领导者。在劳动中协助监狱对劳模和模范组队评选；在思想上，对犯人进行教育、检讨、批评，进行思想教育转化，根据犯人身体情况合理分配劳动任务。第三，丰富文娱活动。组织犯人开展文艺演出和读书讲故事等活动，填补犯人精神生活上的不足。在文娱活动中，注重形式的多样化，救亡室开展的文娱有，相声、小品、戏曲、书籍、画报、体育运动等。为了陶冶犯人情操，救亡室还设立了图书阅览室，针对犯人文化层次不同的情况，阅览室配备了图书和画报等书籍，1940年图书已达到了293本之多，在类别上不仅有宣传马克思主义政党政治宣传类书籍，还具有大众通俗书刊；报刊98种，《新华日报》《军政杂志》《大众文艺》《前线画报》皆在其中，特别是《前线画报》解决了尚未及识字的犯人阅读问题。还开展了有声有色的文化创造活动。如救亡室定期组织犯人进行墙报的书写和报纸创办，1940年前后先后组织犯人创办了《觉悟》《守法生活报》，由犯人自己管理、自己撰稿，实行一定的言论自由。同时，还注意到了音乐对缓解犯人苦闷情绪和动员、鼓舞人心的作用，边区监狱依靠笛子、胡琴等乐器为犯人进行文艺创作和舒缓身心创造条件。"犯人在俱乐部，或走棋、或看书报、或拉胡琴、或打扑克，使你看了，会想不到，这是在监狱守法的犯人"①。第四，关心犯人生活对犯人心灵进行抚慰。帮助犯人改善生活待遇和卫生条件。

---

① 《高等法院监狱犯人生活》《解放日报》，1945年1月16日，第4版。

为了进行更加彻底的自治，充分尊重犯人尊严和发挥犯人的能动性，监狱赋予了犯人在自治过程中制定自治章程的权利，如《自治公约》《俱乐部章程》都凝聚了犯人的智慧，这些措施的开展温暖和滋润了犯人的心田，在情感基础上起到了教育感化的效果。1938年，陈宏谟对边区监狱发出了"管教有方"的客观评价。

三、 良好生活待遇感化犯人

旧社会的人们对监狱的印象是阴暗潮湿、饿殍满地，而边区的监狱致力于犯人生活待遇的提高，正如军队的官兵一致一样，监狱实行犯人与监管人员一致的原则。由于犯人对旧社会监狱的固有印象和犯法入狱的愁绪内心难免惶恐、焦虑，监狱以具有人道主义精神的良好生活待遇使犯人感受到监狱的关怀，借此对犯人内心带来感动，进而转化为感化，从而催化犯人转化。"许多犯人，都是因监所吃住的温饱，帮助解决实际困难"①，个人难题和不公得到化解，不断地伙食改善，心理自发性地受到自我谴责，良心得以重新跳动，实现了转变。温饱和伙食改善的力量对于处在紧张战事环境和经济封锁的边区是奢侈的，边区本着感化理念出发，克服粮食不足和一部分人观念上的不理解，把保证犯人生活待遇作为监狱长期以来的重要感化内容，起到了穿透人心的灵魂拷问效果，对犯人来讲伙食不仅仅是温饱而是边区政府拳拳的爱民之心，更何况对犯人尚且如此。1938年前来边区采访的记者说道："他们得到的精神物质生活，也许比逍遥法外时好得多。"甚至来自重庆的另一位记者风趣地说："如果能受到这样的待遇，那么，我也愿意做里面的一个囚徒。"因此，强大精神力量的冲击，迸发了犯人发展生产，积极革新的正能量。

在改善犯人待遇上，边区监狱以两大原则为指导思想。首先，犯人也是人，与机关人员相一致。边区监狱反对歧视和不公正地对待犯人，认为对犯

---

① 杨永华、方克勤：《陕甘宁边区法制史稿·诉讼狱政篇》，北京：法律出版社，1987年，第345页。

人最一般的看法应该是犯人也是人，在此基础上犯人和机关人员就应该是无差别的。犯人也是人的治狱原则，犯人无不受到感召，在改造的道路上奋勇向前，有些犯人在边区监狱改造一段时间后，真切地说："我们犯了罪，还和你们生活一样。政府这样关心，不好好改正，怎么对得起时刻关怀我们的党和政府呢。"① 其次，反对绝对的公平。绝对公平是不存在的，特别是犯人本身是犯了法的人，就要受到诸多约束，如果突破了这道防线，那么势必要适得其反。平等原则并非绝对公平，有些犯人对平等原则存在认识的偏差，1942—1943年间部分犯人认为平等就是要绝对的平等，不仅要求伙食、衣被、日用品的完全平等，甚至部分犯人还要求生活细节的平等。这种平等原则也使正常社会中贪图享受的二流子出现了误解，社会面上无所事事的二流子认为监狱犯人生活好，不仅温饱无忧还能吃小米。因此，事实上这就致使部分人产生了犯罪之后能吃得更好的看法，变相鼓励犯罪的情况，带来了恶劣影响。鉴于此，监狱进一步提出反对绝对平等，除伙食大体一致外，其他诸如自由、人权、穿着等方面进行相应的区别，打消部分人的犯人生活得更好的错误认识。

用人道主义生活待遇感化犯人，具体表现在六个方面：

第一，与工作人员一致的伙食。边区监狱给犯人生活上与工作人员相同的待遇，注重为这些特殊群体营造整洁的生活环境。在党的领导下，边区厉行官兵一致、与群众在一起的思想路线，无论是党的领导人员还是乡村级干部的津贴、伙食都大体相一致。在边区存续的十余年间，干部的伙食标准大体维持在一斤四两小米左右，而1944年犯人的伙食标准为一斤八两小米，还略高于干部的伙食标准。1946年，边区为减轻人民负担，同时加大对解放战争中的支持力度，对犯人伙食进行了一些调整，按照平等原则将犯人的伙食标准做了少量下调，将按照工作人员的一斤四两进行供给。1949年监狱进驻西安后，由于城市粮食需求量大和运输不便的现实情况，不得已将犯人的标

---

① 杨永华、方克勤：《陕甘宁边区法制史稿·诉讼狱政篇》，北京：法律出版社，1987年，第346页。

共和国监狱制度的雏形：
陕甘宁边区高等法院监狱教育改造制度研究

准进一步减为小米一斤三两。为了有效落实平等政策，在伙食一致规定的具体执行过程中，政府和法院定期对监狱的伙食情况进行巡视检查，防止不严格执行边区规定的现象发生。

第二，尊重民族差异，践行民族平等。由于边区所处地理环境，北接蒙古、西临甘肃，民族众多，使边区一直以来就是多民族杂居的地区。中国共产党坚持人民当家作主，尊重各民族的风俗、信仰，奉行民族平等政策。多民族聚集的社会现状决定了边区监狱的犯人来自于不同民族，各民族平等的民族政策必然要求边区监狱要尊重各民族的习俗、信仰等各方面差异。边区监狱在对犯人教育改造过程中就需要对不同民族的犯人进行区别对待，如：对于回族不吃猪肉的习俗，边区监狱便另开小灶为回族犯人进行专门烹饪清真食品。允许犯人依据宗教习惯进行祈祷等等，为少数民族营造了一个人人平等、民族平等宽松环境，有力减少了监狱犯人的不满，促进了各民族犯人的积极改造。

第三，生活用品的供给。由于监狱反对绝对的平等主义，日常用品根据个人情况实事求是供给，而反对一律提供。在监狱成立之前的看守所时期，对已决犯由监狱提供基本生活用品，包括被褥、鞋子、每年一件单衣、两年一件棉衣。1941年，边区政府给法院分配了生产任务："解决345个犯人的所有衣服被褥和法院全部经费的自给。"① 这里的生活用品供给主要的对象是已决犯，未决犯由于在监时间短，生活用品多由自己自给，但对未决犯的生活用品问题并非一律要求由未决犯人自给。边区监狱对于部分家庭住址距离监狱过远或者来往交通不便，以及家境确实困难且改造表现良好的犯人，发给被褥、毛巾等基本生活用品。在此之外，边区监狱对于参加劳动的犯人包括未决犯，分发毛巾、鞋袜、草帽等用品，甚至在某些情况下对于有烟瘾的犯人监狱还专门配备了旱烟，为犯人解决吸烟问题。

第四，合理安排劳动时间，保障犯人休息时间。保障犯人的作息时间是

---

① 《边区高等法院一九四三、四四年生产检查总结》，陕西省档案馆，全宗号15，分卷号527。

第六章 教育改造制度内容

对犯人基本人权的尊重，体现了教育改造制度深厚人文关怀理念。边区由于长时间的抗战以及生产能力不足，导致粮食缺乏，粮食供给成为边区群众的紧迫任务。中国共产党为了解决粮食危机而掀起的大生产运动，号召边区人民积极投入生产、自力更生，实现粮食自足。犯人作为边区社会的一员，发挥犯人的劳动力成为边区粮食产量增加的重要选择，被赋予生产期望的犯人肩负着生产劳动的职责。因此，要求和鼓励积极劳动成为边区监狱教育改造制度的重要措施之一。但是，边区监狱劳动改造、治病救人的管理理念，并非单纯依靠犯人劳动实现粮食增产为目标，而是通过劳动教育犯人养成积极向上的生活态度，掌握熟稔的生活技能，培育优良的思想品质的"副产品"，边区监狱的作息制度就直接反映了这一价值逻辑。

早在 1940 年，看守所就制定了保障犯人作息时间的制度。这一制度作为教育改造制度的一个重要组成部分，与其他引导、感化犯人的机制一道，共同作用于犯人的改造实践。作息制度明确要求犯人每天的劳动时间不得超过 6 个小时，充分保障犯人的日常休息，避免劳累过度。在生产劳动之外的时间，规定犯人每天拥有 3 小时从学习时间，开展思想、文化教育，除了每天 6 个小时的劳动生产和政治文化学习之外，监狱还十分注重调剂犯人的日常乐趣，保障犯人每天拥有 1 小时的文娱时间，由犯人自由支配。除了规定的劳动、文娱、教育时间，还规定犯人每天拥有 9 个小时的睡眠时间，充分保障犯人的休息。无休止的劳动和繁重的学习同样是对犯人的一种强迫，过分的劳动是对犯人权利的侵害，边区监狱规定犯人 6 个小时的劳动和 9 个小时的睡眠时间，有力地证明了边区监狱对犯人人权的保护，这种保护必然能够带来犯人心灵的温暖，在行动中认识到边区对犯了错的自己的关怀，引发犯人的向善动力，再加之每天的思想政治、文化教育，直接对犯人的认识产生影响，有利于促进犯人的自我改造。1945 年之后，碍于解放战争的严峻性，边区监狱适当对劳动时间进行了调整，规定每天为 8 小时工作制，以期通过延长劳动实践，增加粮食产量，供应解放战争需要，但是不变的是仍然保障了犯人每天 9 小时的睡眠时间。1949 年，由于此时解放战争胜利在望，全国的抗战形势好转，人民的力量不断壮大，生产压力得到缓解，且监狱反革命分子犯

共和国监狱制度的雏形：
陕甘宁边区高等法院监狱教育改造制度研究

人增加，边区监狱及时对作息时间进行了调整，缩减了犯人的劳动时间，使犯人每天的生产时间重新回到原来的 6 小时，教育学习时间随之增加，读书看报等时间达到了 5 个小时，但 9 个小时的睡眠时间依然得到了保证。但是，由于资料欠缺，犯人劳动时间存在不同说法，据汪世荣书中所示材料可知，1942 年监所总结报告犯人"劳动时间：我们是遵照政府所公布的施政纲领第十二条的规定，每日生产十小时，不过在生产所，有时劳动超过十小时"①。

合理安排劳动时间，保障犯人休息时间还体现在犯人的休息天制度。为了最大程度教育犯人，为犯人创造舒心的生活环境，边区监狱规定每周的星期日放假一天，供犯人打扫卫生和休息，在边区节假日期间对犯人放假一天，欢度节日。

第五，请假制度。由于边区还是典型的小农经济，面对重大生产问题劳动力就显得尤为重要，边区监狱的犯人往往是家中的主要劳动力，家庭重大变故和生产需要，严重地影响着他们守法的情绪。为使犯人能够解决家庭困难，边区监狱规定了体恤犯人的请假制度。该制度规定：对于不得不由犯人本人亲自料理的重大问题，如婚丧嫁娶和重大生产生活变故等情况，允许符合保外执行的犯人请假回家处理问题。"如犯人白士×，准他回家办丧事"②。请假制度从犯人立场出发，关心犯人及其家庭的生产生活，为犯人提供重大便利，有利于犯人的感化转变，从而减少以致杜绝逃跑事件的发生。

第六，接待家属制度。陕甘宁边区沟壑纵横，地广人稀而又交通不便，路途稍远的犯人家属来监探视往往不能当日返还，为犯人及家属营造良好的探视环境。1941 年 10 月，边区高等法院第一届司法会议认为：为了给犯人精神上的安慰，"应规定在监内设家属宿室，定期准犯人家属来住"。该制度规定：给予来监探视的犯人家属免费吃住的待遇，其标准与监狱一般的工作人员家属相同。犯人可与家属同住，不愿住在监狱接待住宿点的，不愿住接待宿舍而在监狱附近落脚的家属，监狱给予帮助并允许改造表现好的犯人请假

---

① 《边区高等法院看守所一九四二年度半年工作总结》，全宗号 15，分卷号 517。
② 《高等法院监狱犯人生活》，《解放日报》，1945 年 1 月 16 日，第 4 版。

外出与家属同住。"犯人郑中华的婆娘来看望，要求住在监狱附近，监狱就帮助他们安家，并准归宿假"①。

总的来看，边区监狱十分注重对犯人生活的关怀，以此实现情理感化，对犯人开展感化教育，而不以劳动和惩罚为管教方式，起到了实际感化效果，激发了犯人改过自新的内心自觉。犯人在感受到监狱给予的温暖之后，发出了"我再不学好，良心上也过不去"等令人可喜的心理转变，犯人见到这样的事实，都感动地说："都是为了咱们好，再不学好，良心上也过不去呀。"②可谓感化教育的巨大成功。

四、假释、外役感化犯人

所谓假释制度是犯人刑期未满而提前释放，是边区监狱为激励犯人积极改造的制度措施，也具有以假释制度让犯人感受到边区政府对人民的宽仁，促使犯人内心感激，产生愧对心理，从而将这种心理转化为自身改造动力的作用。我国监狱史上很早就出现了假释制度，在沈家本的《大清新刑律》中已有论及，民国时期继承和延续了《大清新刑律》的内容，民国政府虽制度完备，在执行上却是不尽如人意的，腐败泛滥、压迫意识顽固，导致这一制度并未得到很好运行。边区自看守所成立以来就确定了实行假释的方针，1938年《关于各县羁押犯人的处理办法》将假释规定为处理犯人的一项基本原则，而真正实现制度化和完备化是在1945年，以《陕甘宁边区假释条例》的颁行为标志。假释制度在边区的存在和完善以感化教育为逻辑起点，林伯渠在1941年对假释制度总结道：在考验犯人的思想转变的基础上，实行提前释放的制度。假释制度的运用使边区的犯人大多数都得以提前释放，而因感化机理的存在，犯人再犯罪就变得很少了。从林伯渠的总结及假释条例的内容可以看出，假释的必要条件包括：

首先，思想上转变且执行了一定刑期。既通过在监狱的教育、劳动情况

---

① 《高等法院监狱犯人生活》《解放日报》，1945年1月16日，第4版。
② 《高等法院监狱犯人生活》《解放日报》，1945年1月16日，第4版。

为标准，评判犯人思想的转变与否；但思想上表现良好需要一定的考察标准，这个标准就是犯人在监内服刑期间的综合评判，也就是说犯人需要在监内服役一定时间，由监狱对在监犯人的学习、劳动情况给予考评，经过一定时期的观察、考评之后，确实在思想上积极转变，无逃跑之虞的犯人可以给予假释。

其次，犯人家庭中劳动力缺乏及生活困难也作为适用标准之一。这一标准是从情理角度出发的，避免生活困难犯人的家庭出现难以为继的局面，这样既解决了边区民众的生产生活，又避免犯人出现极端思想。一般情况下，缺乏劳动力和生活困难二者居其一即可假释，但是在具体适用中犯人思想上的积极转变则是第一位的，实践中也多是如此。假释并非对于全体犯人一律适用，监狱为了打击反动势力对边区的破坏和渗透，维护边区政权、社会稳定，汉奸、敌特等反动势力不予许予以假释，但例外情形是思想转变突出，家庭生产困难者也放宽政策，允许假释。假释程序的启动有两种情形：一是由监狱根据犯人的考核结果，表现良好、家庭劳动力缺乏、生活难以为继的由监狱提案，交犯人大会决定；二是符合上述条件的犯人也可以主动提出申请，由典狱长召开会议讨论，但是最终的通过由高等法院院长做出决定。犯人假释之后的去向亦有两种情况：分别是分配到地方机关从事生产工作或回家生产，对于在假释期间有违法或者恶习表现的则对其重新收押改造，假释期间不计算为已执行期间。假释制度的施行鼓励和激发了犯人积极改造，给了犯人早日出狱的希望，在实践过程中收到了良好效果。"假释到机关或回家的，除极个别逃跑或撤销假释外，大多数都表现很好"[①]，甚至对监狱的假释政策进行主动宣传，有的通过书信向监狱汇报在社会中的表现情况，感谢监狱的好政策，等等。

外役制度是犯人到监狱以外进行服役的执行方式。外役制度包括两种形式，一是保外执行，二是在监狱看管下调外执行。该制度主要由《监狱犯人保外服役办法》《陕甘宁边区监所保外服役犯人暂行办法》等法令所规范。在

---

① 杨永华、方克勤：《陕甘宁边区法制史稿·诉讼狱政篇》，北京：法律出版社，1987年，第356页。

外役条件方面，一般除对保外服役规定一定的担保条件，和对两种外役方式都要求犯人表现良好之外，同样规定了犯人须在监狱内服役一定时间，并在 1945 年之后进一步要求：保外服役犯人须在监狱内服役满被判处刑期的二分之一；对于极端严重犯罪的犯人，如杀人、反革命等犯人一般不得保外服役。保外服役的确定程序：一般先由犯人大会谈论是否给予某犯人保外服役，讨论内容主要是犯人的日常表现和改造情况，对于被确定保外服役的犯人，经监狱提请高等法院审查并最终决定。对于保外服役的犯人须由执行地的行政负责人进行教育管教，对于有违管教规则的犯人，负责人有权将犯人看押甚至送回监狱；高等法院也会定期对保外服役的犯人进行巡视。调外服役是由于边区生产需要对将犯人调往监狱外从事生产的制度，主要前往高等法院所设立的生产场所；也存在边区政府因需要调遣犯人从事某一类生产工作的情形，调外犯人一般不脱离警戒。

外役制度既是一种犯人激励措施又作为丰富执行的方式，以及调动犯人积极性的激励措施，曾被大量使用。1940 年看守所犯人总数 201 人，而保外服役者就达到了 71 人；1943 年党鸿奎担任典狱长后，在其任职初期的一年之间，监所人犯 119 人，外役犯即占三分之二，竟没有逃跑过一个。1948 年监狱共有犯人 216 人，调外服役者达到 140 人。虽然外役仍然受到监狱和外役单位的管教约束，但实质上具有更大的自由空间，监狱的管教影响大大减少，为犯人争取改造创造了自由空间，深受犯人所欢迎。

五、奖金、分红感化犯人

边区监狱的奖金分红制度原本是为了提高犯人劳动积极性，发展生产，支援边区抗战而存在的。二流子的存在带来大量不事生产，专门进行盗窃、诈骗、赌博、偷窃的犯罪分子，特别是在 1945 年之前监狱盗窃罪犯人数在监狱罪犯中占有相当的比重。他们大多数都是认为劳动辛苦，不如盗窃、诈骗来得容易。因此，在根本上去除这类犯罪的发生是根治人的习性，而非承办所能实现。为了养成犯人劳动的习惯，鼓励发展生产的奖金、分红制度应运而生。边区监狱先后于 1939 年、1942 年制定了奖励、奖金的法律文件《陕甘宁边区监狱劳动生产第一所（工业）奖惩办法》、《陕甘宁边区高等法院在押

共和国监狱制度的雏形：
陕甘宁边区高等法院监狱教育改造制度研究

犯人服役奖惩暂行办法》（以下简称"暂行办法"）。1943年，边区监狱在奖金制度的基础上制定了分红制度，但在实质上奖金、分红制度包含着解决犯人出狱后社会生活的考虑，即：犯人出狱后能否安心生产，有无最基本的物质条件进行生产。实践中，奖金、分红制度成了犯人转变的十分关键的中间桥梁，通过分红犯人能够通过自己在监狱内的劳动获得劳动收入，改变以往社会残暴奴役犯人的历史，能够对犯人心理施加影响，从而在对犯人心灵感化的基础上增强出犯人的生产热忱和提高生产技能。

奖金制度。由于监狱的生产内容丰富，不仅有手工业还有农业，不同的生产种类决定了监狱的分红制度应根据具体情况制定奖励标准。边区监狱的奖金制度共分为三种类型：定额、不定额和普遍奖。所谓定额为劳动生产量的确定，监狱提前分配犯人的劳动生产量，奖励能够按时完成或者超额完成者，以此鼓励犯人积极生产。由于一些难以以量作为劳动标准工作的存在，如杂工，则按照工作的完成情况，由一定范围内的犯人进行评议确定不定额奖。普通奖在性质上属于兜底奖励，专门应对那些表现良好，工作努力，但由于农具出现故障或其他原因没有完成生产任务者。监狱对犯人的奖励具有为犯人出狱积累生产资本的目的，因此奖励力度很大，所得盈利大部分与犯人，以帮助其得到生产资金，达到可能进行生产的条件。另外，从《暂行条例》也可以看出奖金之丰厚，奖金分为三个等级：第一，依靠本人所从事生产的产品，在转化为资金之后，奖励最高10%，最低5%的现金收益，对于超额完成生产任务的超额产品，给予最高40%的现金收益。第二，对于无法计算生产数量以及不能变现的产品，对符合奖励条件者由监狱给予20—100元不等的现金奖励。第三，由于监狱鼓励犯人进行生产技能的创造和产量的飞跃，监狱对能够实现生产技术获得进步或者实现生产飙升的犯人制定了高额的奖励，视具体情况奖励300—1000元不等的现金。

分红制度。分红制度的产生应该说是边区监狱的巨大创造，改变了以往几千年来旧社会对犯人的残酷待遇。极大地彰显了边区的人权建设和犯人是人的思想。分红制度并非是自边区监狱成立以来就有的，而是监狱典狱长的智慧创造，分红制度的产生极大地冲击了犯人的旧有观念，刺激了犯人对边区的爱戴和思想转化。1943年典狱长党鸿魁在木板厂率先实行，后逐渐得到推广，到1946年时实现了全监狱生产种类的分红。初期的"分红"是分超出生产任务产品转化为资金后的现金，后来则演变为所有劳动产品的2∶8分成，就是将犯人生产所得利润的20%归犯人所有，剩下的归政府所有。为了体现公平原则，分红在不同犯人之间、不同行业之间有不同的分配标准，但大体上在同行业犯人中，根据犯人的生产积极性和工作时间等作为分配依据。1948年后，分红制度改革进一步使犯人能够多分取红利，那便是将原来的2∶8分红改为3∶7分红，提高了犯人的分红比例。1949年，随着革命形势的好转和边区社会的发展，边区生产压力减小，分红制度发生了更为显著的变化，虽然仍然是3∶7分红，但由犯人占有其所得收获减去生活成本外的70%，监狱占有30%。

奖金、分红制度都是为了表扬先进和鼓励改造，在犯人的自觉改造中起到了重要作用，但边区监狱对犯人并非只是鼓励和改造，对消极改造的犯人同样适用一定的惩罚，实质上这种惩罚并没有与犯人犯罪行为所侵犯的法益相联系，而是就监狱教育改造过程中为了推动犯人进步所采取的变相激励手段。《陕甘宁边区高等法院在押犯人服役奖惩暂行办法》就规定：对于消极怠工的或有其他不符合监狱规则的行为，给予批评、全体讨论斗争和停撤奖金的惩罚；生产生活中不爱护工具，造成工具损坏的要赔偿。有些行为甚至取消犯人的受奖资格，《陕甘宁边区监狱劳动生产第一所（工业）奖惩办法》第三条规定："如发生以下问题者，酌情轻重给予批评或取消受奖资格。一、无故不能完成任务者。二、违反工房纪律者。三、浪费原料者。四、损坏工具者。五、打旷工者（有事有病未经医生证明与准假而不上工者）。六、每月病假三日以上者（如有医生证明，病在三日以上），工作好的可按普通奖给奖。七、有贪污偷窃行为者。"① 但是，边区的奖惩制度始终遵循着奖励为主、惩罚为辅的原则。如在1949年边区高等法院召开的国庆评功会，奖励犯人68人，批评犯人6人；在年终评功会上，奖励犯人261人，批评犯人24人。

---

① 中华人民共和国司法部：《中国监狱史料汇编》（下），北京：群众出版社，1988年，第259—260页。

六、 以人为根本的医疗制度感化犯人

边区监狱虽处在战争夹缝中，但十分注意犯人的健康，坚持犯人是人的理念以人的健康为边区监狱建设的中心环节。雷经天指出："犯人卫生，特别注意保护身体健康……故世界学联代表傅路德说：'我很愿意住这样的监狱'因为在这里夏天没有苍蝇的骚扰，好比住在医院病房里一样舒适'。……倘若犯人生病，过去由边区医院隔日派医生来诊断治疗，现在法院从犯人中调出一个医生自己负责。"① 如此紧迫的时局，如此高规格的犯人医疗卫生，这是难以想象的，而这样的成就正是在监狱以人为中心的感化理念指导下的结果，"我们监所工作就应该使他生命安全，身体上有健康之保证"②。保障犯人生命安全和身体健康是监狱改造、感化犯人的出发点。把犯人当人对待，抚慰其心灵，治愈其身体是刺破犯人抵抗、仇视的一剂良药，直达犯人最柔软的良知深处，是"感化教育的重要内容"。

边区监狱的医疗制度包括了个人卫生的整洁和医疗救治。个人卫生方面，以硬性要求犯人每日洗漱，每周对衣服的清洗和每半个月的洗澡，对监舍进行军事化管理，做到每日打扫，物品摆放整齐，对犯人在监舍内的大小便和吐痰等生活卫生进行管控，同时注重监舍的通风和干燥，为犯人营造了良好的生活环境。在医疗救治上，由于边区医疗条件差传染病多发，特别是并非犯人在入监之前具有的不良习惯，导致身体条件差，疾病多发。常见的如疥疮，更有部分犯人身患梅毒和肺炎。1949年监狱对全监758名犯人进行了一次集体体检，共筛查出患内、外科疾病者各有289、225人，同时在当年的10—12月份之内相继死亡2人，每日需要就诊的者众。在1946年之前主要有两种措施对犯人身体进行救治：一是在边区的统筹下，由边区安排专人对监狱进行上门检查、治疗；二是鼓励犯人进行自我治疗，即充分调动懂医术的犯人在监狱内行医。这两种办法虽都显得难以为继甚至具有风险，但碍于边

---

① 杨永华、方克勤：《陕甘宁边区法制史稿·诉讼狱政篇》，北京：法律出版社，1987年，第366页。

② 杨永华、方克勤：《陕甘宁边区法制史稿·诉讼狱政篇》，北京：法律出版社，1987年，第366页。

区医疗的实际状况,这样的医疗条件实在是一种无奈之举,但也已经是监狱所能提供的最好医疗条件,相比于边区的部分群众而言,边区监狱已经算是具有了较高的医疗水平,而且医疗费用也由监狱提供。1946年之后,时任高等法院院长马锡五进行了医疗改革,将原本属于高等法院编制的医疗所下分与监狱,专门负责监狱犯人的治疗。至此,监狱具有了专门的医疗机构,医疗情况得到极大的改善,大批病人病情得以好转甚至根治。另外,为了增强犯人的免疫力,进一步阻断流行病的传播,监狱注重在伙食上对病人进行特殊照顾,如:为病人增加面粉、小米和鸡蛋的供应,确保犯人病情得到好转。危重症犯人能够得到被允许回家就医或提前释放,也有由医院为危重症犯人免费住院治疗的情况。

  在边区监狱存续的十余年中,教育医疗条件得到了逐步改善和提高,大大减少了犯人因病致残、致死情况的发生,为犯人提供了整洁、卫生的监狱生活条件。据统计,边区因病致死者仅16人,极大地保障了犯人的身体健康,温暖了失足之人的内心情感,以情维系了犯人对监狱的纽带,起到了通过关心犯人身体健康感化犯人于无形的实际功效,在监狱的一系列直接、间接教育改造之后,很多犯人犹如"醍醐灌顶"一般得到彻悟并积极改造。如:有的犯人为表达对监狱的感恩,时常撰写心得和体会发表于犯人自办的报纸,有的犯人在病情尚未痊愈的情况下主动向管理人员申请带病进行劳动,还有的犯人满怀愧疚地说:"我把公家亏了,我不是守法来了,而是住院来了……我病好了,一定要好好地守法,不然对不起组织对我这样的关心和爱惜。"①张永秀因劳动碰伤自己的脚,医生和典狱长马上来看望他,给他妥善医治,使他惊喜错愕,她面对监狱管理者对自己的关爱直呼:"我真想不到。"那么,这种想不到的原因不仅仅在于监狱十分注重保障犯人的医疗卫生条件,更是尊重犯人、把犯人当人看的具体表现,或许是张永秀从未听说过的犯人在共产党领导下也能够被充分关怀,这种关怀给她不曾想到的温暖,滋润了心田。

  总之,监狱通过直接的三大教育和丰富的间接感化制度有力推动了犯人

---

① 杨永华、方克勤:《陕甘宁边区法制史稿·诉讼狱政篇》,北京:法律出版社,1987年,第370页。

的教育改造，这些制度措施有相当一部分为边区监狱的自我创制和智慧结晶，体现了无产阶级政权坚持以人民为中心的初心使命，只有中国共产党才能真正把犯人当人看，并将犯人当人看的基本理念渗透于教育改造制度的全部"纹路"，指导边区监狱的教育改造实践。教育改造制度的有效运用使犯人改变了对无产阶级革命的认识，端正了生产、生活态度，形塑了新民主主义革命对人的改造，催生了犯人自我的改造追求，获得了出狱后的生活技能。无疑，边区监狱的教育改造制度取得了巨大成功，值得彪炳史册，同时，教育改造制度的历史创造和成功经验为新时代全国依法治国的大背景下，提升治理体系与治理能力现代化，推动平安中国建设，有着重要的应用价值。

第七章

教育改造制度的时代发展

共和国监狱制度的雏形：
陕甘宁边区高等法院监狱教育改造制度研究

边区是我党新民主主义革命的摇篮，是新中国从胜利走向胜利的滥觞，凝聚了共产党人的艰苦奋斗和思想智慧。边区是在一个贫穷落后的基础上实现胜利的，这里的土地贫瘠、交通闭塞、群众封建思想浓重；而这里又是以毛泽东为代表的第一代中央领导集体运筹帷幄决胜千里之外的核心区域。中国共产党在延安领导全国人民进行抗战和解放的同时，对边区进行了卓有成效的文化、思想、经济、法制、社会等建设。在一系列改造的基础上，中国共产党带领人民摧枯拉朽推翻了国民党的反动统治，建立了富强民主的新中国，开启了中华民族伟大复兴的新阶段。无疑，边区进行的各项制度建设在实践中证明了它的科学性与有效性，凝聚智慧、保障胜利的各项革命制度，自然成为社会主义革命和建设过程中的制度雏形，甚至很多制度得以沿用至今。正因如此，传承红色基因，充分研究红色基因有着十分重要的意义。2013年，习近平总书记在参过西柏坡革命遗址时提出中国革命历史是最好的营养剂的科学论断。他指出："对我们共产党人来说，中国革命历史是最好的营养剂。多重温我们党领导人民进行革命的伟大历史，心中就会增添很多正能量。"2014年总书记再次强调："要把红色资源利用好、把红色传统发扬好、把红色基因传承好。"2018年3月8日，习近平总书记在两会期间参加山东代表团审议时着重强调："红色基因就是要传承，红色基因需要验证。"无疑，中华民族从站起来、富起来到强起来，经历了多少坎坷，创造了多少奇迹，凝结了多少智慧，这些历史创造和经验智慧，需要赓续和发展，要让后代牢记，永远不可迷失了方向和道路。因此，爱国主义教育要加强，要让孩子们知道自己是从哪里来的，要坚定理想信念，梳理为中华民族伟大复兴昂扬奋斗的雄心壮志。

作为红色基因一部分的边区监狱教育改造制度在新中国得到了很好的传承和发展，成为引领我国监狱教育改造犯人的制度蓝本，并在社会主义革命和建设时期、改革开放和社会主义现代化建设新时期为我国教育改造犯人夯实了坚实的制度基础，中国特色社会主义新时代监狱教育改造工作得到了新的创新和发展，坚持以人民为中心的理念教育和改造犯人成为时代新人，创造出了一系列富有成效的制度措施。因此，考察边区监狱和教育改造制度在新中国的直接延续，不仅能够为新时代继续发展教育改造制度提供理论指导和基因根基，还能通过延续情况观察教育改造制度在中国治理体系与治理能力现代化建设进程中的融合情况、相互作用和发展规律，在此基础上进行符合时代的扬弃，因此选取边区监狱的直接延续作为研究视角进行梳理当具有独特的价值。

第一节　边区监狱的发展演变及其教育改造实践

随着1949年新中国的成立，边区的历史任务得以实现，革命进入新的历史环节，新民主主义革命转向轰轰烈烈的社会主义革命和建设浪潮。作为新民主主义革命的最坚实阵地，历经13年风雨的边区完成了自己的历史使命。因此，边区的称呼和行政体制已经没有继续沿用的必要，1950年1月19日边区正式终结，建制撤销。① 同样，作为边区惩戒和教育工作犯人的陕甘宁边区监狱也随着边区的撤销而失去"依附"，不得不面临调整。1950年4月1日，最高人民法院西北分院做出决定，正式将陕甘宁边区监狱改称为"陕西省监狱"，在建制上归陕西省省人民法院直接领导，监狱狱址位于时西安市青

---

① 汪世荣：《新中国司法制度的基石：陕甘宁边区高等法院（1937—1949）》，北京：商务印书馆，2011年，第1页。

共和国监狱制度的雏形：
陕甘宁边区高等法院监狱教育改造制度研究

年路，先后由李道福、马生海担任典狱长，在行政划分上边区监狱由全国属性转向地方性监狱，负责地方犯人的教育改造工作。新民主主义革命时期的陕甘宁边区监狱是中国共产党在陕甘宁边区局部执政环境下，对整个边区犯人进行改造的机构，将陕甘宁边区监狱改为陕西省监狱不仅仅是简单的名称变化，更意味着陕甘宁边区监狱成为中国共产党全面执政环境中，对区域性犯人进行教育改造职能的履行，但无论如何陕甘宁边区监狱的名称改变并未对其辉煌的教育改造制度带来梗阻，而是在新的历史背景下的再发展。

陕西省监狱成立后不久，为了更加规范对监狱的管理和易于区分，1951年5月2日，陕西省人民政府制定了《关于加强监狱领导与管理的几项指示》，其中一部分明确指出要将全省监狱的所在地冠于监狱名称之中，以使全省监狱在名称上更显统一和科学，既要求全省"监狱名称一律按地名称呼"①。由于陕西省监狱是在陕甘宁边区监狱迁往西安后的基础上建立起来的，因此，根据该文件指示陕西省监狱遂更名为"陕西省西安监狱"，狱址不变。陕西省监狱和陕西省西安监狱的典狱长历经马生海、张瑞林、高建中。陕西省人民政府的本次指示对监狱的领导权上也做出了调整，陕西省人民法院不再对陕西省西安监狱继续领导，而划归陕西省公安厅进行管辖。1955年陕西省人民政府对监狱工作继续进行调整，同年1月陕西省西安监狱改称为"陕西省人民政府第一监狱"，突出监狱的人民性和省级监狱的性质。此时，高建中任典狱长，狱址不变并仍归陕西省公安厅管辖。1966年6月为了对监狱名称进行简化，将陕西省人民政府监狱名称进一步修改、简化，称为"陕西省第一监狱"，此次改革除名称简化之外的重要变化是监狱狱址的进一步调整，即将监狱由原来的西安青年路搬迁于富平县庄里镇。这一时期，李志洲、杨钩、白富生、薛锋先后担任监狱重要领导职务。1983年7月，陕西省第一监狱的领导权被再次调整，将原来归属陕西省公安厅领导的陕西省第一监狱改为由陕西省司法厅进行管辖。1995年8月，随着陕西省第一监狱的进一步

---

① 陕西省监狱管理局：《陕西省监狱志》，西安：陕西省监狱管理局，1998年，第406页。

・第七章 教育改造制度的时代发展

发展，陕西省第一监狱的称呼又得到新变化，"陕西省富平监狱"的名称取代"陕西省第一监狱"，陕西省富平监狱的叫法得以沿用至今。陕西省富平监狱的第一任监狱长是高选江，监狱隶属于陕西省司法厅领导。

值得一提的是在陕甘宁边区监狱迁往西安接管国民党监狱之后，在原陕甘宁边区监狱狱制、设备部分人员等基础上接收了少量犯人，重新成立名为"陕北监狱"的监狱。陕北监狱先后历经"延安监狱""陕西省第二监狱"两个阶段，最终因监狱体制调整，陕西省第二监狱于1956年被撤销，监狱的干部和犯人被分散合并，陕北监狱的发展演变进路正式终结。因此，从原陕甘宁边区监狱对西安国民党监狱的接管并迁至西安的发展演变，和在原陕甘宁边区监狱旧有基础上重新组建"陕北监狱"的事实，可以得出结论，那便是陕甘宁边区监狱随着对西安国民党监狱的接管已经演绎为今天的陕西省富平监狱，陕西省富平监狱正是在陕甘宁边区监狱的直接延续。而对于学界部分研究者认为陕北监狱是陕甘宁边区监狱的承继者的看法，笔者认为具有一定道理，但从更为严谨的逻辑上审视陕甘宁边区至陕西省富平监狱，以及陕甘宁边区监狱至陕北监狱的发展脉络，陕西省富平监狱是陕甘宁边区监狱的直接"传棒人"更为可信，且这种延续路径是清晰的，结论是严谨的、无疑的。

1949年边区监狱从陕西走进西安，对国民党西安监狱进行接管，在接管国民党监狱后的很长一段时间，无论名称如何更迭但以教育改造犯人为宗旨的监狱管理理念始终未变。边区监狱接管后首先对国民党监狱进行了大规模的改造，教育改造内容同样是以三大教育为主和边区原有感化制度，在性质上属于对边区监狱教育改造体制的嫁接和延续。为了坚持寓教与生产的教育改造理念，监狱利用国民党监狱遗留下来的大机器和手工业生产设备，开始进行炼铁、炼铜、印刷和纺织生产，而碍于市区环境耕种不便，农业生产不再是主要的生产方式；对犯人的教育则以感心教育和革命理论的教育为主，宣传人民政权的人民属性，新中国的优越制度，新时期党的最新理论政策和新中国人民群众的奋斗热情，加紧对犯人原有思想的纠偏，成功改造了大批反革命、汉奸、特务等反革命分子。其中不乏大批在国民党时期声名显赫的反革命分子，国民党原戡乱委员会委员田杰生、22军86师师长张云衢等皆得到良好的教育改造，成为了社会主义新人。1959年刘少奇签署特赦令，对陕

共和国监狱制度的雏形：
陕甘宁边区高等法院监狱教育改造制度研究

西省人民政府第一监狱的 139 名接受了教育改造表现良好的犯人进行了特赦。其次，坚持持续的劳动生产教育。1951 年边区监狱更名后陕西省西安监狱为了贯彻劳动教育传统，教犯人以生产技能，为犯人日后生存积累资本和劳动技术监狱成立了砖瓦厂，从事砖瓦的烧制。在 1976 年又筹建了"陕西省新生水泵厂"，该厂不仅是为了满足改造犯人的需求，而且为了增强犯人劳动技术的竞争力，强调发展科技提升生产技术，并最终成为西北地区规模最大、质量最好的水泵制造厂。同时还成立了以制鞋为主的鞋袜厂，并于 1980 年获得陕西省质量评比一等奖。为了贴合时代发展需要紧跟时代潮流，提升竞争力，增加犯人分红收益，2007 年还注册成立了陕西省富盛机械制造有限责任公司，为犯人提供劳动改造的机会。

在监狱持续推进教育改造的进程中，监狱本着教育犯人端正思想增强劳动技能的方针，坚持教育与改造相结合，继承和发展了边区监狱的教育改造模式，在全国监狱范围内取得了辉煌成就。监狱实现了从 1952 年至 1980 年连续 28 年无逃跑犯人的记录，这一成就的取得正是监狱坚持教育改造制度的成果，是犯人得到真正思想教育和心灵感化的彰显，监狱真正成为一所学校，一个工厂。1979 年由公安部决定对时称为陕西省第一监狱的监区和所属生产单位实行对外开放的政策，欢迎国外单位前来参观借鉴。先后接待了 19 批 625 人次国外相关单位的参观访问，获得了外来参观人员的一致好评，甚至前来参观的美国记者对陕西省第一监狱的教育改造制度大呼惊讶："犯人逃跑不是一个问题，这个关了大约 1000 名男性犯人的监狱，去年因为没有人企图逃跑而评上了奖。""官员们工作很努力，目的是改变犯人对他们在社会上作用的态度。共产党人要的是忏悔以及改造。""中国监狱的口号是'通过劳动实行改造'"，"第一监狱还有一个医院和一个图书馆，犯人可以读报，看电视或学书法。但是为了不让犯人'吃闲饭'，犯人大部分的时间用于工作或学习。""那些关于中国监狱的可怕说法看来是被夸大了，或是过时了。"[①] 获得美国记者的大加赞叹，一定程度上说明了我国监狱教育改造犯人的成功，其

---

① 《中国监狱同西方大不相同——美记者陕西第一监狱采访记》《参考消息》，1987 年 7 月 29 日，第 2 版。

中，作为监狱管理重要部分的教育改造制度及其实践，可谓起了巨大作用。

第二节　新中国成立以来教育改造制度的守正创新

1950年之后陕甘宁边区高等法院监狱与陕甘宁边区监狱的叫法不复存在，取而代之的是不同时期的不同表现形式（名称），但无论是随后的陕西省西安监狱还是陕西省第一监狱以及现在的陕西省富平监狱都是在边区的基础上得以持续发展的。在数十年的发展中教育改造犯人是思想和制度都得以保留并随着时代的发展变化而变化，甚至成为指导全国教育改造犯人实践的监狱管理规则。具体表现如下：

教育改造制度是新中国成立以来监狱改造工作的基本理念，但在不同时间上又有着不同的侧重点，总体来看新中国以来的教育改造思想表现出四个递进阶段。

第一阶段（1949—1978）：惩办与劳动改造相结合。1949年6月毛泽东同志针对即将迈入新时期的监狱犯人改造做出如下论述："让他们在劳动中改造自己，成为新人。如果他们不愿意劳动，人民的关键就要强迫他们劳动。"[①] 可以看出这一时期教育改造思想与之前相比已经发生了变化，在过去的教育改造制度中强调通过鼓励、教育和感化的方法激发犯人的劳动积极性，对犯人进行思想和行动上的改造；而这一时期强调强迫性的劳动和惩处，对于不愿意劳动者则依靠强迫性的手段要求犯人强制劳动，虽然在过去的教育改造实践中监狱也通过考核教育等办法要求犯人进行积极的劳动，但以政策形式公开的阐述强迫劳动的提法则是少见的。这种倾向从周恩来的指示中也很能反映："采取惩办和改造相结合的方针。"[②] 即将对犯人的惩办作为对犯人进行改造的主要手段，在《政务院关于加强人民司法工作的指示》中周恩来进一步对这种承办思想进行说明：对于反革命罪犯首先的应该是镇压，只有这

---

① 毛泽东：《毛泽东选集》（第四卷），北京：人民出版社，1991年，第1476页。
② 周恩来：《周恩来选集》（下卷），北京：人民出版社，1984年，第41页。

共和国监狱制度的雏形：
陕甘宁边区高等法院监狱教育改造制度研究

样才能使他们屈服认罪，而教育改造的前提就是要通过惩办手段迫使他们认罪。因此，可以说此时的教育改造思想与边区时期有着明显的差别。那么，产生这种变化的原因是由于新中国成立伊始，国民党政权败退台湾之后，安插的大量反革命特务，为了打击反革命分子的嚣张气焰，党中央在对待反革命分子的政策上是严惩不贷的。"对于反动派和反动阶级的反动行动，绝不施仁政"①。由周恩来负责起草的具有宪法性质的《共同纲领》中开章名义地以条文形式规定了这种镇压与惩办思想，既"让他们在劳动中改造自己，成为新人"倘若执迷不悟地继续倒行逆施，则进行坚决的镇压。从对土匪、特务、恶霸、会道门、反动党团干部的查处数据上也能反映出此时强调以惩办为主的教育改造思想的深层原因和形势之严峻。到 1950 年 10 月全国仅特务一项就揪出 13797 人，及到 1952 年时以上五类犯罪分子共查处 321 万人，其中被处于死刑的有 71 万人，127 万人被押往监狱看管，至 1953 年年末时在监看押犯人的 80% 以上都开始了劳动改造。

新中国成立之后的很长一段时间我国的教育改造方针与国家的肃反革命分子是紧紧联系在一起的，在经历了长达 8 年的集中肃反之后，国内反革命形式已基本得到了解决。正如毛泽东在《论十大关系》中阐明的："反动势力虽是一种消极因素，但是我们仍然要做好工作，尽量争取化消极因素为积极因素。"②特别是在毛泽东的《关于正确处理人民内部矛盾的问题》中所说的那样，1956 年之后我国的反革命分子得到了清理，全国的阶级斗争基本得到解决，而剩下的矛盾则是人民内部矛盾和敌我之间的矛盾。正是基于这种敌我矛盾和人民内部矛盾的基本判断，和开展社会主义革命和建设的需要，1951 年全国第三次公安会议由毛泽东修改的会议决议明确指出："大批应当判刑的犯人，是一个很大的劳动力，为了改造他们，为了解决监狱的困难，为了不让判处徒刑的反革命分子不吃闲饭，必须立即着手组织劳动改造的工作。"会议进一步明确：劳动改造应该是改造犯人的主要方式，并提出将死刑

---

① 毛泽东：《毛泽东选集》（第四卷），北京：人民出版社，1991 年，第 1476 页。
② 毛泽东：《毛泽东文集》（第 7 卷），北京：人民出版社，1999 年，第 23 页。

缓期执行的犯人划入强迫劳动的范畴，迫使犯人在劳动中改造自己，从而形成了依靠劳动改造人的基本思想。在这一思想指导下，1954年8月26日，中央人民政府政务院制定了《劳动改造条例》和《劳动改造罪犯刑满释放及安置就业暂行处理办法》，《劳动改造条例》第一次依靠法律形式完整规定了劳动改造制度，《劳动改造罪犯刑满释放及安置就业暂行处理办法》则是进一步从改造人的思想出发保障犯人的基本权益，鼓励犯人积极改造。劳动改造犯人思想及相关制度措施说明，这一阶段的劳动改造并非仅仅是为了增加劳动力和惩戒犯人，而是从改造人的立场出发，保障犯人积极投身于新社会的建设过程之中，在劳动改造中强调"改造第一，生产第二"和"阶级斗争与人道主义相结合"的改造方针。1957年颁布的《国务院关于劳动教养问题的决定》将这一方针得以固化。在教育与劳动改造的关系上，全国第六次劳动工作会议指出了坚持改造第一，生产第二的原则。刘少奇在多个场合也说道："劳改工作的方针，第一是改造，第二是生产。"[1]

  第二阶段（1978—1994）：拨乱反正，教育与劳动相结合，以人地改造为宗旨。1978年十一届三中全会的召开，掀起了拨乱反正的序幕，"有法可依、有法必依、执法必严、违法必究"的方针有力推动了中国法治建设的步伐，监狱工作作为法治建设的重要方面也得以展开。1982年4月，中央政法委员会第四次会议专门探讨了犯人的改造工作，同年12月的政法工作座谈会上着重强调当前监狱在改造过程中出现的落后现象，甚至是对犯人的侮辱、虐待，有必要对现有劳改场所进行切实检查，应全力做好监狱改造的整顿工作。

  1981年彭真分析了当前时期犯罪的基本情况，当前绝大多数犯罪分子的阶级成分和家庭背景与之前明显不同，扰乱社会治安的人群出现在人民内部，已经不再是阶级对立下对人民政权的攻讦。随着社会主义革命和建设的重大成就和党对社会矛盾的科学分析，这一时期已经基本肃清了反革命分子的毒瘤，社会主义革命和建设中政治、经济、文化的巨大进步为人民所向往，不仅增强了人民为社会主义奋斗的信心，也形成了正确看待人民矛盾的思想方

---

[1] 刘少奇：《刘少奇选集》（下卷），北京：人民出版社，2018年，第432页。

共和国监狱制度的雏形：
陕甘宁边区高等法院监狱教育改造制度研究

法，推动了犯罪理论的显著进步。彭真认为阶级成分和家庭出身的变化需要改变改造犯人的工作方法，要求监狱在改造大多数犯人工作中，"要像父母对待害传染病的孩子，医生对待病人那样，满腔热情、耐心细致地护理、教育、感化、改造他们"①。在同年8月14日的改进改造工作座谈会上，彭冲阐述了对于当前的监狱工作，我们要把改造工作看成一项改造人，改造社会的伟大事业。要树立教育人、感化人、挽救人的观点。1981年8月18日—9月9日，第八次全国劳改工作会议在监狱工作拨乱反正和深入恢复的背景之下召开，形成了《第八次全国劳改工作会议纪要》文件，《纪要》分析了当前监狱工作的新情况、新问题，全面总结了新中国成立以来监狱工作的正、反两个方面的经验，强调了在新时期监狱工作教育改造犯人的重要性，"要设置教育机构，配备专职教员，增加教育设备和经费，健全教学制度，进行系统的教育。犯人文化学习合格的，技术学习考工合格的，由劳改单位发给证书"②。完善教育改造的各项制度，切实保障犯人的基本权利，健全监视管理的相关措施。从而使改革开放和社会主义现代化建设新时期的监狱工作重新朝着教育改造犯人的方向大步迈进，"要像父母对待害传染病的孩子"、健全教育和监视制度，更是强烈体现了以人为本的教育改造理念，且《第八次全国劳改工作会议纪要》总结了新中国成立三十年来监狱工作的制度经验，确定了新时期监狱改造的教育改造方向，可以说为改革开放和社会主义现代化建设铺平了道路。

第三阶段（1994—2012）：开启教育改造的现代化。随着改革开放的深入发展，我国的经济社会发展取得了长足进步，伴随市场经济的到来一系列新情况新问题逐渐凸显，刑事法制面临着难以解决的情况逐渐增多，在有法可依、有法必依、执法必严、违法必究的大趋势下迫切需要加强法制建设以应对新的历史情况。在此背景下，科学的法制化建设成为监狱工作的时代课题。1994年12月29日，我国第一部《监狱法》正式颁布，标志着我国监狱工作

---

① 贾洛川：《新中国监狱制度70年》，北京：中国法制出版社，2019年，第162页。
② 贾洛川：《新中国监狱制度70年》，北京：中国法制出版社，2019年，第174页。

由此迈向法制化、科学化。《监狱法》共有 7 章 78 条，分别为：总则、监狱、刑罚的执行、监狱管理、教育改造、对未成年犯的教育改造。值得注意的是《监狱法》将教育改造作为单独一章进行规定，并将未成年犯的教育改造与成年犯教育改造工作相区别，使未成年犯的教育改造与教育改造分别单独成章，未成年因其智力发育尚未定型、身心具有一定特殊性，且教育改造的方式方法对未成年人影响巨大，因此，将未成年单独成章，将未成年犯比照一般成年犯人从宽处理，说明我国监狱教育改造理念的现代化飞跃，是教育改造理念的进一步发展。《监狱法》在总则中明确规定了教育与劳动相结合的方针，强调：惩罚与改造罪犯，预防与减少犯罪。《监狱法》同时确定了监管、教育、劳动是教育改造罪犯的三大基本方法。在三者的关系上则明确为：监狱对犯人依法监管，根据改造罪犯的需要，组织罪犯从事生产劳动。《监狱法》教育犯人的内容进一步细化为：对罪犯进行思想教育、文化教育和技术教育。在改造，生产，教育，劳动，劳改等用词的变化中可以看到监狱的教育改造制度向更加尊重人权的方向转变，更加侧重监狱对犯人的教育作用，明确监狱对犯人强迫生产不再是改造目的，培育劳动习惯、劳动技能和健康体魄，实现犯人守法才是教育改造的出发点。

因《监狱法》实施后，"劳改"一词不再继续使用，1995 年全国监狱工作会议取代全国劳改工作会议。该会议第一次提出了要建设现代化文明监狱的奋斗目标。所谓现代化文明监狱就是要实现监狱的法制化、规范化和科学化。现代化文明监狱的创建在原则上要求：软件、硬件两手抓，尤其强调软件的重要性，软件建设主要指监狱管理者素质建设、强化执法水平、优化教育手段、创新改造方法、完善管理措施。其主要目的是从软件、硬件两个方面实现教育改造犯人的有效实现，反映了我国监狱教育改造思想的又一次发展。教育改造思想的变化，反映着我国教育改造制度在边区监狱教育改造制度上的不断深化和再完善，紧贴时代发展需要。在总的发展路径上体现着我国监狱制度的文明程度。

第四阶段（2012—）：深入推进教育改造科学化、系统化，实现教育改造的历史性变革。党的十八大以来，我国经济社会进入百年未有之大变局，国

共和国监狱制度的雏形：
陕甘宁边区高等法院监狱教育改造制度研究

际国内涌现出前所未有的新情况、新问题，为监狱教育改造工作提出了新的时代课题。以习近平同志为核心的党中央站在时代潮头，紧扣时代脉搏，鲜明提出要创新和发展治理方式，实现治理体系与治理能力现代化的命题，并在多个场合对新时代监狱教育改造工作的重要指示，为监狱教育改造科学化、系统化奠定了思想及理论基础，推动了我国监狱教育改造工作的历史性变革。2015年7月16日，全国监狱工作会议在北京召开，中央政法委员会书记孟建柱指出：要坚持和教育管理作为监狱工作的中心任务，不断提高监狱教育管理工作科学化水平。成功教育好一名服刑人员，不仅仅挽救了他本人，挽救了他的家庭，对整个社会稳定都具有重要意义。因此，要确立劳动、监管各项工作为监狱管理服务的理念……要进一步提升理念，把普遍教育与个别教育结合起来，把传统教育管理手段和现代教育矫治技术结合起来，有针对性地做好分类教育、个别化矫治工作，促进教育管理科学化。事实上，新时代既为教育改造科学化提出了调整，现代化科学技术又为教育改造科学化提供了契机，特别是系统观念的提出，为监狱教育改造科学化提供了科学的理论指南和行动方法。新时代监狱教育改造思想强调：惩罚与改造相结合、以改造人为宗旨的工作原则，以思想教育、文化教育、职业技术教育和法制教育作为教育改造的主要内容，以惩罚促进犯人改造、以教育促进犯人改造、以劳动促进犯人改造的新的"三大改造"手段，在路径上突出要求"紧紧依靠家庭、基层组织、社会力量，聘请法律专家、心理理疗师、爱国宗教人士、社会志愿者等专业力量共同做好教育管理工作"①的教育改造方法，并促进监狱教育改造工作向外延伸，既通过多元手段保证犯人的教育改造又完成犯人出狱后的社会对接，实现教育改造的科学化、系统化。实践中，进一步形成了强化监狱内部管理（监狱管理队伍要善于运用法治思维和法治方式做好经营管理工作，提升监狱管理队伍的简洁执法能力，监狱管理者要坚持规范执法），坚守安全底线、确保监狱安全稳定，践行改造初心、创新和完善监狱改造工作，把依法治监纳入全面依法治国战略布局之中的教育改造思想，为新时代监狱教育改造工作奠定了思想理论基础。总的来看，新时代教育改造

---

① 贾洛川：《新中国监狱制度70年》，北京：中国法制出版社，2019年，第270页。

思想呈现出教育改造由单一向系统转变,由粗放的监管手段向智慧监管手段的转变,监狱管理者由经验型向规范型转变的三大特征。

习近平总书记在中共中央政治局第三十七次集体学习时指出:"尊重和保护人权是中国共产党人的不懈追求。我们党自成立之日起就高举起'争民主、争人权'的旗帜,鲜明宣示了救国救民、争取人权的主张。在新民主主义革命时期、社会主义革命和建设时期、改革开放和社会主义现代化建设新时期,我们党都牢牢把握为中国人民谋幸福、为中华民族谋复兴的初心使命,领导人民取得了革命、建设、改革的伟大胜利,中国人民成为国家、社会和自己命运的主人,中国人民的生存权、发展权和其他各项基本权利保障不断向前推进。"① 民主与人权是人类的共同价值追求,在中国共产党的保障人权实践中,孕育形成了宝贵经验,形成了伟大创造。中国共产党领导和我国社会主义制度,决定了我国人权事业的社会主义性质,决定了我们能够保证人民当家作主,坚持平等共享人权,推进各类人权全面发展,不断实现好、维护好、发展好最广大人民根本利益。监狱的教育改造制度内涵与中国特色社会主义制度之中,是保障人权实现的重要表现。中国共产党在监狱管理过程中,始终坚持尊重人民主体地位,充分激发广大人民群众积极性、主动性、创造性,让人民成为人权事业发展的主要参与者、促进者、受益者,切实推动人的全面发展,同样犯人属于人民的一部分,犯人并不被排除在人权之外,通过监狱教育改造制度使犯人重新参与经济社会事业。新中国成立以来,陕甘宁边区监狱及其"接力者"的教育改造制度,不断革新机制措施,完善教育方式,在促使犯人弃恶从善过程之中,充分保障犯人的权利实现,充分印证了中国共产党始终坚持犯人是人、教育改造犯人、保障犯人权益的价值理念,同时,也深刻印证着陕甘宁边区高等法院监狱的教育改造制度,奠定了新中国成立以来监狱教育改造的实践方向,为我国监狱管理犯人提供了思想与制度基石。新中国成立以来的监狱管理始终遵循着陕甘宁边区高等法院监狱教育改造犯人的光辉创造,坚持犯人是人、保障犯人人权、激发犯人对美好生活的奋斗

---

① 习近平:《坚定不移走中国人权发展道路 更好推动我国人权事业发展》《人民日报》,2022年2月27日,第1版。

目标,"化消极因素为积极因素"。

第三节 陕西省富平监狱教育改造制度的创新实践

党的十九届六中全会站在新的历史起点,全面回顾中国共产党走过的百年奋斗历程,科学总结了百年奋斗重大成就的历史经验。纵观百年党史,中国共产党带领人民艰苦奋斗的各个历史时期,饱受苦难的中华民族迎来了前所未有的光明前景。而这一切根源于党始终将人民利益放置于最高位置,始终坚持人民至上的价值追求,坚持人民至上就是要坚持人民主体地位,满足人民群众对美好生活的迫切追求,以人民群众满意不满意作为一切工作的评价标准。中国共产党坚持人民至上价值理念具体落脚于监狱工作,就是要坚持从人的改造出发,使每个犯人都重新成为社会主义的建设者,成为中华民族伟大复兴不可逆转进程中的一份子。延安时期中国共产党在马克思主义指导下,以唯物史观看待人民群众的历史地位将人民至上的价值理念熔铸于教育改造犯人的全过程,孕育形成了以犯人是人,寓教于生产、生活的改造理念,以三大教育和间接教育制度为内容的教育改造制度体系,该制度内容完备、架构科学、实用有效,全面开启了我国教育改造犯人的先河。在教育改造犯人领域书写了彪炳史册的辉煌成就,奠定了我国教育改造犯人的制度基础,为世界各国教育改造犯人的现代化建设提供了中国方案。新时代以来,世界进入百年未有之大变局,监狱工作面临着现代化的各种风险挑战因素叠加的社会现实,为监狱工作提出了治理现代化的时代要求,迫切需要赓续历史智慧,推动新时代监狱教育改造工作的守正创新。习近平总书记指出:"一切向前走,都不能忘记走过的路,走得再远、走到再光辉的未来,也不能忘记走过的过去,不能忘记为什么出发。"[①] 以史为鉴,才能开创未来。中国共产党百年奋斗的重大成就凝结着超越时代的思想精华和智慧经验,回望过往历程,眺望前方征途,党的百年奋斗昭示我们必须始终赓续红色血脉,用党的

[①] 习近平:《完整准确全面贯彻新发展理念 铸牢中华民族共同体意识》《人民日报》,2021年3月6日,第1版。

第七章 教育改造制度的时代发展

奋斗历程和伟大成就鼓舞斗志,用党的光荣传统坚定信念、凝聚力量,用党的历史经验和实践创造启迪智慧、继往开来,把革命先烈流血牺牲打下的红色江山守护好、建设好,努力创造不负历史和人民的新时代。事实上,随着经济社会发展,国内外形势变化,我国监狱教育改造犯人工作根据时代要求,不断改革创新,监狱教育改造工作不断调整。但总体而言,新中国成立70余年来,我们监狱始终立足于将犯人改造成为守法公民、成为社会有用之人的宗旨理念不曾有变,监狱教育改造制度的精神追求始终坚韧。因此,历史经验与当下实践有着内在契合和深刻联系,新时代监狱教育改造工作为赓续红色监狱基因提供了良好转化环境。

陕西省富平监狱(以下称"富平监狱")是边区监狱的延续,承载着边区监狱的基因和血脉,是边区监狱治狱理念及教育改造制度在新时代的最新实践。富平监狱立足边区监狱卓越的制度建设经验,实现了教育改造制度的时代传承和接续创新。作为边区监狱的传承者,富平监狱在新时代的创新实践,对于研究边区监狱教育改造制度在时代转换背景下的转化情况,以及创造性的转化经验,具有显著价值。虽历经时间洪流,边区监狱教育改造制度仍然深刻影响着富平监狱。在富平监狱立足时代特点、践行初心使命的一系列制度建设中,进一步推动了我国教育改造制度的法治化、科学化、现代化,形成了一套可复制、可借鉴、可推广的制度样板。具体来说,富平监狱的教育改造工作体现在以下方面:

第一,富平监狱始终坚持以党建引领监狱教育改造工作。现代监狱是国家刑罚执行机关、政法机关、政治机关。更是人民民主专政的工具之一,监狱工作的好坏直接影响着我国人民民主专政的实现程度和法治建设水平的优劣。为此,必须自觉地坚持和加强中国共产党对监狱工作的绝对领导和全面领导,将监狱工作的全过程和各方面纳入党的全面领导之中。坚持和加强党的全面领导,是马克思主义政党的本质规定和必然要求。马克思主义认为,没有强大的无产阶级政权,无产阶级反对资产阶级的斗争只是个别、分散的,只有在党的领导下,无产阶级才真正认识到自己的历史使命,明确奋斗目标。中国共产党的实践证明,中国共产党是中国的领导核心,通过党对中国革命

共和国监狱制度的雏形：
陕甘宁边区高等法院监狱教育改造制度研究

的领导使中国人民前所未有地组织起来，形成了前所未有的变革力量。一百年来，党团结带领中国人民夺取了新民主主义革命的伟大胜利，实现了社会主义革命和社会主义建设，完成了改革开放和社会主义现代化进程，开启了中国特色社会主义新时代。同样，党的领导是做好监狱工作的最根本保证，监狱工作必须牢牢坚持和切实贯彻以习近平法治思想，坚持把党的领导贯彻落实到平安监狱、法治监狱的全过程和各方面，推进党对监狱工作领导制度化、法治化、规范化。2014年4月，习近平提出："进一步强化监狱内部管理。"2014年10月，党的十八届四中全会专门进行研究，审议通过了《中共中央关于全面推进依法治国若干重大问题的决定》，《决定》明确提出"健全刑罚执行制度，完善刑罚执行体制"，这是党中央最高层对改革刑罚执行工作发出的最权威的声音、最明确的要求。东南西北中党是领导一切的，党的领导是我国社会主义制度的最大优势和根本保障。新时代以来，党和国家的工作重心在于提升国家治理体系与治理能力现代化，能不能打赢提升社会治理体系与治理能力现代化这场攻坚战，就看能不能坚持党的领导，能不能将党的主张得以彻底的贯彻到底、落到实处。

富平监狱将党的建设始终摆在一切工作的首要位置，发挥党组织的战斗堡垒作用，积极调动党员的先进模范带头作用，借助党史学习教育活动扎实推进"不忘初心、牢记使命"主题教育，激发和鼓励监狱人民警察切实履行教育改造职责，对于在工作中起到先锋模范作用的个人和在工作中发挥战斗堡垒作用的党小组、党支部进行模范评比，并以会议、通报等形式给予荣誉和物质奖励。法治的生命在于执行，良法善治更是要求严格执法、规范执法，一项制度能不能发挥积极效力、多大程度发挥积极作用，除了法治、制度本身的良法性质，更为重要的便是要求监狱执法队伍充分运用法治思维和法治方式在法治规定的职权范围内履职尽责，而要求执法队伍履职尽责便需要通过法制学习和宣传，增强监狱人民警察的法治信仰，掌握和熟练依法依规办事的能力。边区监狱正是在纠正监狱教育改造主体存在的法治、人权意识单薄的过程中，走出了一条成功大道。富平监狱充分吸收历史经验，贯彻时代要求，在党委的领导下在全监加强党风廉政建设，注重夯实党委的廉政主体责任和一线干警的法治意识，通过党史学习教育民主生活会和学习党的政策、文件的专题培训，前往延安等红色教育基地进行爱国主义和廉政教育，从而形成了一套富有成效的党领导下的监狱管理机制。

第二，创新发展教育改造制度建设。富平监狱十分注重继承和发展教育改造制度的三大教育和感化精髓，加强政治教育、文化教育和劳动教育在教育改造中的重要作用，通过经常性的诗词朗诵、文艺汇演、读书看报、卫生医疗、奖金分红等教育改造措施，大力打造良好的监狱环境和宽容的监狱文化氛围，熏陶、教育了犯人的守法意识。富平监狱将政治教育作为教育改造犯人的重要方面，为了实现犯人的思想改造，在新时代的教育改造中，富平监狱通过召集监企领导、科室和监区负责人、管教干事召开再动员大会，提出"四个清楚""七个到位"明确要求。成立政治教育教研组，由副监狱长任教研组长，教育科长和各监区教导员为教研组成员，根据各自特长，选课题，领任务，运用监狱新建虚拟演播室的平台，以PPT、小视频与课堂教育相结合的方式，开设精品课堂，以月月有主题、周周有课程的方式予以推进。在对罪犯的政治教育中，加强整训工作，通过督促、巡查的形式对整训工作加强监管。注重多元改造方式创新，以音乐教育、环境教育、专题教育等"强化政治教育，促进五个认同"专项教育整训中，监狱为每名罪犯发放专门的政治改造学习笔记本，并制作"认罪悔罪书、改造计划书、改造决心书、检举揭批书"等，鲜活的事例、质朴的语言、创新的形式。赢得服刑人员广泛认可。为使政治改造成果得到进一步的检验和巩固，富平监狱还实行了"四个一"（一本学习手册、一次知识辅导、一场年终考试、一堂国学讲座）的政治教育模式。针对大多数罪犯文化水平较低的实际情况，监狱政治教育教研室编印了罪犯《政治教育应知应会手册》，用问答的形式将政治教育常识内容归纳成70个简答题，同时加入了监狱简介、宣誓誓词、爱国歌曲和罪犯自编改造作品等，并辅助于知识辅导、年度考核和讲解，使政治教育从"灌输"变为"自饮"，从"要我学"变为"我要学""我想学"的转变，收到了良好效果，推动政治改造制度不断往深里走、往实里走、往犯人心里走。

此外，富平监狱还受边区监狱教育改造制度的启发，丰富发展了教育改造制度。

(1) 创造性的提出在全体服刑人员中开展"日行一善、以善养德"主题教育活动。在"日行一善、以善养德"教育活动中定期对犯人行善进行考核，并将考核结果作为犯人改造表现的标准之一。目的在于筑牢犯人崇德向善的思想基础，帮助犯人修正"三观"，改造犯人成为守法公民。

(2) 创造性的提出了"十二心"主题教育活动。十二心即"良心、善心、孝心、羞耻心、责任心、宽恕心、崇敬心、敬畏心、上进心、安静心、奉献心、爱国心"，在十二心教育中注重形式的多样化，如：以十二心为主题的讲故事、出板报、理解感悟汇报、民主评比及剪纸创作。通过丰富的形式注重时事教育，时刻熏陶，不断改造。

第三，赓续红色基因，综合运用红色文化的育人功效。"红色"是富平监狱政治教育的主色调，并将红色教育融入于教育改造内容中去。富平监狱加强红色法治文化监狱创建，传承红色基因，用革命传统精神教育监狱管理队伍和在押犯人，将红色文化融入犯人的教育改造中来。为了深挖富平监狱的独特传承地位，探索监狱的红色根基，加强犯人思想政治教育，增强监狱让人的荣誉感，组织人员赴边区监狱旧址进行参观、赴档案馆、图书馆，拜访老同志及其后人进行资料收集，整理材料8万字，图片7000余张，实物收集100余件。教育改造首要在于对人的教育，现代犯人普遍缺乏爱国主义情怀和红色文化认知，将红色文化融入于教育改造内容中来，加强犯人对革命先辈们抛头颅洒热血，进行艰苦卓绝斗争精神的教育和敬畏，使心灵得到震撼和洗礼，有助于犯人自我反省，找回良知，激发改造热情。

第四，综合运用"互联网+"思维打造阳光监狱和信息化监狱，提升监狱管理现代化。现代社会互联网已经深深熔铸于社会生活的方方面面，监狱作为体制体系与治理能力现代化的一分子，监狱的现代化治理离不开互联网的运用。富平监狱通过打造"互联网+"阳光监狱平台，将监狱简介、犯人刑期、政策法规、亲情帮教、投诉评价、工作动态融合于平台之中，依靠网站、微信公众号、电子信息服务终端，实现了将监狱狱务的公开和信息上报，同时搭起了家属与犯人与监狱联通的桥梁，一定程度上畅通犯人与监狱、监狱与犯人、家属与监狱、家属与犯人的互动,为进一步化解犯人对监狱的对抗态度、化解矛盾纠纷、教育感化心灵创造了契机,助益于监狱管理的现代化。红色基因的传承和发展,教育改造的推行和创新,为犯人的改造自新创造了条件,为我国监狱管理能力提升起到了推动作用。正因如此,近年来富平监狱获得了社会各界和直属领导机构的认可,先后被确定为陕西省法制教育基地、全省监狱系统革命传统教育基地、西北政法大学校外教学实践基地等,并在2019年被评为"全国十大文化监狱",反映了富平监狱教育改造创新实践的时代价值。

第五,发挥医疗制度感化犯人的积极作用。富平监狱注重对犯人身体状况的检测和治疗,定期为犯人进行免费的体检。同时保障犯人的生活卫生,建立标准化示范级食堂,为犯人营造了一个健康、干净、舒适的生活环境,促进犯人情感回归,实现感化、改造。

结　语

　　教育改造制度是边区监狱在新民主主义革命时期的伟大创造，边区监狱从犯人是人的思想理念出发，在中国革命的实践过程中完善了直接和间接相结合的教育改造制度。实践证明，边区监狱的教育改造制度能够引导犯人重新树立正确的价值取向，促进犯人守法，并最终将犯人转变为对社会有用的人，为新中国乃至当前的监狱工作奠定了制度基础。

　　边区监狱吸收苏联监狱理论并结合边区司法实际完成了教育改造制度的创设，一定程度上也受到清末监狱改良以来教育感化制度的影响，但是，不容忽视的是边区时期的教育改造制度与清末、民国时期的教育感化制度存在着本质上的不同。首先，无论是清政府还是国民政府在事实上都代表着少数人的利益，压迫和剥削的思想根深蒂固，对犯人的教育改造在执行上并未实现切实和全面，这从阶级属性、模范监狱数量不足和重庆记者对边区监狱状况的惊呼可见端倪。其次，以宗教作为教育感化的重要内容，民国三十五年（1946）甚至建立了专门的"弘法社"，具体负责宗教感化工作，且大多数监狱都存在着以经书作为教材，以信徒宣扬佛法的教育方式。最后，教育改造仍被旧社会监狱作为一种刑罚方法，对应受刑罚者加以劳动改造和思想感化。边区监狱的教育改造制度是在中国共产党领导的对人改造整体思想的具体方面，它有着浓厚的人民属性，其目的是维护人民民主专政的国家制度，实现人民群众的当家作主和基本权利。具体来说它与以往阶级的教育感化制度具有以下不同：首次，边区监狱始终坚持中国共产党领导，代表着人民利益，是中国共产党带领人民获得解放的工具之一，并以为人民服务为宗旨，具有天然的解除人民压迫的性质。边区监狱教育改造制度能够切实做到以教育改造犯人为宗旨。边区监狱在借鉴本土和苏联教育改造理念的同时，具有相当的创造和发展。在实践中，边区监狱创造性地提出了犯人当人看，寓教于生产的教育改造理念，创造性地提出了三大教育概念，创造性地提出了犯人自治制度，创造性地提出了分红、奖金和回家改造制度，真切地关心犯人身心健康。同时，边区作为共产党武装割据的根据地，强调纪律和法律的严格执行，对犯人的教育改造面对的是全边区犯人，具有统一性和完全性。其次，边区是由无产阶级政党领导的革命根据地，坚持历史唯物主义，在法制建设者历来反对宗教对人的荼毒。在边区政府存在的十余年中多次禁止"佛法会"等非法宗教的传播，努力破除迷信思想。边区监狱并未像清末、民国时期对犯人进行宗教感化，而是以科学的马克思主义为思想基础，教导犯人掌握科学的思想武器，用无产阶级革命思想鼓舞犯人艰苦奋斗、努力改造。因此，边区监狱的教育改造制度是科学的制度，运用科学的手段，自然是以往教育感化制度所不可比拟的。最后，边区监狱将犯人出狱后的生存、生活作为监狱管理和教育改造的一大目的，推动犯人的"职业"教育，使犯人掌握一技之长，为犯人重返社会、安居乐业打下了能力基础。边区监狱通过劳动技能等犯人素质提升的同时，依靠劳动对人的完善意义和劳动中物质奖励的激励作用，在潜移默化和春风化雨中实现对犯人教育和改造，并使教育改造制度推向深化和完善。在实践中，这一措施还促进了边区的生产和物质供给，支援了抗战，同时，通过教育改造犯人得到思想端正和文化、劳动技能的培训，犯人在出狱后能够安心生产、生活，从而减少再犯，维护了边区社会稳定，可谓边区监狱教育改造制度的巨大成功。

无疑，边区承载着中国革命的红色基因和价值血脉，由于边区的独特地位和较为完备的制度，使其成为新中国社会主义革命和建设的蓝本，在很多方面都为共和国奠定了厚实的基础。当然，边区监狱优越的教育改造制度自然为新中国监狱制度提供了建设基因，甚至是奠定了我国现行监狱体制的基石。笔者通过梳理边区监狱的历史传承，分析教育改造制度随着监狱变迁中在不同时期的具体表现，以"一叶知秋之力"反映教育改造在新中国乃至新时代的命运，更加有利于和更有针对性凸显教育改造制度的"前世今生"，用历史检验实践，用实践说明过去、反映当前、启迪当下。事实上，从延续的线条上来看，教育改造制度在历经70余年的今天，作为监狱的功能和宗旨依然焕发着生机和活力，并得到了时代背景下的创新和发展，证明了教育改造制度的优越性。更为重要的是实现治理体系与治理能力现代化，促进"平安中国"建设是我国社会深入发展的重要课题。监狱作为社会的一部分，实现国家治理体系和治理能力现代化离不开对犯人的教育改造，加速犯人在思想上和行为上的扭转，出狱后减少再犯的概率，能够有效降低社会风险，不断提升人民群众的获得感、幸福感、安全感，助力人民群众对美好生活的追求。因此，加强对边区监狱教育改造制度的挖掘深度和广度，进一步梳理教育改造制度的发展和创新，从历史中吸取养分，并将教育改造制度更好地应用于新时代监狱的制度建设中，具有重要价值；甚至将教育改造制度的核心内涵综合运用于经济社会发展的其他方面，同样具有非凡的研究价值和时代价值。

参考文献

（一）著作类

①薛梅卿：《清末民初监狱法制辑录》，中国政法大学出版社 2017 年版。

②白焕然：《中国古代监狱制度》，新华出版社 2007 年版。

③中共南宁市委党史研究室：《纪念雷经天文集》，广西人民出版社 2009 年版。

④张东平：《近代中国监狱的感化教育研究》，中国法制出版社 2012 年版。

⑤张希坡、韩延龙：《中国革命法制史》，中国社会科学出版社 2007 年版。

⑥万安中：《中国监狱史》，中国政法大学出版社 2010 年版。

⑦雷云峰：《陕甘宁边区史·抗日战争时期》（上篇），西安地图出版社 1993 年版。

⑧雷云峰：《陕甘宁边区史·抗日战争时期》（下篇），西安地图出版社 1993 年版。

⑨宋金寿：《抗日战争时期的陕甘宁边区》，北京出版社 1995 年版。

⑩刘东社、刘全娥：《陕甘宁边区政府史话》，社会科学文献出版社 2011 年版。

⑪汪世荣：《新中国司法制度的基石：陕甘宁边区高等法院（1937—1949）》，商务印书馆 2011 年版。

⑫陕甘宁边区政府办公厅：《陕甘宁边区政策条例汇集》，陕甘宁边区政府办公厅印 1944 年版。

⑬陕西档案馆、陕西省社会科学院：《陕甘宁边区政府文件选编》，陕西人民出版社 1986 年版。

⑭陕西省档案馆：《陕甘宁边区政府大事记》，档案出版社 1990 年版。

⑮艾绍润、高海深：《陕甘宁边区法律法规汇编》，陕西人民出版社 2007 年版。

⑯西北五省区编纂领导小组、中央档案馆：《陕甘宁边区抗日民主根据地》，中共党史资料出版社 1990 年版。

⑰韩延龙、常兆儒：《中国新民主主义革命时期根据地法治文献选编》（第 3 卷），中国社会科学出版社 1981 年版。

⑱山东省劳改局：《民国监狱法规选编》，中国书店出版社 1990 年版。

⑲杨永华、方克勤：《陕甘宁边区法制史稿·诉讼狱政篇》，法律出版社 1987 年版。

⑳西南政法学院函授部：《中国新民主主义革命时期法制建设资料选编》（第四册），西南政法学院函授部内部资料 1982 年。

㉑中共中央文献研究室：《毛泽东年谱（1893—1949）》，中央文献出版社 1993 年版。

㉒高海深、艾绍润：《陕甘宁边区审判史》，陕西人民出版社 2007 年版。

㉓张世斌：《陕甘宁边区高等法院史迹》，陕西人民出版社 2004 年版。

㉔延安市中级人民法院审判志编委会：《延安地区审判志》，陕西人民出版社 2002 年版。

㉕毛泽东：《毛泽东选集》，人民出版社 1991 年版。

㉖林伯渠：《林伯渠文集》，华艺出版社 1996 年版。

㉗谢觉哉：《谢觉哉日记》，人民出版社 1984 年版。

㉘赵崑坡、俞建平：《中国革命根据地案例选》，山西人民出版社 1984 年版。

㉙周恩来：《周恩来选集》（下卷），人民出版社 1984 年版。

（二）期刊论文类

①丁国强：《法治文明与监所管理》，载《公安研究》2013 年第 7 期。

②熊杰：《抗战时期陕甘宁边区保障人权的伟大实践》，载《经济与社会发展》2012 年第 10 期。

③李秀茹：《抗战时期陕甘宁边区监所教育制度分析》，载《四川大学学报》（哲学社会科学版）2004 年增刊。

④阎颖：《中共社会动员的成功经验——论陕甘宁边区二流子改造运动》，载《湖北社会科学》2007 年第 2 期。

⑤姜志彦：《坚持毛泽东关于改造罪犯的思想加快我国监管法制建设的进程》，载《检察理论研究》2013 年第 10 期。

⑥王利荣：《抗日根据地的狱制特色》，载《现代法学》1991 年第 6 期。

⑦张晶：《监狱文化的批判性省思》，载《刑事法评论》第二十七卷。

⑧李轲轲：《陕甘宁边区高等法院的成就及作用》，载《法制与社会》2014 年 5 月上。

⑨王吉德、刘全娥：《陕甘宁边区高等法院机构设置及其职能的演变》，载《陕西档案》2007 年 2 月。

⑩万安中：《试析抗日根据地先进的监狱管理制度》，载《广东行政学院学报》1995 年第 4 期。

⑪王福金：《新民主主义革命时期的监所情况简介》，载《河北法学》1984 年第 3 期。

⑫于树斌、彭晶：《新民主主义革命时期根据地监所制度的建立与发展简介》，载《公安大学学报》2001 年第 4 期。

⑬王居野：《中国狱政思想的历史变迁》，载《社会科学辑刊》2003 年第 5 期。

⑭孔颖：《清末民初浙江监狱改良与日本》，载《浙江工商大学学报》2015 年 3 月。

⑮雷小倩：《陕甘宁边区二流子改造及其影响》，载《延安大学学报》（社会

科学版）2011 年第 4 期。

⑯张俊涛、宿志刚：《陕甘宁边区的二流子改造与和谐社会建设》，载《郑州大学学报》（哲学社会科学版）2016 年第 1 期。

⑰叔静：《苏联监狱制度之理论与实际》，载《苏俄评论》1933 年。

（三）学位论文类

①闫潇萌：《陕甘宁边区狱政制度研究》，郑州大学 2016 年硕士学位论文。

②孙洋：《陕甘宁边区监所教育制度研究》，西北大学 2012 年硕士学位论文。

③李秀茹：《抗战时期陕甘宁边区刑法建设初探》，四川大学 2004 年硕士学位论文。

④高运飞：《抗战时期中国共产党在陕甘宁边区的司法实践》，湘潭大学 2010 年硕士学位论文。

⑤刘慧：《陕甘宁边区监所教育改造犯人研究》，延安大学 2018 年硕士学位论文。

⑥高朋涛：《陕甘宁边区社会建设研究（1937—1950）》，西北大学 2009 年硕士学位论文。

⑦申静怡：《沈家本人权思想对清末监狱改革影响研究》，辽宁大学 2017 年硕士学位论文。

⑧史磊：《时空延承与话语重构：北洋政府时期监狱改良再考察》，西南政法大学 2007 年硕士学位论文。

⑨李国清：《王元增新式监狱管理方法研究》，海南大学 2018 年硕士学位论文。

⑩赵宇鹏：《试论清末狱政改》，郑州大学 2011 年硕士学位论文

后 记

在寒来暑往的季节转换中，书稿也即将完成，与窗外的绿意盎然一同作别的还有心窗内挥笔时的豪情万丈，欲说还休，却道天凉好个秋！书稿没有想象中那般完美，但世间万物终有始末，在知识海洋中激荡的学术旅程不得不就此告一段落，一路走来喜乐苦愁，值此搁笔之际，不免思绪万千。

前些时间看到一段感慨时间飞逝的文字，不免勾起了自己的历历往事。仿佛内心最深的记忆永远是年少时光。那是一段泥泞的路，二十年前的豫东乡村除了通向县城的干道，大多还是雨天泥泞的土路，秋雨肆无忌惮地洒向凌晨四点钟在泥泞中摸黑的三人，那是父母和我，推着装了青椒的板车去县城售卖，路远又为卖个好价钱便只能早早出发。田间小路地势低洼，积水早已没过腿弯，被拖拉机碾压得浆糊状的路面像磁铁一样吸住车轮，近五十岁的父亲身体伏着，像牛一样拉车。母亲在泥水中摸索着，那是要转动车轮使车向前行进，一路如此，不足一公里的路却要费时两小时。父亲破旧的短袖紧紧贴在身上，不知是雨的杰作还是汗的功劳。走出泥泞后，没上过学的母亲满身污泥，转身向我一笑说："下定决心，排除万难，一定胜利。"在泥泞中爬行，在黑暗中摸索，是铿锵的实干，是不挠的抗争，是父母以对生活的倔强对我不断地潜移默化。

延续父辈的路我依然在泥泞中奋进。记得小时候自己有个梦,那便是要走完世间所有的路,却止步于庭院前的羊肠小道。年少瘦弱的我被村上伙伴不断欺辱,一怒之下决心习武,八年的武术专攻带给我的是因家庭贫困带来的忍饥挨饿,自然未练就一身好武艺。弃武从文,偏废的八年时光使我不得不从小二跃至初二,中学老师自然不情愿,问我初中有几门课程,我自然语无伦次,混沌中迎来的只能是中考的一塌糊涂。高价就读高中后,化学老师一句"我就没见过你这么笨的学生",因欠缴学费书桌与我数次险些被移步室外,让我一度陷入自暴自弃,是父母的奋斗精神,让我步履匆匆与孤独交心,神色坚毅与倔强为友。

每次跟随父母在田间劳作,我时常在田埂上端详父亲种下的"宝贝",一束束、一颗颗都像是他的子女一样,被精心呵护。是的,收获依附于面朝黄土背朝天的耕耘,我也终于踏上逐梦的行程。惊回首,已行至千年古都,尽览其浑厚历史与万千繁华,徜徉于知识的殿堂之中。岁月沧桑中能够捧出拙作,父母恩情大矣!他们在黑暗中摸索已逾68载,是他们锻炼了我的坚毅,带给了我攻坚克难的勇气,教我在泥泞中学会坚毅与慈悲,父母的肩头托起我逐梦的路上得见"高山巨川"。

"新竹高于旧竹枝,全凭老干为扶持。"

本书能够完成,离不开老师们的辛勤培育,他们渊博的学识、实干的精神、坦荡的人格魅力,激起我对学术的向往和对滢兰沉芷品格的"归附",让我真切感受着何为学者风范,何为学术殿堂。因此,要感谢博导王晓荣教授循循善诱,与老师每次交流都让我如沐春风,大受启发;忘不了老师在疫情中满校奔走,为我办理入校手续的恩情。硕导闫晓君教授总能为我拨正求学做人的航向,总能在我裹足不前时给我鞭策和鼓励。硕导马成教授直接把我引上学术研究的道路,确定以陕甘宁边区研究为学术志业,并始终关心我的研究和生活。本书得以顺利完成,正是马老师的亲自指导;本书能够出版发行,正是马老师对我不求回报的资助,马老师奖掖后学的恩情必会铭记在心。另外,感谢陈乾春老师的鞭策与鼓励。

最后，感谢我的妻子晁婧，她温婉贤淑，心胸开阔，拥有超群的宽容和坚强。为了使我专心写作，默默承担着家庭的种种负担，使我能够全心、全情投入研究工作。